BASTA

BASTA

Rauwe, eerlijke en openhartige autobiografie van

MARCO VAN BASTEN

EDWIN SCHOON

LEBOWSKI PUBLISHERS, AMSTERDAM 2019

De uitgeverij heeft getracht alle rechthebbenden op copyright van fotomateriaal te achterhalen. Degenen die desondanks menen aanspraak te kunnen maken op deze rechten, worden verzocht zich te wenden tot de uitgever.

Omslagontwerp: Riesenkind, 's-Hertogenbosch
Typografie: Krijnie Gerritsen, *bijzee*

ISBN 978 90 488 5283 3
ISBN 978 90 488 5284 0 (e-book)
NUR 491

www.lebowskipublishers.nl
www.overamstel.com

OVERAMSTEL
uitgevers

Lebowski is een imprint van Overamstel uitgevers bv
Meld je aan voor de nieuwsbrief om op de hoogte te blijven van de nieuwste boeken via www.lebowskipublishers.nl/nieuwsbrief

FSC
www.fsc.org
MIX
Papier van verantwoorde herkomst
FSC® C104608

INHOUD

Nee, ik heb nooit crystal meth gebruikt. Ik was ook niet jaren aan de coke. Ik lag niet tijdens een EK of WK met naakte vrouwen in een zwembad. En was ook niet gokverslaafd. Ik heb zelfs nooit een pruik gedragen. Ik moet je teleurstellen.

Er is veel over mij geschreven. Heel veel. Daar zit veel onzin bij. Vaak las ik het niet eens. En meestal werkte ik er niet aan mee. Ik geloofde het wel of gooide het al snel in een hoek.

Ik zag mezelf jarenlang ook niet als een interessant figuur. Meer als een doodgewone jongen die aardig tegen een bal kon trappen, tot ik daar door een verrotte enkel mee moest stoppen. De aandacht die dat allemaal trok vond ik eigenlijk alleen maar ballast. Journalisten, fans, spotlights, op een voetstuk geplaatst worden. Overdreven gedoe vond ik het. Irritant, als ik eerlijk ben.

Het leidde me namelijk af van mijn doel: de beste zijn. En dan bedoel ik ook echt de allerbeste. Van de wereld dus. Daar moest alles voor wijken en daar ging ik ver in. Je zou het bijna een soort blinde drang kunnen noemen. Een oerinstinct. Erlangs, eroverheen of er desnoods dwars doorheen.

Alle obstakels, alle belemmeringen, ruimde ik vakkundig uit de weg. Tegenstanders, scheidsrechters, trainers, bestuursleden, ja, zelfs medespelers. Meestal binnen de regels, maar soms ook op, of over het randje. En daar werd ik steeds beter in, steeds uitgekookter. Ik zal voetbal ook nooit romantischer maken dan het is. Het is topsport. En dat is keihard, meedogenloos. Eten of gegeten worden.

Voor de buitenwereld, dus voor mensen die mij niet direct

van pas kwamen in het bereiken van dat heilige doel, werd ik daar niet per se een vriendelijker mens van. En waar gehakt wordt vallen spaanders. Dat had ik al ruim voor mijn tiende ervaren als we voetbalden tegen de rauwe gasten van het Utrechtse Schimmelplein. Als je talent had, kreeg je schoppen. Zo simpel was het. Uitdelen, ontwijken, ontsnappen, scoren. Dat was de enige remedie.

En in het voetbal telt uiteindelijk maar één ding: winst. Met name winst op de belangrijkste momenten. En daar zijn doelpunten voor nodig. En dan bedoel ik dus geen intikkertjes zoals de 6-0 tegen Sparta en ook geen omhaal tegen Den Bosch. Nee, dat betekent beslissend zijn op momenten die tellen. Finales winnen. Of beter nog, finales beslissen met jouw doelpunten. Die eerzucht was mijn benzine. Hoe moeilijker de situatie, hoe groter de druk, hoe meer drive bij mij om er toch uit te komen, te ontsnappen, te scoren, te winnen.

Ik neem je graag mee op mijn tocht naar de absolute top. Als zesjarig, verlegen jongetje uit Utrecht, gevormd op straat en bij UVV. Tien jaar later het grote Ajax, bij mijn debuut invallend voor de grote Johan Cruijff. Met een Europa Cup II op zak naar Milaan en voor Oranje beslissend zijn op het EK '88. Daarna inderdaad dat klote WK.

In december 1992 stond ik op de top van de Olympus. Ik werd verkozen tot de beste voetballer van de wereld en voor de derde keer (net als Cruijff en Platini) tot de beste van Europa. Ik had drie Europa Cups gewonnen, in twee finales winnende goals gescoord, een groot toernooi beslist en vier keer gescoord tegen IFK Göteborg. Dat was in de Champions League nog niemand gelukt. Je zou zeggen: beter wordt het niet. Maar mijn honger naar eer was nog niet gestild. Nog lang niet.

De val was hard. Diezelfde maand nog donderde ik keihard naar beneden. Vlak voor kerst moest ik onder het mes bij dokter Marti. Weer die rechterenkel. Vier uur later zou mijn wereld voorgoed veranderd zijn, al wist ik dat toen nog niet. Ik zou nooit meer een bal fatsoenlijk raken, nooit meer een sprintje kunnen trekken, nooit meer een perfecte aanname, nooit meer dat heerlijk ratelende geluid van een bal tegen het net, nooit meer kinderlijk blij juichen na een goal.

Nog drie jaar lang heb ik alles geprobeerd om weer fit te worden. Werkelijk alles. Ver voorbij de pijngrens. Maar het was voorbij. Sterker nog, ik was uiteindelijk al blij als ik weer zonder al te veel pijn naar de bakker kon lopen. Dat heeft erin gehakt. En daar heb ik eigenlijk nooit veel over gezegd. Alles waar ik van droomde was weg. Eerst de strijd, die niet te winnen was, toen de leegte. Zeven jaar dook ik onder. Radiostilte. Op de golfbaan, bij vrienden, bij mijn gezin. Het duurt even voordat je zoiets een plek hebt gegeven.

Ik beschouwde mezelf tot voor kort altijd als iemand die leert van anderen. Ik bleef verbeten, hongerig, doelgericht. Nog altijd haat ik verliezen, welk spelletje het ook is. Dat instinct blijft dominant. Willen winnen. Iets groots bereiken. Het verschil maken. Daar gaat het mij om. Al bleek dat voor mij als coach lastiger dan als speler.

Pas recent voel ik meer rust. Ik had ook nooit zo de behoefte om achterom te kijken. Tot nu. Ik realiseer me dat ik een hoop heb meegemaakt. Voor het eerst heb ik het idee dat ik zélf ook iets te vertellen heb, wat voor anderen misschien de moeite waard is. Misschien is het rijping, misschien is het de rust, omdat ik gestopt ben in de voetballerij. Ik weet het niet. Maar ik voel dat dit een goed moment is om mijn verhaal te vertellen. Vanuit mijn perspectief. Mijn waarheid. Het verhaal dat ik nog nooit verteld heb. Waarin ik ook dingen recht kan zetten. Ik zal niemand sparen. Mezelf al helemaal niet. De tijd is rijp.

Marco van Basten
Amsterdam, oktober 2019

PROLOOG

Ik kruip over de tegels

1995

Het is donker. Ik kruip over de tegels. Op mijn handen en knieën. Ik moet pissen. Als een rund. Maar zodra ik te snel wil, drukt mijn volle blaas tegen mijn bovenbeen, en is het bijna niet te houden. De overloop onder zeiken is het laatste wat ik wil. Ik moet geduld hebben, want het is toch zeker twee minuten naar de badkamer. Dat weet ik inmiddels. Om mijn aandacht af te leiden van de pijn tel ik altijd de hele route. Fluisterend. Nooit kom ik bij de wc voor ik bij honderdtwintig ben. De drempels zijn het lastigst, want daar moet mijn enkel zonder botsen overheen. Bij het kleinste tikje moet ik al op mijn lip bijten om een schreeuw te voorkomen.

Midden in de nacht zijn de pijnstillers zo goed als uitgewerkt, maar ik wil niemand wakker maken. Ze mogen me niet horen, want zo wil ik niet gezien worden. Ook niet door mijn geliefden. Of beter, juist niet door hen. Dat is de laatste twee maanden gelukkig steeds goed gegaan, al denk ik dat Liesbeth soms doet alsof ze slaapt, om mij de gêne te besparen.

Het is niet uit te leggen. Zelfs onder de pijnstillers komen de pijnscheuten er gewoon doorheen. Ik kan nergens anders meer aan denken. Sinds twee weken heb ik ook last van mijn maag, doordat ik te veel van die pillen heb genomen.

Bij elke stap verga ik van de pijn, al sinds dat idiote apparaat van mijn enkel af ging, acht maanden terug. Het zou in ieder geval niet erger worden, had die arts beloofd. Ik was een profvoetballer die niet meer kon voetballen en nu ben ik een gewone man die niet meer kan lopen. Ik loop mank. Ik ben gewoon gehandicapt.

Het lijkt op van die rotspunten in grotten. Stalactieten en stalagmieten. Botpunten die van onder en van boven in mijn been priemen, zonder bescherming, zonder kraakbeen. Zodra ik op mijn voet leun, prikken die punten diep in mijn vlees. Erop staan is helemaal hel. Zelfs met pijnstillers.

Kruipend naar de wc is 's nachts dus de enige optie. Als ik aankom bij de drempel van de badkamer zet ik eerst mijn linkerknie in de badkamer, en draai om mijn as, met mijn hele lijf. Dan pas til ik mijn rechterbeen zorgvuldig over de drempel. Zo gaat het meestal goed, maar nu glij ik weg over een verdwaalde handdoek en tikt mijn rechtervoet de deurpost aan. De pijn gaat door merg en been. Ik wil niet schreeuwen, dus ik kreun. Het zweet breekt me meteen uit.

Ik laat me op mijn linkerzij zakken, om even te gaan liggen. Even wachten tot het ergste voorbij is. Ik haal diep adem en probeer heel langzaam uit te blazen. Nog eens. En nog eens. Ik probeer mijn gedachten af te leiden van de pijnscheuten in mijn enkel. Soms helpt het als ik aan God denk. Ik ben ook boos op hem. Razend. Waar gaat dit allemaal over? Waarom moet ik door deze shit heen? Is het een les in nederigheid? Was ik te arrogant geworden?

Door de pijn was ik mijn volle blaas even vergeten. Ik moet nu snel zijn, anders gaat het alsnog mis. Lekker als je kinderen 's ochtends hun tandjes komen poetsen. Die hebben toch al een klotetijd met zo'n chagrijnige vader die de hele dag op de bank hangt.

Ik duw mezelf overeind, leg de laatste anderhalve meter af op handen en knieën en weet mezelf op de wc te hijsen. Mijn blaas legen lucht op. Ik trek niet door, wil niemand wakker maken, en begin aan de terugtocht richting mijn bed.

Ik ben ook boos op mezelf. Je gelooft zo'n arts op zijn woord als hij zegt dat het in elk geval niet erger kan worden. Baat het niet, dan schaadt het niet. Nou, het schaadt wel. Het schaadt verdomme al acht maanden. En de vraag is voor hoelang nog? Milan nodigt me steeds uit om bij wedstrijden te komen kijken, maar ik verdom het om daar met krukken te verschijnen. Een manke spits. Ik verstop me liever in mijn eigen huis. Als een gewond dier. Laat mij maar in het donker zitten.

Overal ben ik geweest: artsen, fysio's, acupuncturisten en magnetiseurs, noem maar op. Maar niemand kon die pijn verlichten. Iedereen wilde me helpen. Iedereen was van goede wil. Op twee chirurgen na, die zichzelf net iets te belangrijk vonden. Voor God wilden spelen.

Maar het maakt allemaal geen zak meer uit. Het heeft allemaal geen ene moer geholpen. Het is veel slechter dan het ooit was.

Twee jaar terug was ik nog profvoetballer. Sterker nog, de beste van de wereld. En nu kruip ik over de tegels terwijl ik verga van de pijn en mijn maag kapotgaat door de medicijnen.

Ik ben er bijna. Terug bij mijn bed. Als ik mezelf erin gehesen heb, hoop ik nog wat te kunnen slapen. Als ik mazzel heb. Het kan ook nog even duren, want meestal lig ik lang wakker. En wat dan nog. Ik hoef morgen toch niks, behalve de hele dag op de bank hangen. Met een verrotte enkel.

DEEL I

JEUGD, AJAX EN EK '88

1964-1988

JOOP EN JOPIE

Dat mijn opa Nederlands kampioen gewichtheffen was, is geinig, maar dat zegt weinig over mij. Dat mijn eigen vader in de oorlog voedsel jatte van de Duitsers door gaten te prikken in meelzakken op vrachtwagens, in hartje Utrecht, is moedig en stoer, maar ik heb er geen doelpunt meer door gemaakt. Toch was Joop, mijn vader, erg belangrijk voor me. Hij was gek van voetbal. Al toen ik klein was, werkte hij als trainer, masseur en pedicure bij verschillende amateurclubs, naast zijn gewone baan bij het Gemeentelijk Vervoerbedrijf. Dat bijklussen was voor ons gezin een extraatje. Voor de vakantie. We gingen elke zomer naar het Gardameer.

Hij had een zoon die ook gek was van voetbal en 'het jochie' – ik was een nakomertje – bleek het nog aardig te kunnen ook. Dat vond hij prachtig. Hij richtte zich in zijn vrije tijd volledig op mij. De rest van het gezin, mijn broer Stanley, die zes jaar ouder is, mijn zus Carla, acht jaar ouder, en mijn moeder Lenie waren daar wat minder blij mee.

Mijn vader was al heel vroeg met me bezig. Het ging altijd over voetbal. Hij was zelf een noeste linksback geweest bij DOS, met spelers als Tonny van der Linden en Hans Kraay senior waren ze nog kampioen geworden van het gewest West-Nederland. In die jaren heb ik hem nooit zien spelen, maar in zijn nadagen bij UVV maakte hij als voetballer geen grote indruk op me.

Elke week pluisde hij de *VI* helemaal uit en op zondag, na *Studio Sport,* noteerde hij de opstelling van zijn eigen team en maakte een soort analyse. Ik keek dan over zijn schouder mee en vond dat machtig interessant. Later ben ik ook al mijn eigen wedstrijden in schriftjes gaan noteren, heel feitelijk. Dat heb ik jaren volgehouden, tot ik allang in het eerste van Ajax speelde. Soms ging ik op zondag met hem mee als ik zelf niet speelde. Dan stond hij overigens niet vol passie en emotie langs de lijn. Helemaal niet zelfs. Hij was net zo rustig als thuis. *Cool and collected*.

Zijn aandacht was dus nogal ongelijk verdeeld tussen de kinderen. Bij Stanley, die ook voetbalde, ging hij bijvoorbeeld bijna nooit kijken. Mijn broer en zus klaagden daar wel over en mijn moeder vond het ook maar niks. Maar voor hem telde alleen het voetbal. En ik had talent. Hij bracht en haalde me altijd.

Op een dag dreigden we te laat te komen voor een belangrijke training in Zeist, bij de KNVB. Er stond een enorme file. Hij wilde mij zéker niet te laat laten komen, hij was een man van de klok. Na een kwartiertje in die file, zei hij opeens: 'Ik ga over de vluchtstrook. Als de politie komt, zeg ik wel dat ik iets aan m'n hart heb.' Ik was stomverbaasd. Hij was een brave burger. Bidden voor het eten en zondags naar de kerk. Hij was bloednerveus toen hij die vluchtstrook op ging, want geld om een bekeuring te betalen hadden we niet. Toen dacht ik wel: zo, dat doet hij toch maar!

Een andere keer, ook voor een training in Zeist, kletterde het de hele dag al van de regen, maar even bellen of het door zou gaan, ging nog niet. Die zandgronden in Zeist kunnen wel wat hebben, dachten wij. Toen we daar aankwamen door de plensbuien, stond de parkeerplaats helemaal blank. Bij het veld was helemaal niemand. Afgelast? Dat kon er bij ons echt niet in. Stonden we daar als twee verzopen katten bij dat veld. Mensen keken ons aan alsof we niet goed bij ons hoofd waren. Dat vond ik wel mooi van hem, die passie. Dat ik uiteindelijk voetballer werd, was voor hem zo geweldig, dat vond hij echt een geschenk.

Als ik ging slapen, kwam hij altijd nog even op de rand van mijn bed zitten en dan hadden we het over wat er die dag was gebeurd. Mijn wedstrijd of training. Of over Ajax of Utrecht. Het kon van alles zijn, maar eigenlijk ging het altijd over voetbal.

Het was niet dat hij lesgaf, al had hij dat idee volgens mij wel. Het was meer dat we een passie deelden. Het ging wel over voetbal, maar zonder krijtbord of papier, en ook niet over tactiek. Als het over mijn prestaties ging, had hij een duidelijke aanpak. Als het goed was, was het heel goed. En als het slecht was, was het heel slecht.

Van die aanpak baalde ik op een gegeven moment wel. Dan zei ik: 'Als het goed is, dan kun je best wat kritischer zijn, omdat ik me toch al goed voel. En als het slecht is, kun je misschien wel wat positiever zijn, omdat ik me dan al rot voel.'

Hij was daar niet zo handig in, vond ik. Niet zo doordacht. Als het slecht was, had ik er al zo de pee in, ik was zelf al kritisch genoeg. Maar in zijn ogen was het dan ook echt dramatisch. Dan stapte ik al met een rotgevoel de auto in terug naar huis. En als ik er weer uit kwam, was ik helemaal over de zeik na zo'n preek van hem. Maar het maakte weinig uit als ik dat zei. Zijn aanpak bleef eigenlijk precies hetzelfde tot ik bij Ajax in het eerste zat.

Op een dag speelden we tegen DOS, thuis bij UVV. Ik was negen. Het meegekomen publiek was nogal luidruchtig. Dat kwam uit een ander buurtje, niet het chicste volk, zeg maar. Wat rauwer.

Het niveau van de Utrechtse amateurclubs was in die tijd hoog. Velox, DOS, Holland en Elinkwijk, maar ook Hercules en Celeritudo. De grote talenten zaten in het jeugdplan van FC Utrecht en bij de KNVB-jeugd. Dus je kende elkaar wel. Bij die derby's ging het erom, die moest je winnen. Het was in die tijd bekend dat ik bij UVV speelde en best goed was.

Die DOS-ouders gingen echt tekeer. Bloedfanatiek. 'Haal hem neer, schop hem!' Ze schopten me continu eigenlijk. Dat ging maar door en de scheids deed er weinig aan. Op een gegeven moment was ik het zat. Ik liep boos het veld af, half jankend, in de richting van mijn vader. Maar die was vrij duidelijk: 'Als je niet gauw maakt dat je terug het veld ingaat, dan schop ik je erin.' Uiteindelijk deed ik dat ook. Hij zei ook nog: 'Laat je niet kennen, Marco. Dat hoort erbij, zorg dat je je niet laat intimideren.'

Als oud-voetballer kende hij de mores van het spel, dus dat vond ik prima. Mijn moeder kwam nooit kijken. Ja, één keer, met Pasen, bij Hercules. Dat was een drama. Ze ging echt tekeer: 'O, wat doen ze met Marco?!' Dat vond ik helemaal niks en mijn vader natuurlijk al helemaal niet. Toen hebben we na afloop tegen haar gezegd: 'Blijf jij voortaan nou maar thuis, want dit schiet niet op.'

In die jeugdjaren ben ik ook op een andere manier gehard en slimmer geworden. Bij UVV hadden we een mooie mix van goede voetballers en gasten die het meer van het beuken moesten hebben. Schoffies. Daar moest je jezelf tegen wapenen, maar daar leerde je van. Veel van die gasten kwamen van het Schimmelplein, achter de Vleutenseweg. Een ruige buurt vergeleken met het Herderplein, waar ik altijd voetbalde.

Wij trainden toen altijd op gravel, maar naast dat gravel lagen korfbalvelden met gras. Als het had geregend, gingen we vaak na de training nog even 'schoppen', zoals we dat noemden. Met een stuk of vier, vijf jongens op dat korfbalveld, om en om dribbelen, zo lang je het volhield, want de rest mocht dan slidings nemen en schoppen. Zonder beperkingen. Dat korfbalveld ging natuurlijk helemaal naar de kloten, want iedereen gleed dat hele veld aan gort. Maar daar krijg je *feeling* van, voor wat er in je rug gebeurt. Wanneer wordt het gevaarlijk? Het werd geen knokpartij, maar je probeerde elkaar wel echt goed te tackelen.

Eigenlijk was ik in die periode een doodgewone jongen. Ik had een broer en een zus. Ik was niet goed op school, maar ook niet slecht. Wij waren zeker niet rijk, we woonden in een flat. Maar ik had ook nergens gebrek aan. Ik was vooral gewoon een jongetje dat heel erg graag voetbalde.

Eén dag zal ik nooit vergeten. Het was winter en het had gevroren. De wedstrijden waren afgelast. Ik voetbalde vaak met mijn buurjongetje Jopie bij ons voor de deur op het Herderplein. Hij was één jaar ouder en had nog een klein zusje. Hij kon echt goed voetballen en speelde al bij UVV. Ik zat toen nog bij EDO.

Die zaterdag verveelden we ons. Het was koud. Jopie had een oom die in Amsterdam woonde dus op een gegeven moment zeiden we: 'We gaan naar Amsterdam lopen.'

Wisten wij veel. We begonnen die kant op te lopen, parallel aan de A2, richting Maarssen. Maar dat schoot natuurlijk totaal niet op. Na een uur kwamen we bij de oude Raak-fabrieken, van die frisdrank, op het industrieterrein Lage Weide. We hadden toen ook al wel door dat we Amsterdam niet zouden gaan halen. Toen zeiden we tegen elkaar: 'Weet je wat, we gaan over die bevroren slootjes heen, naar dat meer. Misschien is het leuk om daar op het ijs te spelen.'

Die slootjes kwamen we makkelijk over voordat we bij dat meer aankwamen. Zo'n groot uitgegraven meer, voor de industrie. Jopie zei: 'Kom, we gaan hier het ijs op.'

'Is dat wel oké?' vroeg ik nog. Ik vond op het laatste moment nog een touw bij de waterkant en zei: 'Weet je wat. Hou dat touw vast, want als je valt, dan heb ik je in ieder geval nog.'

Hij ging als eerste. Wij hadden allebei dat touw vast. En toen hij acht, negen meter van de kant was, zakte hij opeens door het ijs. Maar hij schrok zo, dat hij het touw losliet. Hij gleed meteen naar beneden. Was in één keer weg, de diepte in.

Hij had die dag een schaatsmutsje op, zo'n Ard Schenk-mutsje. Blauw met een witte streep in het midden en twee rode ernaast. Dat mutsje dreef daar nog op het water. Dat weet ik nog precies.

Ik wist niet wat ik moest doen. Ik was ook nog maar zeven. Toen ben ik zo hard mogelijk naar die Raak-fabrieken gerend, een paar honderd meter verderop. Het was zaterdag, daar zouden vast een paar mensen zijn. Ik schreeuwde toen ik dichterbij kwam. Die mannen schrokken en hebben meteen de politie gebeld. Maar ja, het was natuurlijk al te laat.

Ik werd bij die fabriek gehouden, terwijl de politie en de kikvorsmannen naar het meer gingen. Jopie werd wel gevonden, maar was al overleden. Ik heb hem dus niet uit het water gehaald zien worden, maar ik begreep wel dat hij waarschijnlijk verdronken was. Want onder het ijs kun je niet ademen.

Ik wist toen alleen nog zo niet goed wat dat inhield, dood zijn. Mijn opa was overleden toen ik vier was. Toen dacht ik: oké, maar wanneer komt-ie weer terug? Dat had ik in het begin ook een beetje met Jopie, dat weet ik nog.

Er was veel ophef. En ik was m'n vriendje kwijt. Niet dat ik steeds het verhaal moest vertellen, want dat deden de politie en mijn ouders wel. Maar het ging er de hele tijd over. Je voelde aan alles dat het een groot drama was. Op school, in de buurt, op de club.

Bij ons thuis hadden we het er niet over. Mijn vader vond dat we er niet over moesten praten. Dat werd weggeschoven. Maar op school speelde het natuurlijk volop. Daar had iedereen het erover.

Ik bleef me er nog een tijd naar over voelen. Ik worstelde ook met de vraag of ik niet iets anders had moeten doen. Of ik niet het ijs op had gemoeten om hem te pakken? En hadden we dat touw niet om hem heen moeten binden, in plaats van het hem in zijn handen laten houden? Dat soort dingen denk je dan. Je bent nog maar zeven, maar die gedachten bleven me nog een tijd parten spelen. Had ik zelf niet heldhaftiger kunnen optreden?

Ik heb zijn ouders nog wel gezien. Voor hen was het een ramp. Zijn vader raakte aan de drank en dat is volgens mij nooit meer helemaal goed gekomen. Hij zat altijd bij UVV aan de bar. Het verlies van Jopie was einde oefening voor hem. En zijn vrouw was er ook helemaal kapot van.

Ik was eerst een hele poos heel verdrietig. Ik weet nog goed dat ik een klein fotootje van hem had. Dat heb ik nog heel lang bewaard. Dat had ik altijd bij me of in mijn bureaula. Soms wist ik niet eens meer precies waar, maar het was er nog wel, dat wist ik altijd zeker.

Mijn vader heeft ooit verteld dat hij dat fotootje na een paar jaar heeft weggehaald en verscheurd. Omdat hij het wel genoeg vond, al die aandacht voor zo'n nare gebeurtenis. Maar ik weet dat niet meer precies. Ook niet of ik daar boos over was. Maar ik herinner me nog dat ik dacht: waarom moet dat weg? Het maakt toch niet uit? Daar heeft toch niemand last van?

Mijn broer en zus zeiden later ook dat mijn vader vond dat hij me daarvan weg moest houden. 'Al dat negatieve gedoe met Jopie, dat is niet goed voor hem.' Ze vonden dat een beetje idioot van hem. Dat taboe. Zelf ben ik als vader veel opener en vind ik dat je dat soort dingen met elkaar moet bespreken.

Een jaar of vijf geleden ben ik Jopies zus nog een keer tegengekomen. Zij heeft mij nog een paar foto's van hem gestuurd.

Dat gesprek was helemaal niet vervelend. Het was natuurlijk ook echt een ongeluk.

HET BOEK IS DICHT

Toen ik wat ouder was, besefte ik ook dat ons gezin eronder leed dat mijn vader voornamelijk met mij bezig was. Ik zag op een gegeven moment zelf ook in dat het niet in verhouding was. Er was thuis veel onenigheid over. 'Het jochie' kreeg te veel aandacht, werd verwend. En naar mijn broer en zus, die zes en acht jaar ouder waren, keek mijn vader niet om. Zo zagen zij dat tenminste. En mijn moeder ook. Die vond dat lastig. Aan tafel waren dat soms felle discussies. Mijn broer riep dan tegen mijn vader: 'Ik ben ook nog je zoon, hoor!' En mijn zus zei zoiets van: 'Ik zal blij zijn als ik hier binnenkort weg ben.' Mijn moeder werd dan heel emotioneel, maar mijn vader bleef altijd ijzingwekkend kalm. Er werd nooit gescholden of met dingen gegooid, daar waren we te netjes voor, maar uiteindelijk veranderde er weinig. Hij deed gewoon precies hetzelfde. Hij was de ouderwetse kostwinner, de baas in huis.

Toen ik ongeveer twaalf jaar oud was, gingen mijn broer en zus bijna tegelijk het huis uit. Stanley vertrok naar Canada, Carla naar Italië. Ver weg. Mijn ouders en ik verhuisden naar de Johan Wagenaarkade. Mijn vader was veel op pad in die tijd. Dan was ik 's avonds vaak samen met mijn moeder alleen thuis en praatten we veel. Langzaam werd voor mij toen steeds duidelijker dat mijn ouders een slecht huwelijk hadden.

Het was ooit al begonnen met gedoe over de kerk. Mijn vader had haar voor het huwelijk laten beloven dat ze naar zijn katholieke kerk zou gaan, terwijl ze uit een protestants nest kwam. Ze stapte dan wel officieel over, maar heeft uiteindelijk nooit één voet in die kerk gezet en dat viel niet goed bij mijn vaders familie. Maar het ging veel verder, ontdekte ik. Eigenlijk was er op de Wagenaarkade al helemaal geen sprake van een relatie meer.

Mijn vader was met zijn werk bezig, met geld verdienen en met mij. En mijn moeder zorgde voor het eten en het huishouden. Ze woonden in hetzelfde huis, maar leefden totaal langs elkaar heen. Op vakantie, hetzelfde verhaal. Ze deelden nauwelijks iets met elkaar en dat werd alleen nog maar minder toen ik ouder werd. Op een dag zei mijn moeder, toen ik ernaar vroeg: 'Het boek is dicht, jongen.'

Op die middagen en avonden met haar had ik vaak felle discussies. Soms tot heel laat. We hadden een beetje hetzelfde karakter. Dan kon het er heel direct en emotioneel aan toegaan. Maar ook eerlijk. Het waren vaak mooie gesprekken. Ze probeerde me ook een beetje op te voeden. Ik was best verwend en vond het normaal dat alles om mij draaide. Van mijn vader mocht ik alles, als ik maar goed voetbalde, dus ik was lastig en ongehoorzaam. Daar sprak ze me op aan. Dat was wel goed.

Maar ik bemoeide me ook met haar leven. Ik gaf mijn mening over hun relatie. Ik vond het jammer dat voor haar 'het boek dicht' was. 'Waarom praat je dan niet met hem? Kun je dat niet proberen?' Ze luisterde op zich wel naar mij, ze snapte me ook, alleen ze zag de patstelling niet meer veranderen. Mijn vader ging vol voor datgene waar hij het meest om gaf: voetbal en zijn voetballende zoon.

Van mijn broer en zus hoorde ik later dat het al jaren daarvoor niet goed zat tussen mijn ouders. Toen ik vijftien, zestien jaar was zaten mijn ouders meer in een fase dat ze zich afvroegen: als straks alle kinderen het huis uit zijn, wat dan? Mijn moeder maakte zich zorgen, denk ik. Misschien is het daarom uiteindelijk ook misgegaan. Het zag er allemaal niet zo rooskleurig uit voor haar.

Met mijn vader had ik het daar nooit over. Wij hadden het alleen maar over voetbal.

VOOR DE SPIEGEL (I)

Ik zag deze week een foto van mezelf als jeugdspeler bij Ajax. En toen realiseerde ik me: fuck. Ik ging al op mijn zestiende naar Ajax toe.

Ajax was voor elk kind een droom. En op een dag werd die droom werkelijkheid. Mijn allereerste wedstrijd met Ajax, toen die foto is genomen, was met de A1. We speelden in Den Haag tegen een clubje dat Texas heette. Ik weet nog precies wat ik als eerste deed toen ik dat rood-witte shirt had aangetrokken. Ik ging voor de spiegel staan in de kleedkamer om even rustig naar mezelf kijken. Ik nam de tijd, vergat even alles om me heen. Ik draaide me om. Er stond nummer 10 op de achterkant. Dat was wel een moment voor mij. Legendarisch, zo voelde dat. Ik dacht: jezus, nou ben ik er.

'DRAAI, DRAAI EEN DRUM VOOR MEKAAR'

Medio 1980

Wij kwamen eigenlijk nooit in een stadion toen we klein waren, omdat ik bij UVV altijd op zondag voetbalde. Maar toen ik dertien, veertien was ging ik met een vriend van me, Ricky Testa la Muta, regelmatig naar FC Utrecht kijken. Dan moesten we zelf op zondagochtend voetballen en konden we 's middags naar De Galgenwaard.

Dat was een belevenis. Als jonge jongen naar de Bunnikside, een georganiseerde chaos met allemaal aparte types. Ik keek mijn ogen uit. Je onthoudt van die dingen, zoals die bekende muziekjes, die elke wedstrijd gespeeld werden. 'Draai, draai een Drum voor mekaar, want Drum is pittig en halfzwaar.' Die van Van Nelle. Echt een klassieker. Of 'Heerlijk, helder Heineken', dat soort deuntjes. Voor mij was dat allemaal nieuw, maar ik vond het spectaculair. Ik wilde weten hoe dat allemaal ging. Ricky en ik waren allebei voetballers en droomden van een voetbalcarrière, dus dit hoorde er een beetje bij.

We zijn met dat zootje ongeregeld ook mee geweest naar uitwedstrijden, Go Ahead en FC Den Haag. Dat is wel bijzonder als je vijftien bent. Je voelt je stoer als je met zo'n grote groep in een andere stad aankomt. Je marcheert door een straat waarin iedereen ontzag voor je heeft. Dat geeft een machtig gevoel. En hoe groter zo'n groep, vierhonderd of achthonderd man, hoe heftiger dat gevoel wordt. Dan voelen veel van dat soort jongens zich door niets en niemand meer geremd. Niet dat ik in vechtpartijen ben beland, maar

FC Den Haag uit was echt gevaarlijk. Daar moest je oppassen. Allerlei incidentjes, politie en toestanden.

Maar die weekenden werden opeens anders toen ik op mijn zestiende naar Ajax ging. FC Utrecht had me ook een aanbod gedaan, en eerder hadden Feyenoord en PSV me al geprobeerd te strikken.

Ik had toen negen maanden niet gespeeld door groeipijnen. Aad de Mos, hoofdtrainer bij Ajax, wilde weten waarom ik niet meer in de scoutingrapporten terug te vinden was, dus belde hij met Bert van Lingen in Zeist, die de nationale jeugdselecties onder zijn hoede had. Die vertelde hem van mijn blessure, maar dat ik op de weg terug was en snel weer zou spelen. De Mos heeft toen veel moeite gedaan, ook door bij ons langs te komen en met mijn vader te praten, om mij, samen met Edwin Godee, vast te leggen voor Ajax.

De eerste maanden bij Ajax zat ik in de A1, terwijl Edwin al in het tweede elftal zat. Omdat we zestien waren, werden we doordeweeks gehaald en gebracht door onze vaders, maar in het weekeinde moest mijn vader zelf op pad omdat hij amateurtrainer was. Edwin speelde al zijn wedstrijden met het tweede op zaterdagmiddag, ik had met A1 altijd wedstrijden op zondagmiddag. Dat betekende dat ik op zondagochtend vroeg in mijn eentje met het openbaar vervoer naar Amsterdam moest. Met de bus van mijn huis naar Utrecht Centraal, de trein naar Amstel en dan met de tram naar De Meer.

Op zich niet zo spannend op zondagochtend, maar in die tijd speelden alle eredivisieclubs nog op zondagmiddag. En als FC Utrecht dan een uitwedstrijd had, waren die supporters ook zondagochtend al vrij vroeg op Utrecht Centraal. Die gingen massaal naar die uitwedstrijden toe. Dat was nog voor de tijd van politiebegeleiding en combiregelingen. Ik moest dan echt uitkijken met mijn Ajax-tas, want je moest niet gezien worden door die gasten. Anders kreeg je er geheid problemen mee. Ajax werd gehaat door die jongens. Sommigen liepen ook rond met honden. Ze bezetten als het ware dat hele station. Ik weet nog dat ik op dat soort dagen continu om me heen moest kijken en moest zorgen dat ik niet herkend werd. Want op dat moment was ik al een klein beetje bekend, in Utrecht dan. Ik heb een paar keer een nerveus sprintje moeten trekken op Utrecht Centraal.

Ik ben nog naar een wedstrijd van FC Utrecht geweest met een Utrecht-sjaaltje om, terwijl ik al bij Ajax zat. Ze speelden in september 1981 tegen het grote HSV van Ernst Happel, in de Europa Cup III. De wedstrijd werd gespeeld op Nieuw-Monikkenhuizen in Arnhem, omdat 'De Veemarkthallen' te klein was. Het was een groot slagveld. De dug-out van Happel werd belaagd, supporters op het veld. Het werd 'de slag om Arnhem' genoemd. Ricky en ik hadden goede plaatsen omdat zijn vader kaartjes voor ons had geregeld. Wij zaten hoog en droog en ver van de rellen.

We wilden die wedstrijd heel graag zien omdat Lars Bastrup meedeed bij HSV, de man aan wie ik mijn eerste bijnaam te danken had. Ik werd een tijdlang 'Bastrup' genoemd, omdat hij ook spits was en onze namen op elkaar leken. Felix Magath, Manfred Kaltz en Jürgen Milewski waren de bekendste spelers van HSV. Magath was aanvoerder en Happel zat dus op de bank, totdat deze bekogeld werd. Hij werd zelfs in zijn nek gespuugd door Utrecht-supporters. FC Utrecht had ook geen misselijk elftal met Hans van Breukelen, Aad Mansveld, Jan Wouters, Leo van Veen en Willy Carbo. Maar het werd een drama. HSV kwam zelfs op 0-4. Uiteindelijk werd het 3-6 en werd het veld bestormd. We keken onze ogen uit. Ouderwetse Europa Cup-avond.

En wie denk je dat er ook naar die pot zat te kijken, een rij achter ons? Aad de Mos. Die keek me verbaasd aan. Wat doet hij hier nou met die Utrecht-sjaal om zijn nek? Wat een mafkees, die Van Basten, zag je hem denken.

HAAR OP DE PIEMEL

Zomer 1980

Toen Edwin Godee en ik in de zomer van 1980 bij Ajax kwamen, keken we enorm tegen alles en iedereen op. We moesten onszelf wel waarmaken. In de A1 lukte me dat redelijk goed. Ik scoorde aan de lopende band. De competitie op zondagochtend was voor ons veel te eenvoudig. We speelden toen nog regionaal tegen veel amateurclubs. Elke week was het prijsschieten: 6-0, 8-1, 7-0. Dat soort uitslagen. Districtskampioen worden was vanzelfsprekend.

Gerald Vanenburg, die net als wij van Elinkwijk kwam, en een halfjaar ouder was dan ik, speelde al in het eerste. Net als Frank Rijkaard. Maar die spelers zag je meestal niet, omdat ze overdag trainden. Het tweede, waar Edwin in speelde, trainde om vijf uur. Vanaf de eerste week trainde ik meteen met het tweede mee, zodat onze vaders ons om beurten konden halen en brengen en het zo beter met hun werk konden combineren. Assistent-trainer Hassie van Wijk vond het goed.

Ik vond het prachtig, want ik kon me meten met nog betere en fysiek sterkere spelers. In het tweede zaten jongens als Sonny Silooy en John van 't Schip en er trainden ook veel spelers mee die al in het eerste hadden gespeeld, zoals Jan Weggelaar en Martin Wiggemansen.

Het ging er allemaal een stuk steviger aan toe dan in de A1. Edwin was vrij vroeg fysiek volgroeid, hij kon makkelijk mee, maar ik was nog niet uitgegroeid. Ik was lang en dun, een bonenstaak. De eerste keer dat ik de kleedkamer van het tweede binnenkwam vroegen die spelers zich duidelijk af wat ik daar te zoeken had.

Maar ik moest me dus fysiek meten met hen. Uiteindelijk ging dat ook goed. Ik had concurrentie van Rini van Roon, een grote, sterke jongen die al een tijdje in het tweede speelde en ook al wat ervaring had in het eerste. Na een aantal weken voelde ik dat ik wat meer mogelijkheden had, zeker op langere termijn, ondanks dat hij al een ervaren spits was.

In november, toen ik het gevoel kreeg dat ik het niveau aankon, vroeg ik aan Hassie of ik een keer een kans in het tweede kon krijgen. 'Jouw tijd komt nog wel,' zei hij toen. Uiteindelijk zou hij me in februari 1981, toen Rini van Roon een blindedarmontsteking had, een kans geven als spits van het tweede. Bij mijn debuut scoorde ik meteen vier keer. Het was op een zaterdagmiddag, we speelden in De Meer. De spelers van het eerste moesten op dat moment verzamelen in het stadion voor hun eigen wedstrijd die avond. Ze zagen de voorstelling, waarna mijn reputatie snel groeide. 'Dat gozertje uit Utrecht is geen weggooier, die moeten we in de gaten houden.'

Maar ik was allang blij dat ik mee mocht trainen met het tweede. Er zaten al echte kerels, zoals die Deen Sten Ziegler, een ervaren voorstopper. Die had al meerdere keren in het eerste gespeeld, maar kreeg daar weinig speeltijd dus deed soms met ons mee in vriendschappelijke wedstrijden, om wedstrijdritme op te doen.

Ziegler klaagde een keer over het feit dat hij weer een keer met ons mee moest spelen, dat er zoveel jong en onervaren grut bij zat. Hij zei: 'Ik heb nu met eentje gespeeld, die heeft nog niet eens haar op z'n piemel.'

Ik weet nog dat ik toen schrok en dacht: volgens mij bedoelt-ie mij.

HERE JEZUS CRUIJFF

1981

Opeens stond-ie daar op het trainingsveld, op een dinsdagavond. Johan Cruijff. Hij had Hassie van Wijk gevraagd of hij mee mocht doen met ons, met het tweede, het C-team heette dat toen.

De grote Johan Cruijff. Hij was een soort heilige voor me, mijn absolute voorbeeld. Ik had zoveel respect voor die man. Ongelimiteerd eigenlijk. Als we voetbalden op straat was ik altijd Johan en nu stond ik opeens samen met hem op het veld. Hij kwam terug van een liesblessure en wilde weer fit worden. Hassie vond dat wel mooi natuurlijk, dat Johan Cruijff dat aan hem vroeg.

Ik herinner me die allereerste keer nog heel goed. Op een gegeven moment deden we partijtje, twee tegen twee. Hij met Silooy, tegen John van 't Schip en mij. Op twee kleine goaltjes. Had hij het steeds over 'knijpen', dat wij moesten 'knijpen'. Wij kenden die term helemaal niet, al voelden we ergens wel aan wat hij bedoelde. Het veld kleiner maken, om het doeltje op de juiste manier te kunnen verdedigen. John en ik hebben nog de hele avond de slappe lach gehad. Knijpen? Dat mag toch niet van de scheids? Allemaal ongein.

Maar dat soort spelletjes, twee tegen twee, had ik eindeloos achter mijn huis gespeeld, dus daarover hoefde hij mij niks uit te leggen. Net zo goed als dat ik hem niks uit hoefde te leggen. Dat zag hij ook meteen. 'Hé, die zijn wakker.' Van 't Schip was ook een slimme speler, ik was nog net ietsje fanatieker, ietsje gehaaider. Dat moest ook wel met

Johan. Het waren echt leuke partijtjes en wij vonden het geweldig.

Ik was toen zeventien, Cruijff vierendertig, maar er was totaal geen barrière als je samen voetbalde. Het was al snel 'Johan dit, Johan dat'. Hij heeft ook altijd dat jongensachtige behouden en was in die partijtjes net zo fanatiek als wij. En net zo blij of teleurgesteld als hij won of verloor.

Hij ging op in het spel, zette ook meteen de lijnen uit en coachte ons actief. Alsof het nooit anders was geweest. Je merkte fysiek gezien ook nauwelijks aan hem dat hij al ouder was. Hij was van nature zo slim en handig in dat soort spelletjes en was technisch en in het kiezen van positie zoveel sneller dan de rest. Zijn leeftijd was helemaal geen issue.

Het was een bizarre situatie, verwarrend misschien zelfs. Enerzijds had ik een enorm ontzag voor die man, maar tegelijkertijd wilde ik laten zien wat ik kon. De brutaliteit won het toch. Van 't Schip probeerde hem zelfs door de benen te spelen. Ik niet. Ik wilde gewoon winnen. Maar af en toe moest ik wel even in mijn arm knijpen. Dat ik opeens dacht: hoe is het mogelijk?

Ik dacht die avond nog terug aan het jaar daarvoor, toen ik nog in Utrecht bij de amateurs zat. We waren op een zaterdagmiddag in De Meer naar Gerald Vanenburg komen kijken, die toen al in het tweede van Ajax speelde. Ik zag het hele Ajax-wereldje voor het eerst, ook Rijkaard. Na de wedstrijd, toen ik alleen het stadion uit liep, kwam Cruijff ineens de trap op lopen. Ik had hem nog nooit in het echt gezien. We zouden elkaar gaan passeren, dat kon niet anders, maar even leek het of de tijd vertraagde.

De gedachte schoot door mijn hoofd om hem een hand te geven en te zeggen: 'U weet niet wie ik ben, maar onthoud mijn gezicht. We komen elkaar nog wel tegen.' Maar dat deed ik niet. Dat durfde ik niet. Het moment ging voorbij en we passeerden elkaar zwijgend. Hij had natuurlijk geen idee. Ik was vijftien en speelde dat jaar bij Elinkwijk, maar dat moment zal ik nooit vergeten.

Het leuke met Johan, die eerste keer, was dat ik eigenlijk geen onderscheid voelde. Het enige wat telt in de voetballerij is hoe goed je bent en Johan was bijzonder goed. Wij waren ook geen sukkels, maar we moesten het alleen wel nog laten zien. En dat had hij door, dat het voor ons nog slechts een kwestie van tijd was en ervaring opdoen. Je voelde dat het echt was. Puur. Er geldt in de voetbalwereld een natuurlijke rangorde aan de hand van hoe goed je bent en wat je kunt met een bal. Dat is instinctief. Hoe goed je bent bepaalt uiteindelijk de hiërarchie in de kleedkamer, niet hoe oud, hoe succesvol of hoe slim je bent. Een jaar later kreeg ik echter ook met zijn hardheid te maken. Hij kon je aanpakken.

Op een zaterdagochtend, bij een training van het eerste, deed ik ook mee. Ik was nog geen basisspeler, maar viel wel regelmatig in en zou dat seizoen uiteindelijk negen goals maken in het eerste. Maar die zaterdagochtend was hij met mij bezig. Hij had commentaar op alles wat ik deed, op elke bal, elke loopactie. Hij was me constant de les aan het lezen en aan het afzeiken.

Wat de achterliggende gedachte was, wist ik niet. En nog steeds niet. Maar vermoedelijk zag hij iets in mij en wilde hij me aanpakken, kijken hoe ver hij kon gaan om zo te kunnen beoordelen of het wat met me zou kunnen worden of niet. En het had effect. Op een gegeven moment was ik zijn gezeik spuugzat, riep ik 'Krijg jij de kolere maar!' en liep het veld af. De tranen sprongen meteen in mijn ogen, ook omdat ik schrok van mijn eigen reactie. Ik had Cruijff uitgescholden, zo'n beetje de Here Jezus. *God himself.*

Hassie van Wijk kwam meteen achter mij aan. Ik was nog

niet bij de rand van het trainingsveld toen hij me vastpakte. 'Marco, laat je niet kennen. Hup, het veld in. Hier moet je doorheen. Johan bedoelt het goed, alleen komt het er wat rottig uit.' Hij vond ook dat Johan zich aanstelde, door zo tegen mij tekeer te gaan.

Ik vermande me en ging er meteen weer vol voor. Het gekke was dat Johan toen helemaal omdraaide, diezelfde training nog. Alles wat ik deed was opeens goed. 'Mooi op tijd naar de eerste paal,' zei hij ineens. 'Goed aangeboden. Prima ingezakt.' Dat soort dingen.

Johan voelde dondersgoed aan dat hij even te ver was gegaan. Maar hij was ook gewoon een jochie van de straat, dat op die manier een soort psycholoog wilde uithangen. Andere spelers zeiden later gelukkig ook dat het nergens op sloeg. Toch werd hij later echt mijn voetbalvader en uiteindelijk zijn we heel goede vrienden geworden.

VIDEO2000

3 april 1982

Ajax 1 speelde tegen NEC. Het was de eerste keer dat ik bij de A-selectie was opgeroepen. Trainer Aad de Mos had me gebeld en gezegd dat ik er zaterdagavond bij moest zijn, omdat er veel geblesseerden waren.

Toen ik in de eerste helft vanaf de bank het niveau zag, voelde ik dat ik daarvoor niet onderdeed. Ik was er klaar voor. Dit was wat ik altijd wilde. Ik moest meteen na rust klaar zijn om in te vallen. En dan ook nog invallen voor Johan Cruijff. Heel onwezenlijk. En in de spits, in een volle De Meer.

Het publiek ging toen nog niet van de tribune af om binnen te eten en te drinken. Iedereen bleef gewoon zitten. Je hoorde wat geroezemoes toen ik als dunne bonenstaak het veld op kwam. 'Wat loopt daar nou weer voor een scharminkel in de rondte?'

Ik speelde onbevangen, want ik had al heel veel wedstrijden gespeeld, met de A1 en het tweede. Ik was gretig en speelde lekker mee. Zo'n houding van: geef mij die bal maar.

Op een voorzet van Vanenburg sprong ik tussen twee NEC-verdedigers hoog op en knikte diagonaal laag de hoek in. Goal! Bij m'n debuut! Ik was enorm blij en besefte ineens: ik scoor in De Meer, m'n debuut op televisie. Een droom.

Wij gingen na de wedstrijd naar huis toe. *Studio Sport* was al geweest en wij hadden geen videorecorder. Toen zijn m'n vader en ik naar m'n vriend Ruud van Boom gegaan. Die had thuis dat systeem Video2000 en had de wedstrijd opgenomen. We waren ontzettend benieuwd hoe dat er dan uitzag. Live op televisie. Jezelf in actie.

We zaten daar op de bank en ik keek naar mijn eigen debuut, en mijn eerste goal op het hoogste niveau. Jaren hadden we altijd *Studio Sport* zitten kijken naar alle voetbalwedstrijden op televisie. En nu besefte ik dat iedereen naar mij keek. Wonderlijk.

Een direct gevolg bij het eerste van Ajax heeft het niet gekregen. Toen De Mos vroeg of ik er meteen de dinsdag erna weer bij wilde zijn tegen Sparta, zei ik dat ik daar nog over na moest denken. Ik zou die week ook met het Nederlands jeugdteam voor 16-17-jarigen een internationaal toernooi in Cannes gaan spelen. Uiteindelijk heb ik voor het Nederlands jeugdteam gekozen. Dat werd mij door De Mos niet in dank afgenomen. Hij heeft mij de rest van het seizoen niet meer opgeroepen.

We speelden die week in Cannes trouwens een fantastisch toernooi, met als persoonlijk hoogtepunt drie goals tegen het Italiaans jeugdteam. In het shirt dat ik na die wedstrijd ruilde met een Italiaanse speler heb ik nog jaren geslapen.

JE STAAT IN M'N 'SON'

Zomer 1983

'Je staat in m'n zon,' zei ik tegen John. 'Zon' uitgesproken als 'son', vet Amsterdams, want we imiteerden Johan zoveel we konden. Ik was geïrriteerd. En dat liet ik merken ook. John en ik waren op vakantie naar Mallorca, met nog een stel vrienden, maar we moesten duidelijk even aan elkaar wennen, in een andere setting.

Al sinds we er waren, was ik wat op mezelf. Het was niet dat ik geen zin had in die vakantie, integendeel. Heerlijk, even niks hoeven. Maar het jaar moest eruit. Mijn eerste echte seizoen bij Ajax was nog vers. Bij elkaar toch twintig wedstrijden in het eerste en negen goals. En mijn havodiploma gehaald. Na zesenveertig weken volle bak was ik leeg. Fysiek en mentaal. Op een handdoekje in de zon. Dat wilde ik. Niet eventjes. Of een paar uur. Nee, de hele dag. Bakken. De stress van een heel seizoen eruit zweten. En toen 'Schip' dus in mijn 'son' ging staan, was dat onwijs irritant.

'Je ligt al vier uur in de zon, man, wat lul je nou?' zei hij. 'Wat maakt die ene minuut uit?'

'En jij dan met die jam!' zei ik. 'Kun jij niet normaal lullen dan?!'

Hij moest even nadenken. En toen wist hij het. Bij het ontbijt, aan het barretje in het appartement, was ik ook al stil geweest. Niet echt gezellig, na een kort nachtje en een zware kop van het stappen. Toen hij wilde dat ik hem de jam gaf, zei hij alleen maar 'jam!' Als een bevel. Ik keek hem aan alsof hij een volslagen idioot was, maar gaf hem na een paar tellen toch de jampot. Daarna hadden we geen woord meer gewisseld tot die middag.

John schopte demonstratief wat zand over mijn voeten. 'Lekker gezellig, met jou op vakantie, chagrijn.'

Ik voelde woede omhoogkomen, maar hield me in. Toen schoten we allebei in de lach. Ik kan het van hem hebben. En hij van mij. John ging een stukje lopen. Er was genoeg te zien op het strand, maar voor mij hoefde het allemaal nog even niet. Ik zette de koptelefoon van mijn walkman weer op. Wham! – 'Wake me up, before you go, go!' Ik had voor vertrek drie bandjes opgenomen met van alles. Veel top 40. Met die muziek kon ik me goed afsluiten.

Ik had dat seizoen alleen met het eerste mee mogen trainen tijdens de schoolvakanties en in de weekenden, omdat ik mijn havodiploma nog moest halen. Na atheneum-4 was havo-4 niet zo'n groot probleem. Mijn ouders vonden het belangrijk, maar ikzelf ook. Het was zonde om het te laten lopen. In mei had ik het uiteindelijk gehaald. Toen was ik daar lekker vanaf.

Na die zomer mocht ik eindelijk volledig meedoen met het eerste. Daar had ik ongelooflijk veel zin in, al was het jammer dat Johan naar Feyenoord ging. Dat was wel bizar, na al dat gekissebis met voorzitter Harmsen. Maar goed. Toen ook Lerby en Schrijvers waren vertrokken, moesten de jonkies het gaan doen. Silooy, Schippie en Vaantje. Ronald Koeman kwam erbij. Al had ik het idee dat De Mos meer naar de oudere jongens toe zou trekken: Ophof, Boeve, Schoenaker. Wim Kieft had eieren voor zijn geld gekozen. Die was naar Pisa.

Dat ik dat jaar scholier en profvoetballer tegelijk was, leidde af en toe tot gekke situaties. Van mijn eerste contract wilde ik dolgraag een auto kopen. Ik nam meteen rijles toen ik achttien werd, eind oktober. In december had ik mijn papiertje.

Achter het Herderplein had je een autogarage. Elke keer als ik daar langskwam op weg naar school zag ik die Porsche 911 Cabrio 3.0 Targa daar staan. Een lichtbruine. Hij kostte zevenentwintigduizend gulden. Ik wist dat als mijn contract verlengd zou worden na één seizoen, ik dertigduizend gulden zou gaan verdienen. Ik viel steeds vaker in, het ging goed, dus telkens als ik langs die garage liep, dacht ik: als ik mijn rijbewijs heb, dan ga ik die kopen. Toen dat definitief was wilde ik meteen naar de Porsche-dealer. Maar wat ik niet wist, het was allemaal nieuw voor mij, was dat er eerst een bijdrage spelerspensioenfonds CFK vanaf ging en ik er vervolgens ook nog belasting over moest betalen. Ik hield dus uiteindelijk maar 35 procent over. Dus die vlieger ging niet op. Ik was zwaar teleurgesteld en heb uiteindelijk bij mijn zwager Vanni, de Italiaanse man van mijn zus, een wit-beige Alfa Giulietta gekocht. In Houten. Weliswaar geen Porsche, maar dat vond ik ook een mooie auto. Die kostte negenduizend gulden. Die kon ik dus wel betalen van m'n eerste echte contract.

Ik mocht het geld ook zelf houden. Ik woonde nog bij mijn ouders en at elke avond thuis, maar hoefde geen kostgeld te betalen. Mijn ouders maakten er ook niet veel ophef over dat ik ineens zoveel ging verdienen. Elke ochtend ging ik gewoon van de Johan Wagenaarkade naar school. En vanaf januari dus met die Alfa.

Ik weet nog goed dat ik de eerste keer parkeerde naast de versleten Saab van de lerares Duits en dat de leraar aardrijkskunde net op de fiets aankwam. Van die lerares Duits, mevrouw Bosman-Ritsen, kan ik me trouwens één les nog goed herinneren. Ze had namelijk bij de uitleg over de umlaut Hansi Müller als voorbeeld gebruikt. Die speelde toen voor VfB Stuttgart. Dat was ook zo'n idool van ons. Ze zei dat het soms Hansi Mueller werd, omdat ze de 'ü' niet altijd kunnen weergeven op een stadionscherm. Ze kon toen niet meer stuk bij ons.

Inmiddels kwam ik ook regelmatig op *Studio Sport* of

stond ik in de krant. Er was wel het een en ander veranderd, maar ik was niet ineens zo'n popiejopiefiguur geworden. Ik was sowieso niet zo bezig met mode en populariteit. Ik ging ook nog gewoon met dezelfde vrienden om als altijd: Henri Relyveld, Ruud van Boom en André van Vliet. Dat waren mijn gabbers.

Met John had ik een paar leuke avonden gehad op Mallorca. We waren Johans stem, maar ook zijn manier van roken gaan imiteren. Dan kwamen we soms niet meer bij. Johan hield zijn sigaret ook heel apart vast. En hij kon doorpraten terwijl hij aan het roken was. Het had ons even gekost, maar het lukte aardig.

We waren een van die avonden met een vriendenclubje uit de buurt van Amstelveen goed losgegaan. Te veel Bacardicola's. De nacht eindigde ook bizar, om een uur of vijf. Een van die gasten liep uit baldadigheid over een stilstaande auto heen. Dat zag een taxichauffeur en die waarschuwde meteen zijn collega's en de Guardia Civil. Binnen een paar minuten kwamen er acht taxi's en drie politieauto's aanrijden, compleet met zwaailichten en sirenes. We renden alle kanten op, om uit handen te blijven van de politie. Het lukte iedereen snel weg te duiken of een appartement in te komen, maar John liep op van die slippertjes dus dat schoot niet op. Hij sprong over een muurtje om zich te verstoppen tot ze allemaal weg waren. Het leek met een sisser af te lopen, alleen was John in een kapot colaflesje terechtgekomen. Maar door de alcohol of adrenaline had hij dat niet meteen in de gaten. Pas toen we in het appartement waren zag hij het bloed en heeft hij er nog een stuk glas uit kunnen peuteren. 's Ochtends bij de eerste hulp hebben ze er nog een tweede stuk uit gehaald.

Ik was na een paar uur slaap met hem meegegaan. Doodmoe. Hij lag met pijnstillers en een tetanusprik op zijn kamer en mocht het later aan Ajax gaan uitleggen. Ik lag lekker te bakken op het strand. Zoals elke dag. We waren die avond trouwens ook Linda de Mol nog tegengekomen. Die had ons uitgenodigd om de volgende dag op haar verjaardagsfeest te komen. Ze werd negentien.

Terwijl ik daar lag op dat strand, dacht ik aan Mexico. Het jeugd-WK voor spelers tot twintig jaar, in juni. We waren eigenlijk nog maar net terug. Kees Rijvers was bondscoach. Aardige man. Ik mocht als een van de jongsten mee. Ik was nog maar achttien, maar speelde wel alles. Ik wist niet wat ik meemaakte. De stadions zaten vol. Het land was voetbalgek. Totaal ander klimaat.

Het was een geweldige ervaring voor ons. Ingrijpend ook. We moesten ons meten met de beste spelers van de wereld. Vier jaar ervoor was Maradona met Argentinië wereldkampioen geworden. Dat wilden wij ook, alleen hadden we nog nauwelijks internationale ervaring en was dit een heel ander deel van de wereld.

Van Ajax waren we met een heel cluppie: Schippie, Vanenburg, Godee, René Panhuis, Edwin Bakker, Sonny Silooy en ik. Robbie de Wit van Utrecht. De verwachting was dat het hét toernooi zou worden van Gerald Vanenburg, de aanstormende ster. Maar het werd voor ons meer het toernooi van Mario Been, die inviel tegen Brazilië. Hij speelde geweldig, passeerde vijf man en scoorde. En dat voor 68.000 man in Guadalajara. Na dat verrassende 1-1 gelijkspel tegen favoriet Brazilië bombardeerde de Mexicaanse pers hem meteen tot de Hollandse sterspeler van het toernooi. In de kleedkamer nam hij die rol met verve op zich. Hij was de man met bravoure, met branie. Pietje Bell uit Rotterdam.

Daarna speelden we twee duels in Monterrey, in het regenwoud, met een vochtigheidsgraad van meer dan 70 procent. We versloegen de Sovjet-Unie en speelden gelijk tegen Nigeria. Daardoor mochten we tegen Argentinië in de kwartfinale. Dat was een bizarre wedstrijd. Met Brazilië en Argentinië werden wij tot de beste teams van het toernooi gerekend. De wedstrijd was in Léon, op meer dan tweeduizend meter hoogte om twaalf uur 's middags. Een enorme overgang voor ons. Bovendien was het 42 graden.

Ondanks die hitte speelden we echt heel goed en kwamen we door een doelpunt van mij op 1-0, na een voorzet van John. Toen gingen we de kleedkamer in, onder in het stadion. Daar was het een stuk koeler, 18 graden of zo. Toen we weer omhoog het veld op moesten, raakten we bevangen door die verzengende hitte. We kwamen amper meer vooruit. Langzaam werden we gesloopt. Pas in de negenentachtigste minuut maakte Argentinië de 2-1, een discutabel doelpunt. In het tumult dat daardoor ontstond keerde de massaal meegereisde Argentijnse aanhang zich tegen ons en ging met muntjes gooien. Vanenburg kreeg er eentje vol op zijn tanden. Uiteindelijk liep het uit de hand en kregen drie spelers van ons een rode kaart. 1-2 verloren. Zo zonde. Uitgeschakeld. Maar we voelden ons sterk omdat we met de besten meekonden. De finale ging uiteindelijk tussen Argentinië en Brazilië.

Na de uitschakeling hadden we nog een laatste avond in Mexico-Stad, voordat we weer naar huis zouden vliegen. De hele trip was al een ongelooflijk avontuur, maar die laatste nacht wilden we met een paar gasten de stad in. Uiteindelijk ben ik alleen met Robbie de Wit gegaan, omdat de rest niet durfde. In een donkere steeg vonden we een of andere foute tent waar we twee meisjes hebben geregeld. Ik was als eerste klaar en wilde eigenlijk het liefst zo snel mogelijk pleite, maar moest nog een paar minuten tegen die witte billen van Robbie aan kijken. De bewegende witte billen van Robbie. Dat beeld raak je niet zo snel meer kwijt.

Toen we terugkwamen in het hotel hebben we in geuren en kleuren over onze triomftocht lopen opscheppen. We zaten in zo'n lange gang, allemaal bij elkaar. Iedereen wilde ons verhaal natuurlijk horen. Ik weet nog dat Robbie tegen een deur aan zat en uitgebreid zat te vertellen. Net toen zijn verhaal klaar was, ging opeens die deur open, en viel Robbie achterover. En wie stond daar? Kees Rijvers. We schrokken ons kapot. Het was duidelijk dat hij het hele verhaal gehoord had en dat hij kookte vanbinnen. Hij hield zich nog in, dat zag je, maar hij zei dat als je profvoetballer wilt worden, dat je je dan ook als een prof moet gedragen.

In *Voetbal International* schreef Rijvers nog een soort evaluatie van het WK. Daarin stond over De Wit 'dat hij meer professionaliteit aan de dag moest leggen'. In diezelfde *VI* zei hij dat ik de toekomstige spits van het Nederlands elftal zou worden. Dat was mooi om te lezen, natuurlijk. Misschien had hij mijn aandeel in het avontuur toch niet meegekregen achter die hoteldeur.

We zijn uiteindelijk op Mallorca nog op dat feest van Linda geweest. Ik voel mijn hoofd nog kloppen. Ik kan er kort over zijn. We hebben er een bende van gemaakt in dat appartement. John was nog de nuchterste van het stel, omdat hij niet mocht drinken vanwege die antibioticakuur voor zijn voet. Al hield hij zich daar uiteindelijk ook niet helemaal aan.

Maar daardoor kon hij mij bij het ontbijt de dag erna nog wel wat details over de avond vertellen. Dat we aan het eind van het feest met zijn allen de zee in gedoken waren en uit baldadigheid onze kleren omhoog hadden gegooid, die toen in telefoondraden bleven hangen. Daarna moesten we halfnaakt verder.

Over mijn rol was John vrij duidelijk. Hij kon een grijns niet onderdrukken toen hij vertelde dat er flinke schilderijen aan de muur in dat appartement hadden gehangen toen we binnenkwamen. Naarmate ik meer had gedronken, was ik schijnbaar wat minder stabiel geworden en had ik houvast gezocht bij een van die schilderijen, waarna het hele gevaarte op de grond was gekletterd. Genoeg om John een geweldige avond te bezorgen.

Met al dat stappen was het een zware vakantie, maar het serieuze werk kon weer beginnen. Gelukkig had ik elke dag liggen bakken in de zon, was ik fysiek en mentaal hersteld en opgeladen voor een nieuw seizoen bij Ajax. Ik was er klaar voor. Ik wilde goed starten. Cruijff voetbalde inmiddels bij de grootste vijand, het stond al in m'n agenda. 18 september, Olympisch Stadion, Ajax-Feyenoord. Ik wilde meteen een basisplaats opeisen. In de spits uiteraard. Zoveel scoren dat ze niet om me heen konden. We hadden natuurlijk Jesper Olsen, ook een geweldenaar. We hadden Schippie, Vanenburg, Rijkaard en Silooy. Maar ook Schoenaker, Ophof en Boeve als oude garde. Ronald Koeman, ook jong. Hans Galjé die Schrijvers moest opvolgen. En er scheen ene Johnny Bosman uit de jeugd te komen. Kon goed koppen. We zouden het gaan zien.

HASSIE

1983-1984

In het najaar kreeg ik de ziekte van Pfeiffer, begin november om precies te zijn. Volgens mij had de Oostenrijker Felix Gasselich mij besmet, want hij zat naast me in de kleedkamer en had het ook. Maar misschien was ik ook kwetsbaarder door het zware jaar ervoor. Ik had het hele seizoen afwisselend in het eerste, in het tweede en zelfs soms nog in de A1 gespeeld. We hadden het seizoen afgesloten met het jeugd-WK in Mexico en tussendoor had ik ook nog mijn havodiploma gehaald.

Ik baalde enorm van die pfeiffer, want ik was de competitie erg goed begonnen. Ik had voor het eerst een basisplaats bij het eerste in de spits en had er eind september al twaalf in liggen. Daarnaast had ik gedebuteerd bij het grote Oranje en in mijn tweede en derde interland gescoord. Die derde was de beroemde Ierland-uit waar we met 2-0 achterstonden in de rust, maar uiteindelijk toch nog met 3-2 wonnen. Ik maakte bij de winnende goal van Ruud Gullit die handstand van blijdschap op de achterlijn.

Nota bene *good old* Piet Schrijvers had ons in de rust op scherp gezet. Wil je wat winnen, dan zul je er godverdomme voor moeten gaan nu. Geen gezeik. We gingen met drie aanvallers spelen, en met de spirit van Piet. Het werkte.

Die week had ik in de bus tegen Schip onderweg naar een wedstrijd van Ajax nog gezegd: 'Als ik woensdag scoor, word ik miljonair.' Haha. Dat zegt alles over de periode waar ik toen in zat. Ik was nog jong, maar het ging ineens supersnel.

In september hadden we Feyenoord, met Johan Cruijff,

in het Olympisch nog met 8-2 verslagen. Al was dat een geflatteerde uitslag. Feyenoord had voor rust een overwicht. Ik scoorde er uiteindelijk drie, maar het was toch echt de wedstrijd van Jesper Olsen. Die was weergaloos die middag.

Dus toen begin november de arts zei dat ik rust moest nemen vanwege die pfeiffer, was dat ronduit klotenieuws. Uiteindelijk miste ik alle wedstrijden in november en december en begon ik in januari pas weer met trainen. In een oefenwedstrijd op zondag 28 januari mocht ik voor het eerst meedoen, tegen de amateurs van HMSH in Den Haag. Ik speelde de eerste helft en mocht in de rust gaan douchen. De tweede helft was zo'n tien minuten oud toen de Ajax-dug-out instortte, doordat er wat jonge fans van de thuisclub op waren gaan zitten. De Mos kwam met de schrik vrij, maar bestuurslid Lou Bartels en Hassie van Wijk kregen de volle laag. Bartels moest uiteindelijk twee tenen laten amputeren, Hassie vijf. Daarnaast had hij ook nog een beschadigde nekwervel. Toen was het einde oefening voor hem als trainer. Hij belandde uiteindelijk zelfs in de WAO. Echt een drama die middag.

Hassie was toch mijn eerste trainer bij Ajax geweest. Hij was het die me terug het veld in stuurde na die botsing met Johan. Hij was zachtzinnig, waar hoofdtrainers meestal hard waren. Hij zorgde voor de balans. Ook als assistent van De Mos.

Het gebeurde voor mijn ogen. Ik liep met natte haren van het douchen terug naar het veld, richting de dug-out. Op het moment dat die instortte stond ik er nog geen vijfentwintig meter vandaan. Het was vreselijk. Pas later heb ik me afgevraagd: stel nou dat ik iets korter had gedoucht. Een minuutje of twee. Of ik had me sneller omgekleed. Of die ene vraag van die journalist niet beantwoord. Dan was ik misschien net iets eerder in die dug-out gaan zitten. Misschien wel tussen Hassie en Lou in.

FC VINKEVEEN

1984-1985

Het was een apart jaar nadat Johan gestopt was. Hij was in mei 1984 kampioen geworden met Feyenoord en had daarmee een heel lange neus gemaakt naar Ajax-voorzitter Harmsen. Johan was in die tijd dus niet zo vaak meer in Amsterdam. Voor het eerst in jaren zat hij thuis. Soms in Barcelona, soms in Vinkeveen.

Ik had regelmatig contact met hem. Net als John. In september had John verlammingsverschijnselen die al in de vakantie waren ontstaan. Dat bleek een hernia te zijn, waarna hij in Groningen onder het mes moest. Johan adviseerde hem destijds en is toen met Johns moeder naar Groningen gereden om te zorgen dat zij op bezoek kon. Hij had meteen een videorecorder en wat VHS-banden voor John meegenomen. Daar raakte Johan in gesprek met de arts en wilde uiteindelijk zelf bij de operatie aanwezig zijn, om te zien of alles goed zou gaan. John, die dat achteraf pas hoorde, zei toen gekscherend: 'Het zou me niet verbazen als Johan de operatie ook nog zelf heeft gedaan.'

Zo betrokken was hij in die tijd. Het is toch het soort aandacht waar je als jonge speler gevoelig voor bent. Dat deed Johan. Nadat John weer op de been was, gingen we regelmatig bij Johan langs in Vinkeveen. Vaak deed Danny dan open en riep: 'Johan, die jongens zijn er!'

Dan kregen we koffie en begon Johan te praten over zijn ervaringen. In Spanje. In Amerika. Altijd over voetbal. Dingen waar wij van smulden. Na een uurtje zeiden we dan uit beleefdheid: 'We gaan maar weer eens.' Maar Johan lulde rustig nog een halfuur door bij het hek. Hij wilde gewoon heel graag zijn visie overdragen, zijn inzichten. Dat merkte je aan alles. Hij was zo bezeten van het spelletje. Altijd over bepaalde wedstrijdsituaties die hij had meegemaakt en die hij zag in onze wedstrijden. Want hij volgde alles. Johan was eigenlijk een soort eindeloze bron van pure liefde voor het voetbal. En wij vonden dat prachtig. We zaten op de eerste rij.

We waren ook de eerste twee voetballers die door Cruyff Sports gesponsord werden, dat sportkledingmerk van hem. Jack van Gelder regelde dat soort dingen toen. Twee keer per jaar gingen John en ik naar die groothandel van McGregor in Waalwijk om daar gratis te winkelen. Schitterend was dat. Dan laadden we allebei een heel winkelwagentje vol. Ik weet nog dat Jack belde aan het einde van het jaar: 'Jongens, jullie zijn twee keer over het budget heen.' Maar daar gebeurde verder niks mee. En Johan hoorde je daar ook niet over. Die had het over voetbal.

Soms waren we wel wat nerveus als we voor zijn deur stonden. Ik weet nog dat we rond zijn verjaardag een keer langsgingen. We wisten bij god niet wat we mee moesten nemen, maar wilden ook niet met lege handen aankomen. Toen hebben we een luchtje gekocht van Azzaro, dat weet ik nog precies. Hij was er blij mee, hoor. Maar binnen twee minuten stond het op de kast en ging het weer over voetbal.

Ik kan me ook nog goed de verjaardag van een van zijn dochters herinneren. Daar waren we op een gegeven moment met z'n allen aan het voetballen in zijn tuin. Ze hadden een flinke tuin, met een soort weiland ernaast. We speelden daar partijtje met twee van die kleine stalen doeltjes. Iedereen deed mee, Jordi met zijn vriendjes, Johan en ik dus ook. Op een gegeven moment bleven we de bal naar elkaar koppen en stoomden we op naar het andere doel, zonder dat iemand eraan kon komen. We passeerden iedereen door over te koppen, zeker dertien, veertien keer. Toen scoorde een van ons. Dat was een mooi moment. Magisch. Dan zag je bij hem ook die kinderlijke verliefdheid, die liefde voor de bal en het spel. Die deelden we. Zoiets vergeet je niet meer.

Hij was vrij, maar volgde het voetbal wel en kwam af en toe bij ons kijken. En dan ging het gesprek daarover, want hoe je het ook wendt of keert, het was voor ons een interessante gedachte dat Johan op een gegeven moment trainer van Ajax zou worden.

Aad de Mos was al een paar jaar trainer van Ajax. Een prima vent, Johan had hem zelf ook meegemaakt. Met hem hadden we Johan en Feyenoord in het Olympisch Stadion nog met 8-2 verslagen. De Mos was dus zeker geen koekenbakker, maar Johan was Johan. Hij leek ons toch interessanter en uitdagender. Van onze kant was er zeker geen vooropgezet plan, maar dingen kwamen in beweging. Zoals dat bij Johan kan gaan. Die had veel macht. Johan was erg close met *De Telegraaf* en had sowieso wel meer mensen mee in de media. Ik heb dat later zelf meegemaakt toen ik bondscoach werd. Als hij zich ergens sterk voor maakt, dan gebeuren er een hoop dingen.

Dat seizoen, '84-'85, ging qua resultaten helemaal niet zo slecht. We stonden zelfs vijf punten los in april. Het kampioenschap lag voor het grijpen, maar het rommelde al een paar maanden in de groep. Bij de uitschakeling in de Europa Cup, in november tegen Bohemians Praag, had De Mos in de krant gezegd: 'Met Vanenburg en Rijkaard kun je de oorlog niet winnen.' Dat viel niet lekker bij de jongere spelers. De Mos was altijd al closer met de oudere spelers dan met ons. Hij ging misschien ook een beetje te veel in zichzelf geloven, want twee maanden later zei hij ergens: 'Ajax vaart nu op mijn kompas.' Dat viel bij meerdere mensen in de club niet goed.

De term 'FC Vinkeveen' dook dat voorjaar voor het eerst op

in de krant. Dat sloeg op John en mij. Dat we elke week bij Johan thuis op de bank zaten. Terwijl we er dat voorjaar misschien maar een paar keer waren geweest. In die tijd begon de naam van Johan rond te zoemen, in verband met Ajax. De Mos beweert dat John en ik op de training bewust hebben lopen klootviolen, om de boel te traineren, om een conflict te creëren. Dat we expres dingen gingen dwarsbomen en te laat kwamen. Maar dat is dus absoluut niet zo. Maar iets zat hem duidelijk dwars. Blijkbaar irriteerden wij hem.

Op 23 april speelden we tegen Utrecht uit en zette De Mos mij en Schip op de bank. Uit het niets. Het voelde als een soort oorlogsverklaring. Ik was een vaste basisspeler, dat was duidelijk. John niet, maar hij was wel een vaste waarde in de groep. De Mos zei in de pers: 'Van Basten is niet in vorm.' Ik schreef in mijn schriftje bij de wedstrijd tegen Utrecht: 'Aad de Mos is nog nooit in vorm geweest.' We wonnen toen met 0-1 door Rijkaard, waardoor De Mos er nog mee wegkwam, maar het vuurtje smeulde en *De Telegraaf* stookte gretig door.

De volgende wedstrijd was op zondag 5 mei, Haarlem-Ajax. De Mos lag die week ziek in bed. 'Spitz' Kohn, die zijn taken gedurende de week overnam, zette John en mij gewoon in de basis. Dat kon je afleiden aan de training op zaterdag, een dag voor de wedstrijd. Wij trainden goed, dus het was logisch. 'De besten moeten spelen, klaar,' zei Spitz Kohn.

Op zaterdag was het dus klip en klaar dat John en ik zouden spelen tegen Haarlem. Maar toen De Mos dat hoorde is hij op zondag met veertig graden koorts alsnog naar Amsterdam gereden en heeft hij onze namen doorgestreept op het bord. John en mij dus uit de basis gehouden. Hij wilde coûte que coûte een daad stellen. Tijdens de wedstrijd zat hij ook zelf op de bank.

We verloren die middag in Haarlem met 1-0. De sfeer terug in de bus naar Amsterdam was om te snijden. Iedereen had de smoor in. Wij, omdat we niet speelden, de rest omdat ze hadden verloren en omdat het 'spelletje' van De Mos ten koste ging van het resultaat. De Mos zelf omdat hij hoog spel had gespeeld en had verloren. Hij was toch de eindverantwoordelijke.

De volgende ochtend, maandag 6 mei, was heel vreemd. We hadden zoals altijd een nabespreking in de persruimte bij De Meer. De Mos nam het woord. Hij zei: 'Het gaat natuurlijk niet goed. Misschien dat jullie elkaar zonder trainer erbij eerder de waarheid zeggen. Bespreken jullie eerst maar onderling wat er allemaal misging. Daarna komen wij er wel weer bij.' Vervolgens ging hij met Spitz Kohn de persruimte uit en in het spelershome aan de bar bij tante Sien zitten.

Er volgde een discussie binnen de ploeg, die leidde tot de conclusie: 'De Mos moet eruit, dit kan zo niet langer.'

We hebben uiteindelijk gestemd en een zeer ruime meerderheid zei: 'Kappen met De Mos.' Het ging allemaal supersnel, bij elkaar duurde het misschien tien minuten. Dick Schoenaker was toen aanvoerder en kreeg de taak om meteen de voorzitter te bellen.

Het was een rare situatie, want De Mos en Spitz Kohn zaten koffie te drinken in het spelershome, een paar meter verderop, en te wachten tot wij als spelers uitgepraat waren. Het bizarre was dat er maar één telefoon was, en die hing aan de muur in de keuken bij tante Sien, achter het barretje waar De Mos en Kohn zaten. Dat was dus even lastig voor Schoenaker.

Voorzitter Harmsen had een verwarmingsbedrijf in Diemen. Dat was daar niet ver vandaan. Schoenaker zei zoiets als: 'U moet hiernaartoe komen, want het gaat niet goed.' Tien minuten later kwam Harmsen, een vrij norse man, binnenlopen. Langs De Mos, naar de persruimte, waar wij zaten. 'Wat is er allemaal aan de hand, jongens?' Schoenaker legde het uit en werd ondersteund door Rijkaard, mijzelf en het merendeel van de spelersgroep.

Harmsen zei alleen maar: 'Nou, dan moet-ie er maar uit, hè.' Meteen liep hij de persruimte uit naar De Mos en vroeg hem om even mee te lopen naar zijn kantoor. Hij heeft hem toen per direct op non-actief gesteld. De Mos is meteen weggegaan. Ik heb hem ook niet meer gesproken. De volgende dag hadden we alweer een wedstrijd, dus er was ook weinig tijd om er lang bij stil te staan.

Voor De Mos zelf was het een volslagen verrassing. We stonden nota bene bovenaan. Maar hij wist ook, als Cruijff zich gaat roeren, dan komt er van alles in beweging. Ook al had Harmsen twee jaar eerder nog gezegd: 'Cruijff komt er bij ons nooit meer in.' Dat was nadat hij en Johan enorme bonje hadden gehad en Johan naar Feyenoord was vertrokken.

We werden drie weken later uit bij Roda kampioen. Het was een groot feest, zonder De Mos, maar met Spitz Kohn op de bank.

Zes weken later werd Johan al als nieuwe trainer van Ajax gepresenteerd, al had hij zijn papiertje nog niet en werd hij officieel als technisch adviseur aangesteld. Het leek daardoor allemaal een vooropgezet plan. Natuurlijk wilden John en ik hem graag als trainer, dat was geen geheim, maar we hebben nooit een opzetje gemaakt om De Mos te wippen.

Wij hadden met Aad de Mos een turbulent jaar gehad, zeg maar rustig een zwaar seizoen. Het was niet makkelijk. Het was geen geplaveide weg, maar een weg vol hobbels. Langzamerhand ontstond bij steeds meer jongens toch het idee: dit is het niet.

Dus dat Johan trainer werd, zat er gewoon aan te komen. En uiteindelijk was de schaduw van Johan toch te groot voor De Mos. Het is niet zo dat ik mijn eigen verantwoordelijkheid daarin afschuif, wij hebben daarin onze rol gespeeld.

De Mos was in die tijd ook nog maar een beginnende trainer, die zich misschien iets te nadrukkelijk wilde manifesteren. De laatste jaren heb ik hem overigens leren kennen als een evenwichtige man, die verstandige dingen over voetbal zegt.

In 1988 heeft hij in Straatsburg uiteindelijk zijn revanche nog gehaald door in de finale van de Europa Cup II Ajax te verslaan, als coach van KV Mechelen. Maar toen zat ik al lang en breed in Milaan.

‘MARCO, MARCO...
JE MOEDER DIE IS GEK’

16 oktober 1985

En toen kwam die nare woensdagavond. Ik speelde met het Nederlands elftal de play-offwedstrijd tegen België in Brussel, voor een plek op het WK van 1986 in Mexico. We verloren met 1-0. Kieft kreeg rood en ik een stomme gele kaart, waardoor ik voor de return in Rotterdam een week later geschorst was.

Toen ik om halftwee ’s nachts thuiskwam uit Brussel, ving mijn vader me op en zei: ‘Je moeder heeft een hartaanval gekregen.’ Typisch. Je moeder. Niet ma. Maar goed. Ze was na het wandelen met de honden in de rust van de wedstrijd op haar stoel in elkaar gezakt. Mijn vader had hulp gehaald, waarna ze razendsnel naar het ziekenhuis was gebracht. Het had volgens mijn vader geen zin meer om daar die nacht nog heen te gaan, maar de volgende ochtend ging ik meteen. Ze was toen redelijk helder en moest een dag of negen blijven. Mijn broer en zus woonden respectievelijk in Canada en Italië en konden niet direct komen. Dat was in die tijd ook niet zo makkelijk, even op en neer.

Maar negen dagen later ging het alsnog dramatisch mis toen ze er nog een herseninfarct achteraan kreeg en in coma raakte. Uiteindelijk, nadat ze weer bij was gekomen, was ze ongeveer dertig jaar van haar geheugen kwijt. En ook haar kortetermijngeheugen. Ze herkende je bijna niet meer. Ze wist niets meer. Ze is daarna nooit meer de oude geworden.

Kort na dat herseninfarct van mijn moeder, toen het dus helemaal mis was, speelden we met Ajax tegen FC Utrecht. 1-1 volgens mij. En ik scoorde ook nog. Tijdens die wedstrijd zongen FC Utrecht-supporters: 'Marco, Marco, je moeder die is gek.'

Dat vond ik toen erg grof. Dat was weliswaar niet het chicste gedeelte van de Utrecht-supporters, maar dit was wel erg laag. Ik vind het triest dat je niet kunt begrijpen dat dat een verkeerde manier is om iemand uit zijn spel te halen. Je verwacht toch dat er ergens grenzen zijn. Ik heb ook vaak genoeg tegenstanders geïntimideerd of negatieve dingen gezegd om iemand uit zijn spel te halen, maar dit ging echt te ver. Op dat moment voelde ik meteen dat ik erboven moest staan. Tot hier en niet verder.

Het was een harde les, maar wat leer je nou van zoiets? Je krijgt er een dikke huid van en misschien leer je jezelf af te sluiten. Maar dit was een triest dieptepunt. Op een wrange manier ben ik blij dat mijn moeder dat niet meer heeft meegekregen. Mijn vader wel, toch ook een geboren Utrechter, en oud-speler van DOS, de voorloper van FC Utrecht. Hij is na dat incident nooit meer in de Galgenwaard geweest.

In die tijd had ik Liesbeth overigens al ontmoet. Na het ongeluk van mijn moeder ben ik ook vrij snel uit het ouderlijk huis vertrokken en met haar gaan samenwonen in Amsterdam. Ik was toen eenentwintig.

‘NORMAAL BEN IK NIET ZO’

1985

We waren op de Canarische Eilanden. Voor het eerst in de winterstop naar de zon. John had zijn vriendin Daniëlle meegenomen en ik had Liesbeth meegevraagd, terwijl we elkaar nog maar twee maanden kenden. Maar het gevoel was gewoon goed.

Weet je wie daar ook op het strand lagen? Aad de Mos en Søren Lerby. Dat geloof je toch niet? Een halfjaar nadat hij er bij Ajax uit was gevlogen. Een beetje ongemakkelijk was het wel, ook omdat Søren toen met de moeder van Daniëlle ging, Willeke Alberti. Maar niemand maakte er gelukkig een probleem van.

Het was geen bakken in de zon zoals die zomer daarvoor, ik hoefde ook nog geen volledig seizoen van me af te zetten, maar af en toe pakte ik toch een momentje voor mezelf. Liesbeth vond het prima, die deed niet ingewikkeld. Als ik even alleen wilde zijn, ging ze met Daniëlle op stap.

Ik had Liesbeth ergens in oktober ontmoet. Ik was stappen met Schippie op een zondagavond, de stapavond voor voetballers. Ik ben – behalve soms in de zomervakanties – eigenlijk helemaal niet zo'n drinker. Sowieso drink ik geen bier, meer van die zoete drankjes: baco, gin-tonic, Pisang Ambon, dat soort dingen. Wijvendrankjes dus eigenlijk, haha. Dronken was ik sowieso nooit, maar die avond liep dat net even anders.

Wat ik nog weet is dat we in Le Berry begonnen, daarna naar La Bastille gingen en rond twee uur in de Surprise Bar belandden. We gingen toen veel uit op het Leidseplein. De sfeer was een beetje baldadig. Aan het begin van de avond was het in Le Berry nog gewoon gezellig. Daniëlle was erbij, zij was pas net met John, en nog wat vrienden. Liesbeth was er die avond ook, met een vriendin. Ze zag er een beetje alternatief uit, tuinbroek, kistjes. Stoer. John stapte als eerste op haar af, die durfde sowieso wat meer dan ik. Maar hij was al met Daniëlle dus was het logisch dat ik het gesprek over zou nemen. Dat was meteen leuk, al heb ik geen idee meer waar we het over hebben gehad.

In de Surprise Bar bestelden we shotjes, embryootjes of zo, heetten die. Dat deed ik eigenlijk nooit, maar om een of andere reden had ik het idee dat ik mee moest doen. Het waren shotjes met twee of drie soorten rum erin. En dat steeds opnieuw. Op een gegeven moment had ik hem flink zitten. Wat ik ook nog weet, is dat ik tegen Liesbeth zei: 'Normaal ben ik niet zo, hoor. Ik weet ook niet wat er aan de hand is.' Daarna is ergens tussen twee en vier uur het licht uitgegaan bij mij.

Ik ben door een van mijn vrienden, Frank Kroon, mee naar huis genomen. Die woonde in Amstelveen bij zijn moeder. Eerst ben ik in de gracht over mijn nek gegaan, later nog een keer bij hem thuis. Maar dat hoorde ik allemaal de volgende ochtend pas. Het was gênant. Ik herinnerde me niet eens meer hoelang ik met Liesbeth had gesproken en hoe dat was afgelopen.

De volgende ochtend was een ramp. Ik moest trainen en ik wist zeker dat Johan, die inmiddels trainer was, het meteen door zou hebben. Ik had alleen de ongelooflijke mazzel dat hij die maandag in New York was omdat Amsterdam de Olympische Spelen van 1992 wilde binnenhalen. Hij was daar om te lobbyen. We hebben die dag in de zaal getraind, omdat we de dag ervoor een wedstrijd hadden gespeeld. Het was een soort uitlooptraining, met Cor van der Hart. Sloeg helemaal nergens op, maar ik kwam goed weg.

John zag me aankomen, hij was met Daniëlle wel op tijd afgehaakt, en hij wist meteen hoe laat het was. Ik zat aan de bar in het spelershome, nam een slokje melk en moest meteen naar de wc. John zag aan alle kanten: 'Dat wordt niks met Bassie vandaag.' Hij keek me steeds aan en schoot dan in de lach. Ik was doodziek.

Het was overleven die dag. Na de training ben ik meteen naar huis gegaan en zei ik tegen mijn vader: 'Ik ga gelijk naar bed, we hebben bij Ajax een griepprik gehad en ik voel me niet zo lekker.' Ik denk dat ik echt alcoholvergiftiging had. Ik heb toen maandag, dinsdag en woensdag van halfvijf 's middags tot halfnegen 's ochtends geslapen. Alleen trainen en weer naar bed. Ik was gesloopt.

Liesbeth zat nog steeds in mijn hoofd. Er was tussen ons nog niks gebeurd, maar er hing iets in de lucht. Ik vroeg me die week vaak af of ze me nog wel wilde zien. In die tijd had je nog geen mobieltjes. Ik wist niets van haar, alleen haar voornaam. Dus gingen we die zondagavond erop weer naar Le Berry. Gelukkig was ze er ook. Ik stapte gelijk op haar af en zei: 'Dit is me nog nooit overkomen.'

Ik moest alles goedpraten en heb me die avond voorbeeldig gedragen. Ze moest lachen om mijn verhaal. Het was gelijk weer goed tussen ons. Ik had die zin de eerste avond dus blijkbaar heel vaak herhaald: 'Normaal ben ik niet zo. Ik weet ook niet wat er aan de hand is.' Het is toen eigenlijk meteen iets geworden tussen ons. Het was begin oktober. Ik weet het nog exact, want ik heb in die periode heel veel gescoord, echt belachelijk veel goals. Ik hield alles bij in mijn schrift. Het ging maar door. Twintig in drie maanden of zo. Heracles vijf. Sparta zes. Ik zweefde over het veld. Zo voelde dat. Alles lukte. Zes in één wedstrijd, dat had ik in de eredivisie ook nog niet meegemaakt. Pure verliefdheid.

Alleen Liesbeth vond er niets bijzonders aan. Zij had helemaal niet door dat ik zoveel scoorde, zij volgde het voetbal niet zo. 'Vijf goals? Is dat bijzonder dan?' Ze gaf later wel toe dat ze in die tijd voor het eerst zondagmiddag naar *Langs de Lijn* luisterde, en dan af en toe mijn naam voorbij hoorde komen.

Een paar weken na onze eerste ontmoeting was het dik aan en zou ik voor het eerst haar ouders ontmoeten. Toen ik die avond aanbelde bij haar ouderlijk huis in Badhoevedorp, deed haar vader open. 'Kom maar binnen,' zei hij. 'Ze is boven.'

Ik had toen ik aan kwam lopen al licht zien branden in haar kamer, dus ik zei: 'Ja, ik heb Esther al gezien, hoor.'

'Wie?'

'Eh, Liesbeth, bedoel ik.'

Bizar. Geen idee hoe ik daarbij kwam. Ik kende helemaal geen Esther. Ik schaamde me kapot. Dus om nou te zeggen dat ik een feilloze eerste indruk maakte. Niet echt.

De ontmoeting van Liesbeth met mijn ouders verliep ook niet helemaal vlekkeloos. Met mijn moeder ging het die maand helemaal mis. Liesbeth heeft haar alleen maar in een ziekenhuisbed gezien en niet meer zoals ze voorheen was. En mijn vader was zo druk met alles rond mijn moeder, dat hij eigenlijk geen oog voor Liesbeth had.

Op dat strand op de Canarische Eilanden dacht ik veel aan mijn moeder en aan de dingen die ze me verteld had, toen ze nog goed was. Die kregen toen een heel andere klank. Ik was ook blij dat Liesbeth erbij was, omdat we door die omstandigheden met mijn moeder sterk naar elkaar toe trokken. Daarom voelde het, gek genoeg, ook helemaal niet als te snel om al samen op vakantie te zijn.

KLAUS FISCHER

Jaren zeventig

Als voetballer was ik vrij allround, omdat ik in mijn jeugd ook allerlei andere sporten heb gedaan. Uit elke sport haal je iets. Wij hadden op het Herderplein zo'n muurtje waar je fietsen tegenaan kon zetten. Daar speelden we eindeloos tennisvoetbal met dat muurtje als net. En met tennisvoetbal leer je goed koppen, heel gericht een bal naar beneden knikken.

Maar bij UVV honkbalde ik bijvoorbeeld ook in de zomerperiode en bij mijn vriend Henri in de garage werd door ons fanatiek getafeltennist. Soms spijbelden we van school en waren we daar de hele middag bezig. Op de muren hielden we de scores bij. De volgende dag, als we verdergingen, keek ik altijd even of Henri er niet stiekem een paar punten bij had gezet. Hij deed ook alles om te winnen, net als ik, al was ik meer de aanvaller en hij de verdediger.

We speelden vooral in de winter. Het gebeurde regelmatig dat we na een potje de overwinning vierden op straat, buiten in de sneeuw. De damp sloeg dan van onze bezwete lichamen. De buren moeten af en toe gedacht hebben dat we volledig van het padje waren, om zo als malloten met onze ontblote bovenlijven in de kou tekeer te gaan. In Oog in Al ging ik elke vrijdagavond naar een tafeltennisclub. Ik had nog geen geld om lid te worden, maar mocht daar voor niks spelen op echte wedstrijdtafels.

Op mijn dertiende werd ik uitgenodigd om een selectiewedstrijd te spelen voor district West-I, omdat ik het bij UVV en in de Utrechtse selectie goed deed. Dat was waar je van droomde. Districtsselectie, dat kon de eerste stap zijn naar iets groots. Die 'West-1'-wedstrijd zou op maandag zijn, maar op vrijdagavond ging ik toch tafeltennissen. Die avond wilde ik een tafeltennistafel verplaatsen, maar die gleed onderuit. Ik wilde uiteraard niks stukmaken, omdat ik daar gratis mocht spelen, dus probeerde ik in een reflex die tafel met mijn voet op te vangen. Dat ding was loeizwaar en kwam boven op mijn voet terecht, mijn grote teen werd meteen blauw en dik. Het werd erger en erger.

Toen moest ik dus die selectiewedstrijd afzeggen. Een drama, dat vond ik echt verschrikkelijk. Ik miste een kans om me verder in de kijker te spelen. Dat was dus de eerste keer dat ik door een blessure een wedstrijd miste. En ik haatte dat gevoel toen al.

Soms ging ik ook ijshockeyen met een vriend. Af en toe op het ijs in de hal, maar meestal op rolschaatsen, op een pleintje. Het grappige van ijshockey is dat je trucjes leert. Als jij bijvoorbeeld later bij de puck bent dan je tegenstander, kun je met jouw stick de stick van die ander een tikje opzij of omhoog geven vlak voordat hij hem wil raken. Dat mag ook. Dan mist hij dus de puck en kun jij hem alsnog pakken.

Dat trucje heb ik ook in het voetbal gebruikt. Als je een dieptebal krijgt richting de zestienmeter, ligt je verdediger soms iets op je voor. Als je dan je been uitsteekt naar de bal, maar hij is er iets eerder bij, dan weet je dus dat je te laat bent. Maar dan tik ik zijn been aan van de zijkant, precies als dat been de grond niet raakt. Vaak mist hij dan toch de bal of hij valt. Soms val ik daardoor zelf en kan ik claimen dat hij me onderuithaalde. Daar kun je dus mee spelen, elke situatie is anders. Ik heb hier zeker een paar keer de bal door veroverd terwijl ik dus eigenlijk te laat was. En als de scheidsrechter niet exact in het verlengde stond, wat bij een diepe bal vaak zo is, zag hij niet precies wat er gebeurde en kon hij zomaar een vrije bal of een penalty geven.

In de warme zomer van 1975 gingen we elke dag naar het zwembad. Daar kwamen we jongens tegen die van alles durfden op die duikplanken. Door te veren op zo'n plank kon je al vrij hoog komen, maar als er nog iemand op de plank stond die op het juiste moment zijn gewicht erop zette, ging je extra hoog. Dat noemden we 'dubbel veren'. Wij gingen steeds meer salto's oefenen en nog hoger proberen te komen.

Ik vond dat leuk en werd echt gegrepen door dat hele duikplankengedoe. Vervolgens heb ik nog drie maanden op schoonspringen gezeten. Dat oefende je niet alleen in het zwembad, maar ook in de gymzaal. Salto's voorover, achterover, contra-salto's, noem maar op. Je kreeg daardoor gevoel voor ruimte in de lucht. Daar leer je eigenlijk pas echt springen, duiken en vallen. Nog meer dan bij voetbal, met alleen maar tackles en slidings.

We keken elke zaterdag naar *Sportschau* en de Bundesliga. Op een gegeven moment was Klaus Fischer de grote man in de Bundesliga. Hij deed iets nieuws, dat hadden we nog nooit gezien. Dat noemden ze bij de Duitsers de *Fallrückzieher*. Een van die doelpunten, tegen de Zwitsers, werd zelfs gekozen tot het Duitse doelpunt van de eeuw bij de ARD.

Wij vonden dat spectaculair. Hij scoorde door in de lucht te hangen en de bal achterover in het doel te trappen. Dat hadden we nog nooit gezien. Dat wilden we ook kunnen. Dus dat gingen we oefenen. Die Fallrückzieher van Klaus Fischer.

In de zomers na die wondergoal van Klaus Fischer, 1976, 1977, 1978, gingen we steeds vaker naar de Maarsseveense Plassen. Dat deed ik met Ricky Testa la Muta en Edwin Godee, twee van mijn voetbalvrienden. Daar had je veel grasvelden, om die plassen, maar ook zandstrandjes die heel langzaam dieper worden. Daar hebben we dus middagen lang in het ondiepe water die trap van Fischer geoefend. Dan gooide je die bal op, viel je achterover en probeerde je die bal te raken. Dat was relaxter dan op een grasveld vallen, want je kwam in het water terecht. Dat hebben we heel veel geoefend. Wekenlang. Zomers lang.

FALLRÜCKZIEHER

9 november 1986

De wedstrijd loopt niet. Den Bosch komt zelfs terug tot 2-1. In de zeventigste minuut geeft Schippie de bal aan Jan Wouters. Die geeft normaal uitstekend voor, maar nu is het een onooglijke voorzet, als ik eerlijk ben. Met een boog, en dus te weinig snelheid, en ook nog ver achter de man, zeilt de bal de zestienmeter in. Ik volg de baan van de bal met mijn ogen, hij lijkt iets voorbij de penaltystip te gaan dalen tot kophoogte. Dat betekent dat ik op dat moment tussen de bal en het doel zal staan. Mijn hersenen scannen en herkennen de situatie. Vanaf dat moment neemt mijn instinct het over.

Ik weet wat ik ga doen. Ik weet alleen nog niet hoe het eruit gaat zien. Het kan ook totaal misgaan. Omdat die bal achter me komt, zijn er weinig opties. Ik zou eventueel nog kunnen koppen, maar dit is waarschijnlijk de beste oplossing. De bal hangt in het luchtledige. Ik sta iets voorovergebogen met mijn rug naar het doel van Van Grunsven, de keeper van Den Bosch. Je kunt in zo'n situatie best lang wachten met afzetten. De bal is zo'n drie meter van me verwijderd en ik sta nog steeds met beide benen op de grond voordat ik met volle kracht afzet met mijn linkerbeen. Als je dat niet doet, dan kom je niet ver. Je gebruikt die vaart. Daardoor is mijn kantelpunt eerder en kan ik achterover in de lucht gaan hangen. Dit is turnen hogeschool. Normaal is mijn afzetbeen rechts. En nu is dat links. Dat is moeilijker, tegennatuurlijk.

Het is niet alleen de kunst dat je achterover durft te vallen. Alles moet kloppen. Het is een wankel evenwicht. Je kunt hem erin schieten, maar je kunt ook je nek breken. Je ziet zoiets toch relatief weinig op een voetbalveld. Het vereist namelijk wel een heel gecoördineerde actie.

Uiteindelijk gaat het om de zwiep. De zwiep met het andere been dan het afzetbeen. Die zwiep, het katapulteffect, kan alleen maar kracht genoeg hebben als je voldoende hoog in de lucht hangt, en als je vol achterover durft te vallen naar een plek die je onmogelijk kunt zien. Dat moet je heel vaak gedaan hebben, om geen last te hebben van dat gevoel, van die vraag: waar kom ik terecht?

Mijn zwiep is hier met rechts. Door de zwiep kun je de bal hard raken om hem echt vaart te geven. Maar de zwiep moet ook precies zijn. Anders wordt het lachwekkend.

Dan hang ik bijna horizontaal in de lucht. Op een ruime meter, denk ik. Vlak voor de zwiep. Het is ook een mooi gezicht. Maar mijn linkerbeen is dan natuurlijk hoger dan mijn rechteronderbeen. De rechterknie is nog gebogen, en het onderbeen is helemaal klaar voor de zwiep. Een zweepslag is het. Bam. De bal, die net nog rustig aan het dalen was, vliegt nu recht op de kruising af. Met veel meer vaart. Ik ben al aan het vallen en ben vooral bezig om niet mijn nek te breken. Ik zorg dat ik goed val. Op een arm.

Ik raak de grond alweer als de bal de kruising in vliegt. Het publiek staat op dat moment nog onbewogen te kijken. Het gaat te snel om al te reageren. Het is nog geen drie seconden nadat de bal van Wouters' voet vertrok. Ik denk: volgens mij is het goed gekomen.

Die goal is de schoonheid zelve. Omdat ik die bal heel hoog neem. Ik hang hoog in de lucht en die bal gaat in de kruising. Dus de uitvoering is perfect. Hij tikt ook nog de binnenkant van de paal aan in die kruising. Dat is heel mooi. Dat maak je niet vaak mee. Daar hebben mensen het nog steeds over, de Fallrückzieher tegen Den Bosch.

NAAST DIEGO MARADONA

13 november 1986

Ik was voor het eerst in het Lido, de beroemde nachtclub in Parijs. Het was vier dagen na de omhaal. Ik zat op de eerste rij naast Liesbeth en mijn vader en had voor de gelegenheid een lichtgrijs pak aangeschaft. Het zat iets te ruim.

Ik hou niet zo van dit soort glitter en glamour, maar het bleef toch de uitreiking van de Ballon d'Or, de Gouden Bal, de prijs voor de beste voetballer van Europa. Dit was de avond van Diego Maradona, die Argentinië zo'n beetje in zijn eentje wereldkampioen had gemaakt, en bij Napoli aan een opmars bezig was. Wie anders zou de Gouden Bal moeten winnen?

Wij zagen hoe hij over de Champs-Élysées naar het Lido liep met een zwerm mensen om zich heen. Een circus. Alle aandacht ging naar hem uit, en dat vond ik helemaal niet erg. Hij is een fenomeen. Opeens zat hij maar een paar meter bij me vandaan. Dat was toch bijzonder.

Maar ik was daar niet voor Maradona. Ik kreeg ook een prijs, de Gouden Schoen, vanwege de zevenendertig doelpunten die ik voor Ajax maakte, als topscorer van Europa.

Het was voor mij al bijzonder dat we in Parijs waren. Naast Liesbeth en mijn vader waren ook Lou Bartels en Ton Harmsen van het Ajax-bestuur erbij. Met zijn allen gingen we uit eten in een chique tent. Dat was voor ons een totaal nieuwe wereld.

Gelukkig was Ger Lagendijk van de spelersvakbond ook mee, want we kregen gerookte zalm en gebakken zeetong en dat kenden mijn vader en ik helemaal niet. Mijn vader ging met mes en vork die zeetong te lijf alsof het een stuk vlees was. Hij wilde die vis met graat en al opeten, bij wijze van spreken. Ger fluisterde subtiel in zijn oor dat zo'n vis anders gegeten wordt. Dat was heel attent van hem.

De show was al even bezig toen de presentator mijn naam omriep. Ik schrok, maar ik mocht nog even blijven zitten. Er verscheen een groot scherm achter het podium. Ze gingen beelden laten zien en ik wist welke.

Het werd donker en opeens verscheen korrelig beeld uit De Meer van de wedstrijd Ajax-FC Den Bosch, vier dagen eerder. Ik hang horizontaal in de lucht. De bal vliegt in de kruising. En nog een keer. Uit een andere hoek. Het applaus was overdonderend.

Ik kreeg even later de Gouden Schoen van Franz Beckenbauer, maar ik voelde me niet zo op mijn gemak bij al die aandacht. Een kwartiertje later kreeg Maradona ook zijn prijs, toen stonden we samen op het podium. Hij complimenteerde me met die omhaal. Dat respect vond ik mooi. Het was toch Maradona.

HET PACT VAN DE MEER

1987

'Hoe gaan we dit oplossen, aanvoerder?' zei Johan, terwijl hij zijn kantoor in liep en achter zijn bureau ging zitten. Hij gebaarde mij tegenover hem plaats te nemen. Zijn woorden bleven even in de lucht hangen, alsof we allebei wisten dat er eigenlijk geen perfecte oplossing was voor de situatie waar we in beland waren.

Het kantoortje van Johan en zijn assistenten was een paar vierkante meter groot. Als je langs het huisje liep dat links naast De Meer stond en daar naar binnen ging, was het de eerste deur rechts. Verderop de medische ruimte, met de massagetafels, daarna de doucheruimte en dan de kleedkamers.

Het was een klein en sober hok eigenlijk, met uitzicht op de twee modderige velden waarop we met het eerste trainden. Aan de muur hing de meest recente elftalfoto en een bord met elf rood-witte en elf blauwe magneetjes. De rood-witte natuurlijk altijd in een 4-3-3-formatie. Bij de verwarming stond een paar voetbalschoenen van Johans eigen merk.

Het was eind februari, een dinsdagmiddag en aardskoud. De belangrijke Europa Cup-wedstrijden tegen Malmö kwamen eraan. Een lastige klus, helemaal met de winterse weersomstandigheden die voorspeld waren voor de eerste wedstrijd, uit in Malmö die week erna. Johan boetseerde aan zijn team tegen de stugge Zweden. De Europa Cup was ineens een stuk belangrijker nu het kampioenschap alweer onhaalbaar geworden leek. PSV stevende af op de titel. Net als in het seizoen daarvoor, Johans eerste jaar als trainer, waren de Eindhovenaren ongenaakbaar. Het team met Gullit, Van der Gijp, Thoresen, Lerby, Koolhof en Gerets won simpelweg weer alles.

Dat stak natuurlijk, zeker als je Johan Cruijff bent. In datzelfde seizoen, '85-'86, werden we in de eerste ronde uit de Europa Cup geknikkerd door FC Porto. Een mislukt jaar, hoe hard Johan ook riep dat we met een 'leerproces' bezig waren. Alleen de beker werd gewonnen, van RBC. Een schrale troost. Al betekende dat wel dat we toen in de Europa Cup II mochten uitkomen.

En dat ging eindelijk, na jaren van vroege Europese uitschakeling, eens voorspoedig. We versloegen voor de winterstop Bursaspor uit en thuis en het Griekse Olympiakos. Echt overtuigend ook. Eindelijk ging het team spelen zoals Johan het in zijn hoofd had. Hij had Danny Blind en Jan Wouters gehaald, waardoor er meer balans in het elftal was gekomen. De patronen begonnen eindelijk in te slijten. We maakten elkaar beter. Het publiek werd enthousiast.

Op de Europa Cup-avonden zat De Meer vol en kolkte het. Je merkte aan Johan dat hij er geloof in begon te krijgen. Hij had mij het seizoen ervoor meteen aanvoerder gemaakt, ook al was ik toen nog maar twintig. Ik was helemaal niet zo'n prater, maar hij prikkelde mij, maakte mij belangrijk, wilde dat ik het team op sleeptouw nam. Aanvallend liep het dat jaar soms als een idioot. We scoorden 122 keer. Ik werd Europees topscorer met zevenendertig goals. Maar tijdens alle belangrijke wedstrijden, PSV, Feyenoord en in Europa ging het mis. Dat wilden we niet nog een keer meemaken. Johan zeker niet, maar ik ook niet, want het was mijn laatste jaar bij Ajax. Het was nog geheim, maar het voorcontract met Milan was al getekend. Omdat PSV in de competitie alweer een flinke voorsprong had, werd die Europa Cup cruciaal. De kwartfinale stond voor de deur. Eerst op 4 maart in Zweden, en 18 maart thuis in De Meer.

Maar toen zaten we daar in zijn kamer en moesten we praten. Dat was onvermijdelijk, dat voelden we allebei tot op het bot. Hij was het zat dat ik sinds december zo weinig speelde. 'Ik begrijp dat je constant pijn hebt,' zei hij, 'maar we moeten door, je moet spelen. Ik heb ook met pijn gespeeld, dat hoort erbij. En de dokters zeggen ook dat het niet slechter kan worden.'

De training was net afgelopen en weer had ik het niet tot het einde volgehouden. Mijn trainingspak zat onder de modder, was zeiknat, mijn broek kleefde aan mijn knieën. Wat ik in me had, heb ik gegeven. Maar het was voor hem niet genoeg. Hij wilde meer.

De noodzaak was ook groot. Ook voor hem. Het seizoen daarvoor werd door alles en iedereen als mislukt beschouwd. Het was simpel: Johan moest iets winnen. En ik was zijn aanvoerder. Zijn beste speler. Zijn topscorer. Hij had mij nodig. Dat wist hij. En dat wist ik.

Maar nu kon hij al weken niet meer op me rekenen. Eerst had ik pijn aan mijn linkerenkel en na de operatie in december en de revalidatie, kreeg ik ook opeens pijn aan mijn andere enkel. Ik haakte vaak af bij een training, zoals die middag, of kon geen hele wedstrijden spelen. Johan werd daar niet blij van. Logisch dat hij wilde praten. Ik was geen aansteller, ik wilde zelf ook niets liever dan voetballen, meer dan wat dan ook, maar ik had al zo vaak met pijn gespeeld. En nu moest ik ruzie gaan maken om juist niet te spelen, dat voelde volstrekt tegennatuurlijk.

Johan gooide de deur dicht. Geen pottenkijkers. Buiten kletterde de regen op het trainingsveld. De spanning was te snijden. Het werd een pittig gesprek. We wisten allebei waar het om ging. Koppen tegen elkaar.

Johan doorbrak zelf de stilte: 'Nou, Marco, zeg jij het maar.'

De ellende begon eigenlijk allemaal op 7 december 1986, in het Oosterpark tegen Groningen. Dat zijn altijd vechtwedstrijden, die krijg je nooit cadeau.

Die zondagmiddag was mijn broer Stanley komen kijken in het stadion. Dat was bijzonder, omdat hij al heel lang in Canada woonde. Hij had intussen vernomen dat ik in Nederland was uitgegroeid tot een bekende voetballer dus dat wilde hij ook weleens zien. Stanley zat naast mijn vader op de tribune in het Oosterpark, dus ik wilde die dag wel extra mijn best doen. Dat je oudere broer voor je op de tribune zit, doet iets met je.

De wedstrijd begon voor ons niet helemaal lekker. Ik verloor halverwege de eerste helft de bal rond de middenlijn en ging erachteraan. En toen maakte ik die sliding op onze eigen helft, bij de zijlijn. Tegen Edwin Olde Riekerink. Ik ging er hard in. Ik was geïrriteerd. Meteen had ik pijn in mijn rechterenkel. Normaal denk je dan 'oef' en ga je weer door, maar de pijn ging maar niet weg. Toen ben ik er na een halfuur maar uit gegaan. Dat gebeurde me niet vaak, ik was zelden geblesseerd.

Toen ik het moment later op tv terugzag, bleef het me verbazen. Ging ik er nou te hard in? Dat idee had ik niet. Ging hij er te hard in? Ook niet. Ik deed niet echt iets heel geks. Tenminste niet zo gek dat je je enkel zwaar blesseert. Ik zag ook niet dat ik mijn enkel verzwikte of raar neerkwam. Het was volgens mij gewoon een tackle zoals die je vaker in wedstrijden maakte. Toen ik daar met Johan in zijn trainershok zat, wist ik eigenlijk nog steeds niet wat er die dag nou precies was gebeurd.

Wat ik nog wel weet, is dat ik meteen heel veel pijn had. Te veel pijn om er überhaupt nog op door te kunnen spelen. Met dokter De Groot ben ik diezelfde avond naar het ziekenhuis in Amsterdam gegaan om daar een röntgenfoto te laten maken. De Groot zei volgens mij toen: 'Het is niks bijzonders, wacht het maar even af.'

Ik liep een paar dagen mank en het bleef pijn doen, het ging niet weg. Het toeval wilde dat ik op 15 december, dus een week na Groningen-Ajax, werd geopereerd aan mijn andere enkel, de linker. De operatie zou in het Prinsengrachtziekenhuis gedaan worden door de Zwitserse dokter René Marti, dé enkelspecialist van Europa, werd mij toen verteld. Ik had last van een *dancer's heel*, een blessure die veel voorkomt bij dansers. Ik had er al last van sinds de bekerwedstrijd tegen RCH, in maart 1986. We speelden die dag in Heemstede gezapig. Ook ik was niet scherp. Ik kwam verkeerd neer na een sprong en landde op de voet van een verdediger van RCH. Mijn meniscus speelde op, maar vooral mijn linkerenkel. Daar had ik dus al bijna heel 1986 last van. Steeds als ik afzette of landde met links had ik pijn. De winterstop leek een goed moment om te opereren.

Omdat ik daarna toch in bed lag lette ik die week minder op mijn rechter, maar toen ik uit het ziekenhuis kwam en met links in het gips liep, moest ik rechts meer belasten. Helemaal toen na een week of drie het gips eraf ging. Na een tijdje mocht ik weer alles met links, maar ik heb mijn rechterenkel in die weken zeker overvraagd.

Toen de competitie weer begon had ik dus nog steeds pijn aan mijn rechterenkel. Ik weet nog dat ik voor het eerst speelde, ik moest invallen tegen Excelsior. Toen hebben ze mijn enkel ingetaped. Eerst geschoren en dan die witte tape erop. Een soort gips was het. Het is een raadsel hoe ik daar überhaupt nog mee heb kunnen spelen. Ik kon hem totaal niet bewegen. Volgens mij scoorde ik die wedstrijd zelfs nog met rechts, maar vraag me niet hoe.

Er werd geklopt. Fysiotherapeut Pim van Dort kwam binnen, maar sloot snel de deur weer achter zich, alsof hij voelde dat er iets gaande was. Johan zei dat hij hier niet voor niks was. Dat hij een prijs wilde winnen. Dat Ajax sinds de jaren zeventig niets meer had gewonnen in Europa. Het was of de titel of de Europa Cup. PSV was ijzersterk dus mikte hij op de Europa Cup, zei hij. Daarom had hij mij nodig, maar het enige wat hij van mij hoorde, was dat ik pijn heb. Al vanaf het begin van het seizoen. Eerst was het links. Operatie gehad. Nu was het rechts. Lekker dan. Hij zei: 'Luister, je wordt links geopereerd en nu heb je rechts last. Nu zijn we een paar maanden verder en de dokter zegt dat het niet slechter wordt als je hiermee doorspeelt. Dus, wat gaan we doen?'

Ik had besloten te wachten tot hij helemaal uitgepraat was, maar ik wist wat hij dacht. Zijn schoonvader, Cor Coster, was mijn zaakwaarnemer. Dus Johan wist dat ik de zomer ervoor al een voorcontract bij AC Milan had getekend. Al was dat nog niet bekendgemaakt. Maar dat dat zeker mijn laatste seizoen bij Ajax zou zijn, dat wist hij. En daarom dacht hij misschien dat ik mijn snor drukte. Dat ik mezelf spaarde en niet alles gaf. Maar dat was totale onzin. Ik wilde altijd spelen. Alleen had ik veel pijn.

De laatste zes weken, vanaf het moment dat het gips van mijn linkerenkel eraf ging, was het pappen en nathouden. Met rechts. Ook die middag. Voor elke training moest mijn enkel ingetaped worden. En na elke training was de fysio anderhalf uur met me bezig: masseren, insmeren en zwachtelen. Het was overduidelijk dat die rechterenkel niet best was.

Ook voor elke wedstrijd werd ik ingetaped. Het gewricht kon dan nauwelijks bewegen en de pijn was ook niet minder, vooral de dag erna. Na afloop van elke wedstrijd die ik wél speelde moest ik met mijn enkel in een bak met ijs. Wat ze ook probeerden, die enkel bleef pijnlijk, bleef dik. En ik wist niet wat er nou echt aan de hand was.

Op 14 december, een dag voor de operatie aan mijn linkerenkel, had dokter Marti niet naar mijn rechter gekeken, want die was toen helemaal ingetaped. Dat weet ik nog. Johan is de keer daarna met me meegegaan naar Marti in het AMC. Hij wilde weten of het kwaad kon als ik speelde. Ik herinner het me niet letterlijk, maar het kwam erop neer dat Marti zei dat het in principe geen kwaad kon. Dat ik door die fase heen moest, dat het niet ernstig was. Dat soort woorden. Volgens mij was Marti een beetje onder de indruk van de grote Johan Cruijff.

Hoe het ook zij, de pijn hinderde me, in trainingen en wedstrijden. Elke week werd opnieuw bekeken wat ik er wel en niet mee kon doen. Ik had al weken een aangepast programma en had me er al op ingesteld dat ik op die manier het seizoen moest gaan uitzingen. Het was niet anders.

Johan was even stil. Ik nam het woord en legde uit dat ik geen aansteller was, dat ik mezelf niet spaarde voor Milan. De grootste onzin die er bestond. Als hij mij een beetje zou kennen, zou hij weten dat ik niet zo in elkaar zit. Ik wilde spelen. Ten koste van alles. Maar de pijn die ik sinds Groningen had, kende ik niet en was ook moeilijk uit te leggen. Ik wilde niet dat hij mij zag als een slappeling, ondanks de pijn was ik doorgegaan met trainen en spelen. En ik wilde niet opgeven. En dat ik geloofde dat de enkel na het seizoen, tijdens die zeven weken vakantie, wel zou genezen.

Johan haalde diep adem. Ik merkte dat hij het gesprek wilde afronden. 'We passen al weken de trainingen voor je aan. We maken een apart programma voor je. De fysio is fulltime met jou bezig. We zijn naar de dokter geweest. Volgens hem kun je spelen. Ik weet niet wat jouw idee is, maar zo komen we er niet. Ik weet het goedgemaakt. En dan lullen we er ook niet meer over. Je mag competitiewedstrijden overslaan, voor zover je dat nodig vindt. Pak je rust en herstel. Maar daar staat wel iets tegenover. Daar wil ik helder in zijn. Dan moet je wel die Europa Cup voor ons winnen. En als je die niet wint, dan slacht ik je.' Hij glimlachte en liet een stilte vallen. 'Spreken we dat af?'

'Dat is goed,' zei ik. We knikten instemmend naar elkaar.

Even later kwam ik in een lege kleedkamer. De rest was intussen al gedoucht. Ik realiseerde me dat wat net gebeurd was een bijna onredelijke, kinderlijke manier van met elkaar omgaan was. Een soort basaal niveau waarop twee voetballers elkaar heel goed begrijpen en een afspraak maken. Een pact sluiten. Tegelijk besefte ik, terwijl ik de douche aanzette, dat het aan mensen buiten het voetbal eigenlijk nauwelijks uit te leggen is dat het soms zo werkt.

VOOR DE SPIEGEL (2)

13 mei 1987

Het is de dag van de finale. 13 mei 1987. We hebben middagrust. Ik ben op mijn hotelkamer ergens in het rumoerige centrum van Athene, maar ik kan niet slapen. Ik drentel wat heen en weer. Ik ben op mijn tweeëntwintigste al aanvoerder van een Europa Cup-finalist en er wordt veel van me verwacht. Het zal een van mijn laatste wedstrijden voor Ajax zijn. Na zes jaar.

Ergens besef ik, op de achtergrond, dat ik straks zeven weken vrij heb en dat daarna Milaan wacht. Verhuizen met Liesbeth. Een nieuw leven, een nieuw land en een nieuwe club.

Maar nu ben ik vooral bloednerveus. Ik voel het in mijn hele lijf. Veel meer dan de normale spanning voor een topwedstrijd in de competitie. Dit is mijn eerste finale, hier kan ik historie schrijven.

De tegenstander is vrij onbekend, dat maakt me er niet geruster op. Lokomotive Leipzig, een fabrieksteam uit Oost-Duitsland. Harde werkers. Degelijk. Defensief. Een onvoorspelbare counterploeg.

Wij hebben in maart Malmö thuis ruim verslagen, na een kleine nederlaag in Zweden. Ik miste een penalty, maar scoorde ook de bevrijdende 3-1. Prachtige avond in De Meer. Na afloop stond de bak ijs voor mijn enkel al klaar, want het veld was erbarmelijk.

De uitwedstrijd tegen Zaragoza werd een waterballet door een wolkbreuk tijdens de warming-up. Er was niet meer normaal op dat veld te voetballen. De Spanjaarden gingen daar in het begin slimmer mee om en maakten 1-0. Uiteindelijk zijn we uit een ander vaatje gaan tappen, onder meer door steeds slim de bal omhoog te wippen en dan vooruit te spelen. Langzaam kantelde de wedstrijd toen. Uiteindelijk wonnen we daar met 2-3.

De return in Amsterdam, in een vol Olympisch Stadion, wonnen we vlekkeloos met 3-0. Het was goed en overtuigend. Johan kon tevreden zijn. Het was reclame voor aanvallend voetbal, zijn voetbal.

Ik kijk uit het raam. Athene is druk. Alles in Griekenland lijkt luidruchtig. Ik ga maar weer op bed liggen. Nog twee uur voor ons vertrek naar het stadion.

Johan heeft het elftal de laatste twee jaar, maar vooral dit seizoen, langzaam gesmeed tot een goedlopend team. Iedereen weet wat-ie moet doen om de anderen beter te maken. 'Als je elkaar helpt, word je samen beter,' zegt Johan. 'Ken elkaars sterke en zwakke kanten. Zeur er niet over. Maar gebruik ze slim. In je voordeel. Dan worden we sterk.' En dat begon steeds beter te gaan. Zo zijn we in de finale gekomen. Ik heb alles meegespeeld en ben bepalend geweest als aanvoerder, aanjager en doelpuntenmaker. Ondanks die enkel. Johan en ik hebben er geen woord meer aan vuilgemaakt, na dat ene gesprek. En nu is het dus zover. Veertien jaar sinds Ajax' laatste Europese finale, die Johan zelf nog speelde.

Allemaal leuk en aardig, maar we hebben nog niets. Als we vanavond tegen de Oost-Duitse muur aanlopen, is het feest over. We missen ook belangrijke spelers vanavond, dat zit me niet lekker. Blind en Spelbos zijn geblesseerd, John Bosman is geschorst, na zijn rode kaart uit tegen Zaragoza. Frank Verlaat staat nu in het centrum. Jonge jongens als Robbie Witschge en Aron Winter moeten ineens spelen. Gelukkig zijn Frank Rijkaard en Jan Wouters er wel bij. De vraag is of de automatismen van Johan inmiddels zo goed lopen dat we ondanks het inpassen van de nieuwe spelers toch ons spel kunnen spelen. Hoe dan ook komt er meer op mijn schouders.

Ik heb onrust in mijn lijf, ook omdat ik een soort oerdrift voel. Dwars door die spanning heen. Ik loop naar de grote spiegel naast de deur en kijk naar mezelf. Ik wil niet vanavond na afloop tegen journalisten hoeven zeggen: 'We zijn ver gekomen. We hebben goed gespeeld. Het is jammer.' *No way.* Natuurlijk ben ik nog jong, maar je weet nooit wat er hierna nog komt. Misschien is dit mijn laatste kans.

Ik kijk mezelf recht aan en ik zeg het bijna hardop. Dit is mijn eerste finale, die moet ik winnen. Als ik de eerste niet win, wordt het gedoe. Dan sta je al op achterstand als er ooit nog een tweede komt. Hoe dan ook moet hier gewonnen worden. Ik blijf mezelf aankijken tot ik weet dat dat besef tot in het diepst van al mijn vezels is doorgedrongen. In gedachten zeg ik tegen mezelf: vergeet die enkel. Vanavond moet het, Van Basten. *No fucking bullshit. Eyes on the prize.* Het is hier gewoon business. En winnen. Zo gaat het en niet anders.

Het is een gesprek met de spiegel. Een ultieme boodschap aan mezelf. Winnen. Klaar. Er zijn geen excuses meer.

Die avond maak ik de enige goal. Als een katapult duik ik voor mijn man naar de bal toe, die ik nog voor de eerste paal raak. De voorzet van Sonny Silooy is eigenlijk net iets te dicht bij het doel, daarom moet ik me maximaal strekken. De bal knalt van mijn hoofd via de grond in de verre hoek. Explosie. 1-0. En dat blijft het. Ik krijg de beker in een roes. Pure ontlading. De eerste finale winnen. Kinderlijke blijdschap. Johan lacht zijn aanstekelijke lach. Zo moet het zijn.

‘MARCO VAN BASTEN IS NIET TE VERVANGEN’

31 mei 1987

‘Marco van Basten, Marco van Basten is great, he’s the pride of Mokum, he’s scoring every game’. Dit spreekkoor klonk die middag luidkeels uit de F-side. Op 31 mei 1987 speelde ik mijn allerlaatste wedstrijd voor Ajax. We hadden de Europa Cup II en de KNVB Beker al gewonnen. De competitie was gespeeld, alleen restte nog dit duel tegen PEC Zwolle in De Meer.

Ik was pas tweeëntwintig jaar en op weg naar AC Milan, maar het Amsterdamse publiek had die middag een warm eerbetoon. Het spreekkoor, speciaal voor mij, heb ik jaren later nog weleens gehoord, toen ik als trainer van Heerenveen tegen Ajax speelde. Dat blijft bij.

Op de hekken van de F-side hingen die middag spandoeken met GRAZIE MARCO en ARRIVEDERCI MARCO. Uiteindelijk wonnen we met 5-2 van Zwolle en maakte ik vier doelpunten, gelukkig een afscheid in stijl.

Cruijff gaf me een applauswissel, na mijn vierde doelpunt. Daarna werd ik op de schouders genomen, kreeg ik bloemen en gooide die in het publiek. Uiteindelijk trok ik ook mijn shirt uit en gooide dat over het hek in de F-side. Het deed me meer dan ik verwacht had.

Het eindigde nog wel apart. Omdat Cruijff al twee keer gewisseld had, het maximale aantal in die jaren, speelden ze de wedstrijd na mijn wissel met tien man uit. Stadionspeaker Freek de Jonge wist dat op zijn eigen manier te verwoorden: ‘Marco van Basten is niet te vervangen.’

MILAN (I) – VOOR DE SPIEGEL (3)

Najaar 1987

Ik ben net wakker geworden. Het is nog koud buiten, dat voel ik door het raam. Het koelt 's nachts flink af hier in de Povlakte, ten noordoosten van Milaan. Ik heb helemaal geen zin om op te staan, maar het ontbijt met de hele ploeg is al over een halfuur. We krijgen daarna weer een tactisch verhaal van Sacchi.

Maradona staat met Napoli nog boven ons, maar de race is nog niet gelopen. In *La Gazzetta dello Sport* vatten ze elke maandag de competitie simpelweg samen door twee stripfiguren af te beelden die elkaar achtervolgen. Eentje is Maradona, de ander Ruud Gullit. Ruud is de motor en de afmaker van onze ploeg. Alles wat hij dit jaar aanraakt verandert in goud. Dat beeld vat dit hele seizoen samen.

Het is voor mij helemaal niet verkeerd dat Ruud het zo goed doet, de blikvanger is en alle aandacht naar zich toe trekt. Daardoor kan ik wat meer in de luwte aan mijn herstel werken en kraait er geen haan naar me.

Ik glijd mijn bed uit en sta op. Berlusconi heeft het hier prima voor elkaar. Alles aan Milanello is vernieuwd en top of the bill. Hij heeft dit trainingscomplex compleet laten renoveren toen hij in 1985 de club kocht. Het mag de spelers aan niets ontbreken. Goed eten, goed slapen, goed rusten, goed trainen. De nieuwste medische voorzieningen, een krachthonk, velden als biljartlakens. Het is simpelweg de voetbalhemel, alleen voelt het voor mij totaal niet zo. Sterker nog, hoe dichter bij de hemel ik kom, hoe pijnlijker het feit dat ik niet mee mag doen. Niet mee kan doen. Al is het team geweldig. Ongelooflijk professioneel. En de spelers ook. Die rechtsback, Tassotti, heeft een sublieme techniek en als je ziet wat ze allemaal met die kleine balletjes kunnen, echt niet normaal. Baresi is een geweldenaar. Zoveel snelheid, zoveel inzicht, een patron. En Maldini is nog maar negentien, maar heeft zelden een overtreding nodig om overeind te blijven. Klasse. En Costacurta niet te vergeten. Daar sta ik zelf vaak tegen op de training. Die kom je niet voorbij. Met zo'n verdediging ben je van wereldklasse.

Het is dus ongelooflijk klote dat ik niet kan laten zien wat ik echt in huis heb. Op de training haal ik soms mijn niveau als ik een dag minder pijn heb, maar ik voel me nooit honderd procent. Sinds ik heb aangegeven dat spelen echt niet meer gaat met die enkel, kiest Sacchi altijd voor Gullit en Virdis voorin. Hij noemt het 'zona-pressing', maar eigenlijk is het gewoon goed verdedigen. En rent Gullit zich voorin helemaal suf.

Ik discussieer met Sacchi over zijn tactiek, zoals ik dat in Nederland met De Mos en Cruijff deed. Hij wil er altijd over praten, krijgt er nooit genoeg van, maar toen ik na de eerste wedstrijd tegen de pers zei dat ik vond dat we met drie spitsen moesten spelen, stond de boel op zijn kop. Dat zijn ze in Italië niet gewend, dat je het tactisch plan van de trainer ter discussie stelt. Ik praat sindsdien steeds minder met journalisten. Er wordt hier zoveel geschreven, er zijn zoveel sportkranten. Je kunt het niet eens bijhouden. En ze maken van iets heel kleins iets heel groots. Dus je kunt beter je mond houden.

Nu heb ik de laatste weken ook niks te melden, want ik ben geblesseerd. Daar valt weinig over te zeggen. En daar wil ik niets over zeggen. Vooral niet dat ik bang ben dat ik weer een keer onder het mes moet. Ik heb toch maar een afspraak gemaakt bij dokter Marti. Ik wil dat hij serieus naar die rechterenkel gaat kijken. Ik heb al sinds januari pijn en het wordt niet minder. Als ik voluit train, is die enkel de dag erna weer dik en kan ik weinig meer. Het schiet niet op.

Ik heb geluk dat mijn jeugdmaatje Ricky Testa la Muta hier ook zit. Vlakbij zelfs. Bij toeval hoorde ik van Ploon Konijnenburg dat hij bij Pro Patria voetbalt, in de Serie C. We zien elkaar veel. In het begin trok ik vaak met Ruud op, we zaten naast elkaar in de kleedkamer. Maar ik moest afhaken, terwijl hij doorging. Trainingskampen, wedstrijden. Hij is hier een grote ster aan het worden, een enorme persoonlijkheid inmiddels. Ik ben sinds die blessure toch in een soort isolement terechtgekomen. Het contrast tussen ons kon niet groter zijn. Dus het is fijn dat Ricky er is. In de avonden kunnen we lekker lullen en we gaan regelmatig met onze vrouwen uit eten.

Half juli was onze perspresentatie bij Milan. Met Ruud. Echt indrukwekkend. Een andere wereld. Groots en met veel show. Ik was blij dat Ruud de grote aankoop was, ik voelde me licht ongemakkelijk die dag, omdat ik niet wist hoe het met mijn enkel ging.

Met Ajax waren we vroeg klaar geweest dat seizoen en de Serie A begon laat, dus ik had zeven weken vakantie. Dan geneest die enkel wel, dacht ik, maar de schrik zat er al snel weer goed in. Na drie, vier dagen trainen had ik alweer last. Fucking hell, dit is niet goed, dacht ik.

De medische staf van Milan wist ervan, maar ze konden het niet naar buiten brengen. Je koopt natuurlijk geen geblesseerde spits. Het waren dus ellendige weken geweest in juli en augustus, omdat we met zijn allen wekenlang de schijn hoog moesten houden dat het wel goed ging. Het was een rare toestand, want eigenlijk ben ik deze zomer dus geblesseerd naar Milan gekomen. Maar hoe slecht het precies is, weet ik op dat moment nog steeds niet.

Berlusconi is gelukkig niet in paniek geraakt, maar het is

voor hem verre van leuk dat van zijn twee aankopen er eentje niet kan spelen. Hij heeft me wel duidelijk gemaakt dat hij vond dat Milan het eerder had moeten weten. Ik heb gezegd dat ik zelf ook echt dacht dat het in de zomer zou genezen. Hij geloofde mij.

Ik vind het sowieso een goeie vent. Hoe hij deze club runt, is inspirerend. Het is on-Nederlands. De grote baas is echt de baas. Ik houd daar wel van. Wanneer hij een bezoek aan Milanello brengt, is iedereen al dagen van tevoren zenuwachtig. Alles wordt schoongemaakt en aangeharkt. De manager van Milanello rent rond om het allemaal op tijd voor elkaar te krijgen.

Hij komt bijna altijd met zijn helikopter. Dan landt hij op het kunstgrasveld naast de kleedkamers. Als hij binnenkomt gaat iedereen staan en wordt er geapplaudisseerd. Ruud vindt het helemaal niks. Die houdt daar niet van, maar ik vind het mooi. Hij houdt altijd een speech, vaak over een of andere zakendeal die hij heeft gesloten. Dat hij die nacht nog tot vier uur of vijf uur met een minister heeft onderhandeld over dit of dat en hoe hij die deal rond heeft gemaakt. En dat wij ook tot het uiterste moeten gaan om het doel te bereiken: het kampioenschap. De Scudetto.

Aan het einde is er weer applaus of hij vraagt Sacchi om een toespraak te geven en voegt er dan zelf nog iets aan toe. Berlusconi is een man die groot denkt. Hij wil nummer één van Europa worden, dat is zijn doel met AC Milan. Hij is een liefhebber en een groot fan van Milan. Zijn speeches geven je altijd energie.

Ik heb ook bewondering voor het zakenimperium dat hij heeft opgebouwd. Je ziet aan alles op Milanello dat hij er zijn volle kracht achter heeft gezet. Het is allemaal topkwaliteit. En dat dat wat mag kosten hoort bij de keuze om iets te willen bereiken. Daar houd ik wel van. Al krijgt Ruud soms de slappe lach van dat uiterlijk vertoon en staat hij met Hollandse tegenzin op als Berlusconi binnenkomt.

Het begon allemaal met die periode van schone schijn. De voorbereiding heb ik nog meegedaan, ik heb nog de eerste bekerwedstrijden meegespeeld in augustus. Zo goed en zo kwaad als het ging verbeet ik de pijn, maar ik kon niet vrijuit bewegen. De eerste wedstrijd in de Serie A tegen Pisa scoorde ik zelfs nog uit een strafschop. Maar het zat gewoon niet goed, het werd niet beter. Ik werd steeds meer een schim van mezelf. Uiteindelijk had ik er zo ontzettend genoeg van om mooi weer te blijven spelen. Ik had vanaf januari al pijn, de belasting was te zwaar. Ik kon het niet meer bij elkaar rommelen. Ik was het helemaal zat.

Milan heeft het drie weken geleden toch maar bekendgemaakt. Dat ik last heb van mijn enkel en daarom voorlopig niet speel om aan mijn herstel te werken. Maar er herstelt helemaal niets, het wordt niet beter. Niet met fysiotherapie. Niet met rust. Niet met wat dan ook. Het lamlendige gevoel wordt alleen maar groter.

Ik sta voor de spiegel. En opeens overvalt me de gedachte dat dit het is. Dat dit het einde is. Ondanks mijn vechtlust. Dat het niet meer goedkomt met die enkel, dat maandenlang met pijn voetballen de boel verkloot heeft. Dat ik nooit meer zonder deze pijn over een voetbalveld zal rennen. En dat ik al helemaal niet de vaste spits van Milan zal worden. De zekere blik die ik van mezelf ken is weg. Ik zie mijn blik van vlak voor de Europa Cup-finale in Athene nog zo voor me. Onverschrokken.

Maar die branie, die bravoure is nu weg. Ik voel angst door mijn lijf schieten. Het zal toch niet? Het kan toch niet zo zijn dat dit het was? Dat er geen volgende wedstrijd meer komt, dat er geen volgend doelpunt komt? Dat de Milan-fans nooit de echte Marco van Basten zullen zien? Niet meer zullen juichen om mijn goals? Ik wil nog zoveel laten zien. En winnen.

Het mag niet zo zijn dat dit het einde is. Dat zou zo oneerlijk zijn. Ik kijk nog een keer diep in die ogen. Ik wil het geloven. Uit alle macht. Maar het lukt even niet. Op de klok zie ik dat ik nog twee minuten heb om aan de ontbijttafel te verschijnen.

OPERATIE MARTI

14 november 1987

'Het is niet best, jongen.' Dokter Marti keek ernstig. 'Je hebt waarschijnlijk bijna een jaar met gescheurde enkelbanden gespeeld. Wat ik aantrof in dat gewricht kunnen we rustig een ravage noemen.'

Ook nadat Marti eind oktober had geoordeeld dat we zo snel mogelijk moesten opereren, bleef Milan bij het standpunt dat ik met rust moest genezen. Die patstelling werd doorbroken door een onafhankelijke diagnose van Antonio Villadot, een chirurg in dienst van FC Barcelona. Zijn oordeel was duidelijk: onder het mes.

Ik lag na de operatie versuft in bed. Marti stond aan mijn voeteneinde met een assistent naast zich. En hoewel ik er nog niet helemaal bij was, besefte ik wel dat dit een ellendige boodschap was. Hij herhaalde de meeste zinnen zodat ik die goed tot me door kon laten dringen. Ik was alleen nog niet wakker genoeg om goed te reageren. Van eerdere afspraken wist ik dat hij gewend was weinig tegenspraak te krijgen. Hij straalde ook iets uit waardoor je niet zomaar tegen hem in ging.

Het verhaal van Marti kwam er uiteindelijk op neer dat er flinke schade was in mijn enkel. Dat de buitenste enkelbanden een tijd geleden waren afgescheurd, mogelijk al tegen Groningen, elf maanden geleden. Hij legde uit dat topsport bedrijven zonder de bescherming van die enkelbanden die het gewricht op zijn plek houden funest kan zijn. Er ontstaan dan botsplinters omdat het gewricht niet 'in de kom' draait, maar er net naast. Of ervoor. Ongelooflijk pijnlijk, maar dat niet alleen. Die splinters kunnen tussen de twee botten belanden die samen het gewricht vormen. En dan ben je nog veel verder van huis. Doorspelen met botsplinters kan het kraakbeen ernstig beschadigen, en kraakbeen is de enige bescherming tussen die twee botten. En precies dat had ik dus bijna een jaar gedaan. Doorspelen.

Er zijn twee lagen kraakbeen om het gewricht te beschermen. De onderste laag was flink beschadigd, dat herstelde wel iets, maar in principe komt kraakbeen uit zichzelf nooit meer zo sterk terug. Hij had de banden nu met schroeven aan het gewricht vastgezet. Ik moest de tijd nemen om goed te revalideren en bij pijn meteen stoppen. Dan kon ik weer naar topsportniveau. Maar voor hoelang, was niet te zeggen. Of de boodschap duidelijk was, vroeg hij.

Ik knikte kort met mijn suffe kop en liet me daarna achterover in mijn kussen vallen. De boodschap was pijnlijk duidelijk. En onvoorstelbaar.

EENS EEN AFMAKER...

In de spits krijg je veel te verduren. Ooit had ik tegen mijn vader gezegd dat ik niet meer in de spits wilde spelen, maar liever op het middenveld. Ik denk dat ik een jaar of twaalf was. Ik speelde altijd tegen oudere, grotere jongens en kreeg zoveel schoppen. Op een dag was ik het zat, maar mijn vader zei: 'Middenvelders, daar zijn er heel veel van, maar goede spitsen zijn zeldzaam.' Hij stond het niet toe. Dus ik vermande me en bleef in de spits spelen.

Cruijff heeft mij zelfs nog een keer op tien gezet, in het seizoen dat hij bij Ajax kwam als coach. Ik op tien en Bosman als diepe spits, als probeersel. Hij zag mij meer in de rol zoals hij die zelf vaak had gespeeld: valse spits, aanvallend, in het centrum. Hij wilde dat ik in een meer vrije positie speelde, minder afhankelijk van het team. Dan kun je bepalender zijn. Type Platini. Wat ik op zich ook wel had gekund, maar dan had ik uit een ander vaatje moeten tappen. En dat vergt een ander soort conditie, en een ander soort spel. En ik vond het eigenlijk ook wel lekker om de afmaker te zijn.

Bosman ging toen ook veel scoren. Hij kwam mij opeens voorbij op de topscoorderslijst. Toen dacht ik: wacht effe. Wat gaan we hier doen? Dat vond ik helemaal niet relaxed. Daar was ik toch een beetje te trots voor. Ik wilde de beslisser zijn.

Maar Johan is opgegroeid met spelers als Alfredo Di Stéfano, die Argentijnse spelverdeler van Real Madrid, eind jaren vijftig en begin jaren zestig. Die bestreek het hele veld. Dat was het ideaalbeeld voor Johan. Vijf keer de Europa Cup I gewonnen, in alle finales gescoord. Dat sprak tot zijn verbeelding. Een totale voetballer, centraal op het middenveld.

Bij Ajax was er, in die tijd dat Johan er trainer was, meer ruimte om je op het middenveld terug te laten zakken en mooi te voetballen. Uiteindelijk was dat mooier, de nummer 10 zijn, de spelverdeler zijn. Gracieuzer. Maar op een gegeven moment heb ik dat naast me neergelegd. Zo van: dat geloof ik wel. En eigenlijk is mijn carrière te kort geweest om daar nog op terug te komen.

In Italië ging ik me later steeds meer toeleggen op dat afmaken. Ik focuste op het scoren. Het pure afmaken. Want daar is dat heilig. Beslissend zijn. Dat begreep ik. En daar was ik goed in.

Ik was een betere doelpuntenmaker dan Johan Cruijff. Alleen Johan was veel meer een allroundvoetballer. Maar ik heb ook veel als afmaker geoefend. Ik ben zo vaak in situaties voor de goal gekomen, dat je daar uiteindelijk handiger in wordt.

In Italië heet de topscoorder van de Serie A: *Capo Cannonieri*. De baas van de schutters. Mooie term vind ik dat. Zo voel ik me ook. Ik ben een afmaker.

ORANJE (I)

'Op de achtste dag schiep God Marco'

EK 1988

DUEL MET JOHAN

Hij kleunde er flink in. Lijf tegen lijf. Ik leunde met mijn linkerschouder tegen hem aan, terwijl ik de bal van hem weghield onder mijn rechtervoet. Hij deed even alsof hij links langs me wilde, maar toen ik reageerde, duwde ik plots in het luchtledige. Hij was intussen al vliegensvlug naar mijn rechterkant gedraaid en wilde de bal onder mijn voet wegtikken, maar die stond er te stevig op. Het lukte hem niet, ondanks zijn slimme actie, om de bal van me af te pakken. Hij begon te lachen en zei: 'Komt wel weer goed met jou.'

Het was een druilerige middag op het Olympiaplein, half februari 1988. Ik revalideerde na de grote enkeloperatie door dokter Marti in november. We waren inmiddels drie maanden verder toen fysiotherapeut Reinier van Dantzig me groen licht gaf weer iets met de bal te gaan doen. Eindelijk. Ik was even over uit Milaan, na zijn inspectie bracht hij me het goede nieuws. Ik was ongeduldig geworden, en Milan ook, maar de les van vorig jaar was hard en duidelijk. Met pijn niet spelen. Eerst goed herstellen.

Maar nu zei Reinier dat ik zelfs weer wat duels mocht aangaan. Dat liet ik me geen twee keer zeggen en belde vanuit zijn praktijk meteen met Vinkeveen. Johan, die een maand eerder was ontslagen bij Ajax, sprong meteen in de auto. Hij had toch alle tijd. Nog geen uur later stonden we samen op het natte veld van Swift te ballen. Het was druilerig, maar we hadden lol. Het begon met een beetje overtikken, maar het werd steeds scherper. We duelleerden lekker fanatiek. Heerlijk. Eindelijk weer een balletje trappen, terwijl bijna niemand het opmerkte. Dat was ook het leuke van Johan. Hij deed zulke dingen. Dat jongensachtige had hij nooit verloren. Je zag dat ook hij ervan genoot.

Reinier bleef erbij staan kijken en zag dat mijn enkel zich goed hield, al zouden we de dag erna even moeten afwachten. Hoe dan ook gaf het me weer hoop op een terugkeer bij Milan. Misschien dit jaar nog een paar invalbeurten, maar ik richtte me op volgend seizoen. Het was toch een verloren eerste jaar bij Milan.

Maar mijn enkel doorstond de eerste test. Dat was het voornaamste. 'Niks meer forceren.' Daar was dokter Marti duidelijk in geweest. Maar lekker in de regen voetballen met Johan op een dinsdagmiddag in Amsterdam, maakte me al een vrolijk mens. Ik mocht weer. Aan het EK dacht ik die dag geen moment.

WAKKER IN EEN VREEMDE WERELD

In de nacht van 19 op 20 mei 1988 lag ik vreemd genoeg boven op een bureau op een matras in een kantoorruimte van een ziekenhuis in Milaan. Het was sowieso al een gekke avond: ik was even mijn kortetermijngeheugen kwijt geweest, na een knal vol op mijn jukbeen van de keeper van Real Madrid. Het gebeurde in een vriendschappelijke wedstrijd. Milan wilde na het kampioenschap oefenen tegen de Spaanse kampioen om te kijken hoe wij er in Europees verband voor stonden. In de weken ervoor had ik eindelijk wat minuten gesprokkeld. Op 10 april tegen Empoli was ik voor het eerst weer ingevallen.

Ik was reservespeler die laatste vijf duels. Het elftal draaide goed dus er was geen reden om te wisselen, maar toch mocht ik een aantal keren invallen. Ook die beslissende uitwedstrijd tegen Maradona's Napoli waar ik nog scoorde op aangeven van Ruud. Toch voelde het niet als mijn kampioenschap. Ik had een ander doel. Elke speelminuut telde voor mij. Ik moest weer wedstrijdritme opdoen om er na de zomer wél weer te kunnen staan. Ik had Milan nog veel te weinig laten zien. Gelukkig trok Ruud ondertussen alle aandacht naar zich toe. Het was ook echt zijn titel.

Vijf dagen voor het begin van de voorbereiding op het EK werd ik in Amsterdam geopereerd aan dat gebroken jukbeen. Ik kwam met een gehavend gezicht het trainingskamp van het Nederlands elftal in Noordwijk binnen. Een flinke bloeduitstorting ter hoogte van mijn linkeroog, elke dag in een andere kleur van de regenboog. Dat was mijn visitekaartje.

Op 1 juni, elf dagen voor het EK, oefenden we in het Olympisch Stadion tegen Roemenië. Na zestig minuten kwam ik in het veld voor Van 't Schip. Ik speelde linksbuiten. We wonnen 2-0, maar ik had daar weinig aan bijgedragen. Michels hield vast aan John Bosman als diepste spits met Gullit daarachter. Daarmee had hij succes geboekt in aanloop naar het EK, dus waarom zou hij dat wijzigen?

Na afloop van die wedstrijd ontmoette ik Johan net buiten het stadion. Hij nam me apart en was vrij duidelijk: 'Je moet je niet laten misbruiken door Michels, je bent geen linksbuiten. Je moet gewoon in de spits staan en anders blijf je maar thuis.' Hij bleef op me inpraten: 'Waarom zet-ie je linksbuiten? Waarom accepteer je dat? Je weet toch dat je spits bent? Je bent de beste spits die er is. Dus wat doet die Michels nou? Als ik jou was, zou ik het risico niet nemen. Als je linksbuiten gaat spelen is de kans groot dat je het niet goed doet. En dan krijg je een hoop commentaar.'

Het was geen onzin wat hij zei. Hij zette me aan het denken. Maar ik had net zes maanden niks kunnen doen. Met alles wat ik nu deed om fitter te worden, zou ik in het nieuwe seizoen bij Milan alleen maar beter beginnen. Dat was voor mij uiteindelijk het belangrijkste.

Ik zei tegen hem: 'Ik begrijp wat je bedoelt en ik hoor wat je zegt. Maar ik ben nu zo blij dat ik weer kan spelen. En alles wat ik nu kan trainen en spelen is voor mij pure winst richting volgend seizoen. Dan wil ik goed spelen bij Milan, want dat ben ik ze verplicht, na zo'n verloren jaar.'

Ik was in die dagen voor het toernooi niet bezig met de hoop om toch nog te spelen op het EK. Ik wilde alleen maar fit worden. Met dat gevoel stapte ik in de bus naar West-Duitsland.

VEREDELD TRAININGSKAMP

In die week voor het EK was ik lekker aan het trainen. Ik had helemaal geen last van spanningen. We speelden vaak een partijtje tussen het basiselftal en de reserves. Tien tegen tien. Of elf tegen elf. Het gekke was dat de reserves, met Kieft en mij erbij, bijna al die partijtjes wonnen. Dat was vreemd. Het begon Michels ook op te vallen.

Daarnaast trainde ik met Bert van Lingen en Monne de Wit, de fysiotherapeut, zelfs nog extra. Ik wilde meters maken, omdat ik nog een trainingsachterstand had. Niet elke dag, maar regelmatig deed ik na de gezamenlijke ochtendtraining 's middags in mijn uppie een extra sessie. Veel afronden. Dat zagen de andere spelers en de bondscoach natuurlijk ook. Het viel in elk geval wel op. Ze hadden zoiets van: 'Nou, die heeft er wel trek in.'

En dat klopte. Ik was vrij in mijn hoofd, had geen verwachtingen, omdat ik helemaal niet met het EK bezig was. Bosman speelde, ik niet. Ik was er puur bij om beter te worden. Het was dus niet meer dan een veredeld trainingskamp voor mij.

Toen kwam die openingswedstrijd tegen de Sovjet-Unie. Ik zag vanaf de bank dat we goed speelden, maar we hadden geen geluk. Ik viel een halfuur voor tijd nog in. Dat ging redelijk, maar ik scoorde niet. De Russen wel. Een valse start.

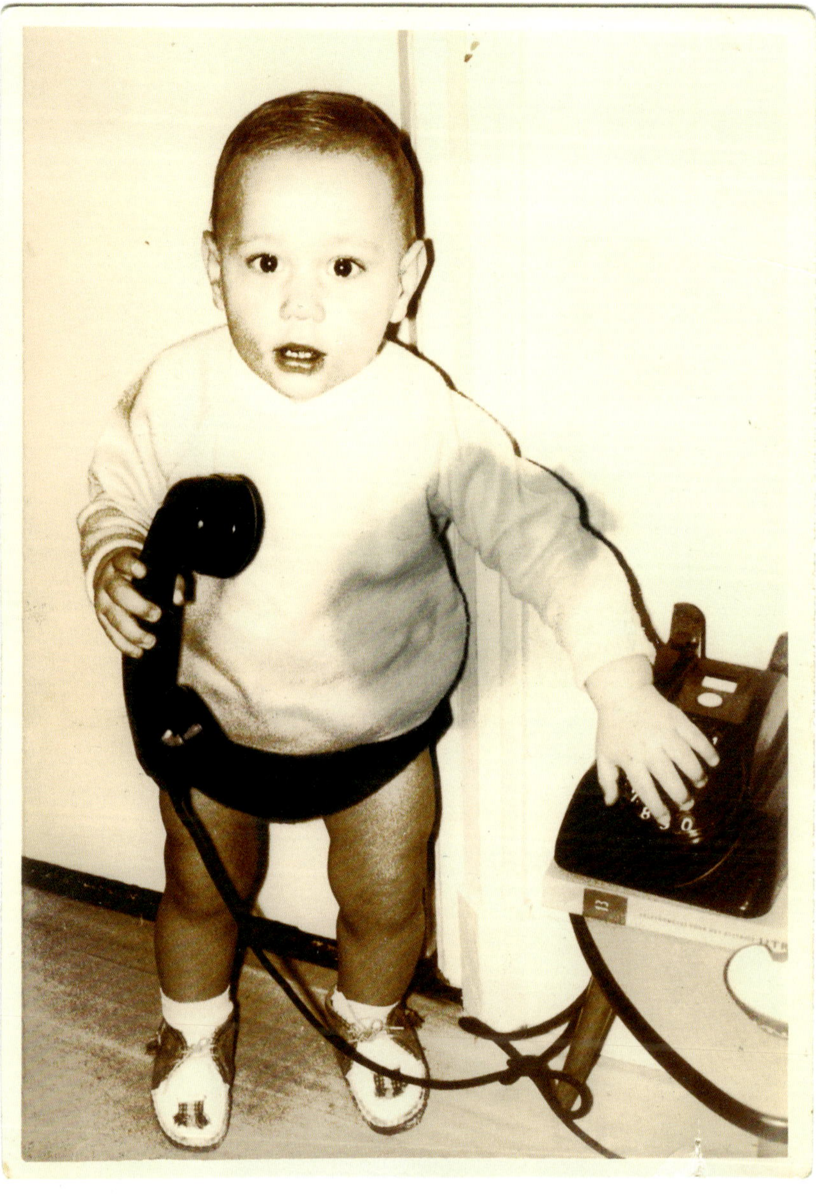

Marco als baby

Marco (midden) met zus Carla en broer Stanley

Marco (tweede van linksonder) bij EDO Utrecht, zijn eerste team, 1970

Marco, halverwege jaren zeventig

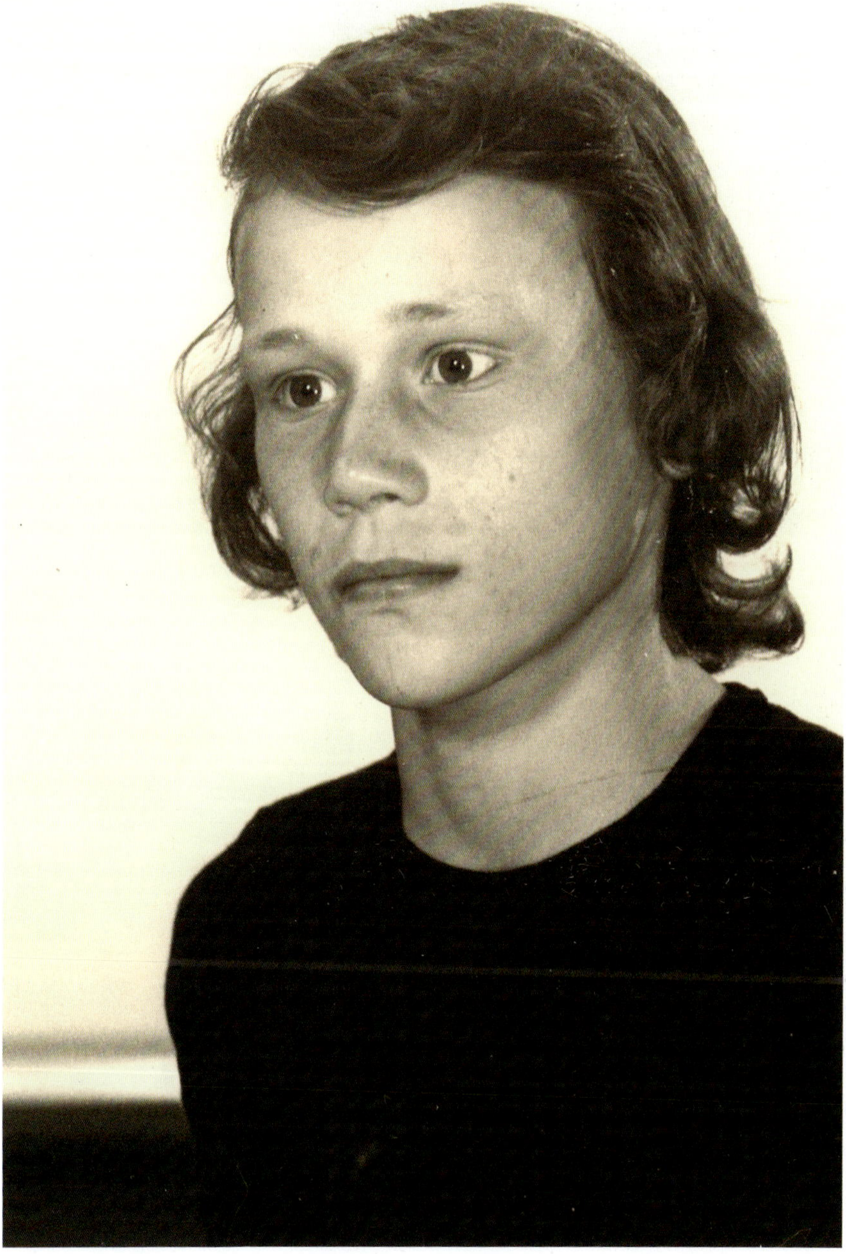

Schoolfoto in de brugklas

Marco in tenue van UVV tijdens het toernooi in Frankrijk

A1 van Ajax in 1981

Marco en zijn moeder aan tafel, halverwege jaren zeventig

Marco, Carla en Stanley op Sinterklaasavond. Marco met zilveren schoen-surprise. Begin jaren tachtig.

Marco voor de deur van de Wagenaarkade, 2 mei 1985

Vader en Marco aan het Gardameer, begin jaren zeventig

CAVIA'S
NIKE
MARC
F.C. UTREG!
le coq
funest
SPORT
FC UTRECHT
IN DE GA
CRUIJFF NR1
ooh, Serah, Serah
QUE CERA
F.C.U.
le coq sportif
SKULLHEAD
BUNNIK SIDE
UEFA
BASTA-BOOMM
UTRECHT
F
WE NEVER WALK ALLONE
FUCK YOU!!
LOKKERTJE, ZWERVER?
D.B.E.
KS
IK BEN DE BESTE!
F.C. UTRECH
FUCK OFF
NT GREEN

Marco in zijn eigen kamer aan de Johan Wagenaarkade, omstreeks 1980
(© UTRECHTS NIEUWSBLAD, MICHAEL KOOREN)

Marco en zijn vader thuis in Utrecht, omstreeks 1980 (© HARM DE GRIJS)

Marco met Ricky Testa la Muta in zijn tenue van Pro Patria, 1987

Marco bij Ajax, zeventien jaar

Marco in militaire dienst, 1986

Marco op jeugd WK in Mexico, 1983

Marco en bondscoach van Oranje Rinus Michels, 1984

(© FOTOPERSBUREAU WIM HENDRIKS)

Op Ibiza in zomer 1985

Aad de Mos, Kees Rijvers en Marco met de Gouden Schoen, 1985-1986

(© TELEGRAAF, JAN STAPPENBELD)

Michels gooide het elftal daarna helemaal om. Hij zette het 4-3-3 overboord en maakte er een klassieke 4-4-2 van. Schip ging eruit, Bosman ging eruit en Erwin Koeman kwam erin. De hele kwalificatie had Michels met Bosman en Gullit gespeeld, maar na die nederlaag was alles anders. Ik had indruk gemaakt, misschien in het laatste halfuur tegen de Sovjet-Unie, maar zeker op de training, en dus kwam ik in de basis. In de spits.

IN DE BASIS

Michels schreef mijn naam op bij de eerste elf tegen Engeland. Ik wist meteen dat het serieus werd. Toen begon voor mij het EK pas echt en was het geen trainingskamp meer. Mijn naam op dat papier, dat zette de boel in vuur en vlam. Er was meteen een andere spanning. De eerste wedstrijd hadden we verloren. De druk zat er goed op. Nu moest het gebeuren.

Spelen op een eindtoernooi is waarvoor je het allemaal doet. Waarvoor je zo hard hebt getraind en waarvoor je al die wedstrijden hebt gespeeld. Maar je weet nooit hoe het zal gaan en daarom is er altijd spanning. Maar die spanning is ook nodig, dat helpt, maakt je *eager*. Als professional maak je dat proces van opladen elke wedstrijd mee en leer je gaandeweg wat de beste manier is voor jou om ermee om te gaan. Dat is voor iedereen anders. Je kunt dat niet in een leerboek zetten.

Ik was vaak vrij gespannen voor belangrijke wedstrijden, omdat ik in mijn hoofd al met die wedstrijd bezig was, bepaalde situaties al voor me zag. Het was dan de kunst voor mij om die wedstrijd nog even 'weg' te houden, zo veel mogelijk afstand te houden. Terwijl je je er tegelijkertijd op voor moet bereiden. Een dilemma. Hoe ontspan je in zo'n situatie? Hoe vind je dan nog je rust?

Een potje kaarten of dollen met Schip, dat hielp mij altijd. Een middagdutje. Afleiding. Ieder heeft zijn eigen manier.

De een gaat een boek lezen, de ander wordt heel luidruchtig. Ik werd in dat soort situaties juist wat rustiger, trok me wat meer terug. Ik probeerde me tot in de puntjes voor te bereiden. Dat ik in ieder geval niets aan het toeval overliet.

Maar als de spanning nog niet hoog genoeg is, kan het ook misgaan. Die scherpte is er dan nog niet. Maar als ik weer te hoog in de spanning zat, kreeg ik soms kramp. Als ik kramp kreeg, was het afgelopen, dan kon ik niks meer. Sommigen kunnen dan nog verder spelen. Ik niet. Wissel me maar.

En nu Engeland. Ik had al lang niet gespeeld, zeker niet in de basis. Ik sliep niet op de middag van Nederland-Engeland. En ik wist dat alle ogen waren gericht op Kwatta.

Iemand die goed met dit soort situaties kon omgaan was haptonoom Ted Troost. Die kon spanningen in je lijf in goede banen leiden. Vermoeidheid kon hij eruit masseren. Dan voelde je je meteen weer fris. Je hoefde hem niks te vertellen. Hij voelde hoe het zat en wat hij moest doen en dan kwam je in een soort rustiger vaarwater.

Via Ruud was ik bij Milan met hem in contact gekomen. Hij werkte ook met andere Oranje-spelers, maar tijdens het EK mocht hij niet in ons hotel komen. Daar had bondsarts Frits Kessel problemen mee. Ze vonden Ted waarschijnlijk toch een vreemd figuur. Hocus pocus. Niet het reguliere circuit. Ze wilden niet dat de pers er lucht van kreeg, dan zouden kranten en televisieprogramma's allemaal vragen gaan stellen die Kessel zou moeten beantwoorden. Hoe zit het dan? Wat doet Ted Troost dan precies? Is dat medisch verantwoord? Daar zaten ze bij de KNVB helemaal niet op te wachten.

Ted sliep in een ander hotel, vlak bij het onze. Met wat spelers gingen we dan bij hem langs en dan behandelde hij ons een voor een. Gullit, Van Breukelen en ik. De KNVB betaalde zijn hotel dan wel weer. Twee jaar later, tijdens het WK '90, toen Rinus Michels, destijds KNVB-bestuurslid technische zaken, Troost het hotel van Oranje binnen zag lopen, kneep Michels demonstratief zijn ogen dicht. Zo van: 'Ik heb je niet gezien. Maar blijkbaar doe je iets goeds voor de spelers, dus ik doe er niet moeilijk over. Mijn zegen heb je.'

Ted is een aparte kerel. Een bijzondere man. Maar op dat moment deed hij datgene wat mij hielp, om beter met spanning om te gaan, om mijn lichaam los te maken. Dat telde voor mij. Dat het hielp. Al het andere niet. De bombarie eromheen. Om te provoceren zei ik een keer: 'Nou en? Al gaat-ie boven op me zitten. Als het me helpt, is het goed.'

Wat ook meespeelde, vlak voor Engeland, was dat ik vrij uitgerust was. Ruud was zeker vermoeid, die had al een heel lang seizoen achter de rug. Ik niet, ik was helemaal fris. Alles was weer als nieuw. Ik had acht maanden moeten wachten om weer te mogen voetballen. Dus ja, ik had er wel trek in.

MILLIMETERWERK & OCEAANVREUGDE

De ontlading bij het eerste doelpunt tegen Engeland was gigantisch. Dat kun je zien aan hoe ik juich. Dat doelpunt voelde als een bevrijding. De spanning was zo groot. Eerste wedstrijd verloren, nu twee keer ontsnapt aan een tegendoelpunt in de eerste helft. Dit was hét moment.

Het is niet zo dat ik dat doelpunt nog in mijn lijf kan voelen, maar ik zie hem nog precies voor me. Ik denk dat-ie bij veel mensen op het netvlies staat. Gullit die er aan de linkerkant vandoor ging en de bal met buitenkant rechts voorgaf, zodat ik hem met m'n rug naar de goal kon aannemen onder mijn linkervoet. De bal meteen dood. Verdediger in mijn rug, Tony Adams.

Toen kwam het erop aan. Ik draaide razendsnel om mijn as, zodat ik met mijn gezicht naar het doel kwam te staan. Met een kort wippertje kapte ik de bal naar m'n linkerbeen, net buiten bereik van de verdediger. De inkomende verdediger toucheerde mijn schot nog licht, waardoor de bal buiten bereik van de keeper in de verre hoek belandde.

Het is pure intuïtie. Op dit niveau is eigenlijk alles intuïtief. Of het nou Tony Adams is of iemand anders in mijn rug. Ik neem onbewust de informatie mee over zijn postuur en hoe hij beweegt. Dat gaat vanzelf. Hij moet gepasseerd worden. Op het moment dat je beweegt, neemt je gevoel het over.

In de absolute top is het verschil zo klein. Niet waar te nemen. Maar toch zo beslissend. De een is een fractie sneller dan de ander. Terwijl ze er allebei alles aan doen om de snelste te zijn. Of de handigste. Zo ziet het er vaak ook uit. Maar soms heeft er eentje een net iets betere motoriek of fysiek gestel. Het zijn minieme verschillen. Het zijn er maar een paar die het verschil maken. Scoren of missen. Het onderscheid zit hem in details. Een betere techniek, een betere waarneming, een snellere reactie. De een schampt de bal met zijn voet net een halve millimeter hoger, exact waar het moet. Een ander raakt het leer drie millimeter verderop, wat meteen funest is. De een gaat een kwart milliseconde eerder van start, omdat hij het eerder ziet en daardoor op tijd ter plekke is, terwijl de ander een fractie te laat is om beslissend te kunnen zijn. Dat soort aspecten maakt uiteindelijk het verschil in de absolute top. Ook op dit EK.

Uiteindelijk scoorde ik drie goals tegen Engeland. Dat was ultiem geluk. Dat je op zo'n moment diegene bent die doet wat al die oranjehemden willen. Dat zo'n stadion dan ontploft en iedereen daar uit zijn dak gaat, dat een land in de war raakt. Ik heb dat ooit een keer 'oceaanvreugde' genoemd. Er is al een ontzettende explosie van vreugde als je scoort, maar zo'n vol stadion vertienvoudigt dat. En als je weet dat het ook nog op televisie is, wordt het verhonderdvoudigd. Dan ontplof je.

Van mijn drie goals tegen Engeland was de eerste pure bevrijding. De tweede was een bevestiging. De derde grensde aan het ongelooflijke.

GIF TEGEN DE DUITSERS

Voor de halve finale in Hamburg tegen Duitsland waren we van hotel veranderd. Dat was lekker, even verandering van omgeving. Ik herinner me nog dat ik met John de avond ervoor de andere halve finale aan het kijken was, Italië-Sovjet-Unie. Een enorme schoppartij met veel gele kaarten en blessures. Prima, dachten wij. Laat ze elkaar maar afmaken.

Er hing meer spanning rond de wedstrijd tegen Duitsland. Voor veel mensen was die extra beladen. De Tweede Wereldoorlog werd erbij gehaald. En 1974 natuurlijk. Ik had helemaal niets met dat anti-Duitse sentiment. Ik vond dat ook niet bij mijn generatie horen, omdat wij daar niet echt mee opgegroeid zijn. Wij weten wat er gebeurd is, maar we waren gewoon bezig met voetbal.

En als je tegen het gastland en tevens de favoriet speelt, dan is iedereen extra gemotiveerd. Van Breukelen ging helemaal los, haalde iedereen erbij. Schreeuwde Frank Mill nog iets heftigs in zijn oor. Daar had je ook mee te maken, dat mensen wat gingen overacten.

We hadden voor rust iets te veel respect voor Duitsland. Ze speelden iets dominanter en hadden een paar goede kansen. Na rust kwamen we ook nog achter, door die onterechte penalty. Meteen daarna hebben we een knop omgezet en het initiatief gepakt, Koeman, Rijkaard, Van Breukelen en ik hebben de boel flink lopen opzwepen. Tandje erbij. Er kwam echt gif in. Aanvallen en aanpakken. Die strafschop die ik kreeg was net zo discutabel als die Duitse, dat zei de scheidsrechter later ook, maar Koeman maakte hem wel, dus toen was het 1-1.

We gingen in die fase meer domineren. Je voelde in het veld dat we beter werden, dat we de Duitsers in die periode overklasten. Alleen was de stand nog steeds gelijk. En toen kwam die negenentachtigste minuut. Je had meer gasten die een goede pass konden geven: Mühren, Rijkaard en Van 't Schip, maar zeker ook Jan Wouters. Die had echt gevoel hoe je aangespeeld moest worden. Deze bal was precies goed. Ik moest wel een sliding maken, alleen op die manier kon ik hem raken. Ik kon er nog net bij. Uit alle macht tikte ik de bal met mijn tenen aan en wonder boven wonder vloog die bal diagonaal in de verre hoek.

Ik vond het zelf vooral heel knap en sympathiek wat Franz Beckenbauer, de Duitse bondscoach, na afloop deed. Hij kwam onze kleedkamer in en feliciteerde ons: 'Goed gespeeld, complimenten.' Dat vond ik indrukwekkend. We hadden ook goed gespeeld. Maar dan nog.

Die nacht hebben we feest gevierd in Hamburg, al hielden we het netjes. Onze vrouwen waren er ook. We hebben gedanst. Toen zagen we ook voor het eerst de beelden uit Nederland. Hoe het land inmiddels op zijn kop stond. Het was ongelooflijk wat we hadden losgemaakt. Veel mensen zagen de wedstrijd tegen Duitsland als de echte finale. Michels heeft dat later ook nog gezegd. Maar voor mij was er maar één finale.

CADEAUTJE VAN GOD

Duitsland was mooi, maar ik wilde de hoofdprijs. We hadden tegen de Sovjet-Unie nog iets recht te zetten na die verloren openingswedstrijd. Ik zei in de dagen voor de finale: 'Nederland is al een paar keer tweede geworden. Het wordt een keer tijd dat we eerste worden.' Zo voelde het ook. Als een enorme kans om historie te schrijven.

Op 25 juni 1988, twee uur voor de finale, liepen we een rondje over het veld in het Olympia Stadion van München. Hetzelfde stadion waar Nederland in 1974 de WK-finale verloor die het eigenlijk had moeten winnen. Michels was ook toen de coach. Er hing een spandoek in het stadion: OP DE ACHTSTE DAG SCHIEP GOD MARCO.

Om halfvier trapten we af. Het spel golfde op en neer. Na een halfuur kwam die bal hoog voor. Ik kon hem zelf op goal koppen, maar doorkoppen naar Ruud leek een betere optie. Hij kopte de bal keihard binnen. 1-0.

De tweede helft was nog geen tien minuten oud toen die voorzet van de voet van Arnold Mühren kwam. Hij is zonder twijfel een begenadigd linkspoot. Fijngevoelig en subtiel, maar die bal was niet best. Eigenlijk een hopeloze bal. Maar het was zo'n dag dat alles in één keer goed valt.

Toen die voorzet naar beneden kwam, dacht ik: nou, laat ik in godsnaam dan maar op goal knallen. Ik ben te moe om er iets anders mee te doen. Ik zie wel hoe het uitpakt. En hij vliegt er zo in. Uit een onmogelijke hoek. Achter Rinat Dasajev, op dat moment de beste keeper van de wereld: 2-0.

Een doelpunt zoals dat overkomt je. Je weet wel dat je hem wilt raken en een bepaalde kant op wilt schieten, maar dat-ie zo tot uitvoering komt...

Nadat die bal erin is gevlogen, is er bij mij puur ongeloof. Jezus, wat gebeurde hier nou? Dat zie je aan mijn gezicht als ik terugloop naar mijn eigen helft. Ik geloof het zelf niet. Medespelers vroegen: 'Wat gebeurde er? Hoe deed je dat?' Maar je ziet dat ik geen idee heb.

Wat technisch gezien nog het vreemde was aan dat doelpunt was dat ik mijn rechtervoet niet meer optimaal kon bewegen. Sinds bij die operatie van november '87 mijn enkelbanden waren vastgezet, zat er minder beweging in, kon ik zo'n bal niet meer met volle kracht nemen. Mijn bewegingsamplitude was beperkt. Zeer waarschijnlijk had ik met een goede enkel die goal nooit gemaakt.

En dat is uiteindelijk misschien toch een soort 'Teruggave Gods', vanwege wat me is aangedaan met die enkel. Ik geloof daar wel in. In een soort balans tussen onrecht en terugbetalen. Met dat doelpunt. Een soort cadeautje terug van God.

Het werd nog even spannend toen we een penalty tegen kregen, maar Van Breukelen pakte de inzet van Igor Belanov. Een halfuur later floot scheidsrechter Michel Vautrot af.

Eindelijk. Kampioen.

HELD OP SOKKEN

Na de finale tegen de Sovjet-Unie ging Michels bij ons op de schouders. Ik was een beetje baldadig. Terwijl hij in de lucht hing, pakte ik een schoen van hem af. Ik was nieuwsgierig hoe hij hierop zou reageren. Wat het met hem zou doen. De grote meneer Michels. Toen hij weer neergezet werd, stond hij daar dus op één schoen en één sok. Echt een kwajongensstreek, haha. Eigenlijk had ik zijn sok ook nog uit moeten trekken.

Michels deed veel dingen heel goed. Hij organiseerde dat trainingskamp strak, hield de sfeer goed. Hij kon ons op onze plek zetten als dat nodig was, want hij was verbaal echt goed. Hij was een persoonlijkheid, laat ik het zo zeggen. En voor ons ook een man op leeftijd. Dat dwong respect af. Hij had ook wel het een en ander bereikt als trainer, bij Ajax en bij Barcelona. Dus hij was door de wol geverfd. Dat merkte je.

Maar als je het nou hebt over tactiek. Tja. Ik zag het toen niet. En dat heb ik later bij hem ook niet echt meer gezien. Hij liet ons gewoon die partijtjes spelen, elf tegen elf. Of tien tegen tien. En dan zei hij niet veel. Hij keek alleen maar.

Maar er werd wel gevoetbald om te winnen. Het ging niet om de uitvoering, maar om de tegenstander verslaan. We waren er al een paar toernooien niet bij geweest. Er werd zakelijk gespeeld. Zonder franje. Als team werden we sterker en er kwam meer geloof in de ploeg. We hadden topspelers op goede posities, zoals Koeman, Rijkaard, Wouters, Gullit en ik. Goede spelers op de goede plek maakt goed spel en dat heeft Michels wel voor elkaar gekregen.

Michels begon met 4-3-3 tegen de Sovjets. En na dat duel heeft hij dat heel snel overboord gegooid. Daarna was het een ouderwetse 4-4-2 met Ruud als een soort vrije man. En ik in de spits.

We hebben ook ongelooflijk veel mazzel gehad. Tegen Engeland valt die bal op het achterhoofd van Koeman. Gaat een vrije trap van Glen Hoddle er via de paal achter Van Breukelen weer uit. In het openingsduel hadden we wat pech, maar tegen Ierland weer veel geluk. Ik stond eigenlijk buitenspel bij die goal van Kieft. We begonnen toen wel goed, maar die Ieren werden ook gevaarlijk. Dat liep uiteindelijk allemaal goed af.

Later heeft Michels nog een boek geschreven over voetbal en zijn succes van 1988. Dat vond ik vanuit tactisch oogpunt geen sterk verhaal. In mijn ogen was Cruijff diegene die daar echt verstand van had, daar maakte hij het verschil mee. Michels was meer een manager, een goede coach.

INTERNATIONALE DOORBRAAK

Het rare met de euforie rond het gewonnen EK is dat ik meteen ook weer de neiging kreeg om het te relativeren. Een uur na de finale zei ik: 'Laten we het niet overdrijven. Volgende week staan we allemaal weer gewoon in de supermarkt.' Een beetje tegenwicht bieden aan alle superlatieven. En toen moest de rondvaart en het bezoek aan de koningin nog komen.

Net als met die goal in de finale uiteindelijk. Daar kun je hele verhalen op loslaten. Toevallig moesten wij vijf maanden later vriendschappelijk tegen Duitsland en zei ik voor de gein: 'Geef hem nog eens voor.' Toen schoot ik hem denk ik achtentwintig meter over en drieëntwintig meter naast.

Elke zoektocht naar een verklaring waarom het in '88 voor mij allemaal op zijn plek viel is lastig, want het is niet te verklaren. Het overkomt je. Je doet je stinkende best. Maar het is niet zo dat je het even afdwingt. Je bent profvoetballer van beroep en opeens krijg je de kans op het hoogste niveau.

Daar kun je heel nerveus van worden. Maar daar moet je mee dealen.

Ik stond voor het eerst op het allerhoogste podium. De hele wereld keek mee. En ik liet het zien. Ik was beslissend, een paar keer zelfs. Het was voor mij ook onwerkelijk. En plotseling wilde iedereen weten: hoe kan dat? Hoe doe je dat nou?

Maar het blijft iets ongrijpbaars. Het viel in '88 allemaal op zijn plaats. Dat is iets wat soms gebeurt, want op het WK in 1990 viel het dus niet op zijn plaats. En toen was ik in principe een betere voetballer dan in 1988. Het is geen abc'tje. Zo van: 'Als ik hard werk krijg ik dit.' Er blijft altijd iets onvoorspelbaars, iets toevalligs.

Maar misschien is het wel zo dat iets in mijn karakter meehelpt, dat het daardoor toch wat vaker de goede kant op valt. Want als ik mijn zinnen eenmaal op iets gezet heb, heb ik vaak een sterke focus. Dat ik me af kan sluiten van alles eromheen, terwijl ik echt niet minder nerveus ben dan een ander.

Dat is met golfen net zo. Als ik moet putten, ben ik net zo zenuwachtig als ieder ander. Sta ik te shaken bij de beslissende put. Maar ik kan me dan goed afsluiten. Ik raak niet in de war. Technisch kan iedereen die bal maken, maar mentaal is het wat anders. Ik kan me afsluiten en denken: dit is de enige put die telt. En dan put ik hem er gewoon in ondanks alles wat er dan in de wereld om me heen gebeurt. En daarna zie ik wel verder. Je weerstaat als het ware de spanningen en de onzekerheden en doet wat je moet doen. Maar dat is wel elke keer weer een gevecht. Het heeft met mindset te maken. *Eyes on the prize.*

De mensen die dan boven komen drijven zijn volgens mij mentaal zo getraind dat ze vaak winnen. Zoals bijvoorbeeld Roger Federer. Zo'n topper. Die kan emotioneel zijn na een grandslamfinale. Maar ik begrijp dat wel, want hij heeft ook de onzekerheid meegemaakt na cruciale missers. Daar moest hij mentaal doorheen. Dat is een gevecht, dat je sterkt om met die onzekerheid om te leren gaan. Hij knokt zich daardoorheen en weet uiteindelijk toch heel vaak te winnen. Als je dan na vijf uur in de finale de tranen soms de vrije loop laat, is dat totale ontlading vanwege dat mentale knokken.

Toen hij na de verloren finale van de Australian Open in 2009 heel emotioneel werd, hadden veel mensen het daarover. Maar ik snapte precies wat er aan de hand was. Ik heb hem nog een keer een kort mailtje geschreven om hem een hart onder de riem te steken. En om te zeggen dat ik hem begreep. Dat kon hij wel waarderen.

Het EK '88 was voor mij een soort Grand Slam-overwinning na vijf sets en vijf uur. Zo'n ontlading. Het was ook onvoorstelbaar wat er allemaal was gebeurd. Uiteindelijk speelde ik een toernooi waarvan ik niet eens had kunnen of durven dromen. Ik scoorde vijf keer en was drie keer beslissend.

Als ik eerlijk ben had ik tot aan dat toernooi eigenlijk anderhalf jaar lang tegenwind gehad en had ik de mazzel dat ik de wind opeens meekreeg, vol in de vleugels. Want uiteindelijk was dit EK mijn grote internationale doorbraak. Terwijl Johan me nog had afgeraden om überhaupt te gaan. Daar is hij trouwens niet meer op teruggekomen. Wel heeft hij me na het EK serieus benaderd om naar Barcelona te komen, waar hij de nieuwe trainer was geworden. Ik heb dat toch even overwogen, maar het aanbod uiteindelijk naast me neergelegd, omdat ik in Milan nog helemaal niets had laten zien.

DEEL II

AC MILAN, WK '90 EN DE BESTE VAN DE WERELD

1988-1992

PLASTIC TASJES EN TENNISSOKKEN

1987

Ruud en ik moesten wel aan wat dingen wennen in Italië. Waar we ook kwamen met Milan, de supporters waren er altijd in groten getale. Ze zorgden voor veel sfeer met hun gezang en geklap. Er was echter één liedje dat we overal hoorden.

Het was een deuntje dat Ruud en ik heel snel herkenden, maar we konden het niet goed verstaan. 'Wat zingen die gasten nou steeds?'

'Ik heb geen idee, het lijkt op "Hugo Lasagna", of iets dergelijks.'

'Hij moet wel een echte ster zijn, want we horen het in elk stadion.'

Bij navraag bij de andere spelers van Milan bleek dat de supporters voordat ze gaan zingen, overal '*Tutto lo Stadio*' scanderen. Dat betekent zoiets als: 'Met z'n allen', om iedereen aan te sporen om mee te zingen, haha.

Er kwamen ook regelmatig mensen naar me toe voor een handtekening of een foto, zelfs als ik geblesseerd op de tribune zat. Die zeiden dan altijd wat ze graag wilden dat ik als opdracht onder de handtekening schreef. 'Voor Claudio, met sympathie', zoiets. Dat is in het Italiaans: '*Per Claudio, con simpatia*'. Of '*Per Pietro, con affeto*', 'Voor Piet, met affectie'. Er zijn een paar van dat soort varianten.

Op een dag was er een groepje supporters die allemaal zo'n soort verzoek hadden. De laatste vroeg: 'Wil je een handtekening zetten "*per esteso*".' Ik dacht dat het de naam van een vriend van ze was dus ik zet die handtekening en schrijf eronder: '*Per Esteso, con simpatia*'. Prima geregeld, toch? Beginnen die gasten te lachen. Dus ik vraag: wat is er aan de hand? Bleek dat *per esteso* 'in hoofdletters' betekent.

M'n ploeggenoten hebben me overigens ook nog weleens uitgelachen, omdat ik dacht dat Emporio Armani een broer was van Giorgio Armani. Wist ik veel.

De Italianen zijn veel meer op uiterlijkheden gericht dan wij. In het begin vielen die verschillen extra op. Ik weet nog goed dat Ruud en ik met onze toiletspullen in plastic tasjes naar Milanello kwamen en tennissokken droegen in onze gympies. Die Italianen liepen er toch anders bij. Die hadden goed gepoetste leren schoenen, die matchten met de kleur van de riem. Net zoals de sokken matchten met hun pak. Hun toiletspullen zaten in een chic, leren etui. Voor ons was dat even wennen. Zij moeten ook gedacht hebben dat wij een stelletje Hollandse boeren waren, landlopers met die witte tennissokken en plastic tasjes met een tube tandpasta erin. Wat voor ons ook totaal nieuw was, was dat ze na het douchen hun haar föhnden. Dat hadden Ruud en ik in Nederland nog nooit meegemaakt. Mannen die hun haar föhnen.

We aten tussen de middag warm op Milanello. Wij waren als Hollanders gewend: hap, hap, hap, klaar, maar daar werd er de tijd voor genomen. Die Italianen gingen er goed voor zitten. Sterker nog, ze voerden zelfs hele gesprekken over het eten. Ik weet nog dat Ancelotti het had over een speciale parmaham die op een bepaalde manier gesneden moest worden. Het ging over hoe je pasta's moest klaarmaken, welke saus daar het beste bij paste en hoe je het vlees dan moest bereiden. Daar werd uitgebreid op ingegaan door de anderen. Hele verhalen. Waar zijn we in beland? dachten wij. Waar gaat dit allemaal over?

MILAN (2)

Barcelona kleurt rood-zwart

24 mei 1989

De menigte kwam steeds dichter bij de bus in de straten rondom Plaça de Catalunya. Het plein zelf was een zee van mensen. De chauffeur probeerde door de massa te manoeuvreren, maar moest soms wachten tot de opwinding voorbij was.

Ik zat bij het raam. Overal waar ik keek zag ik Milan-supporters en rood-zwarte vlaggen. Je hoorde de liederen door de ramen van de bus heen. Wij wisten wel dat half Milaan naar Barcelona was getrokken, maar dat het zo massaal zou zijn, had niemand verwacht. Een dag eerder, toen we in het stadion waren gaan trainen, was het nog relatief rustig geweest met hier en daar een plukje Milan-fans. Maar deze menigte was ongekend.

We keken elkaar af en toe aan in de bus. Hoe kon dit nog misgaan? Eigenlijk alleen als we Camp Nou niet op tijd zouden bereiken. Maar niemand, behalve misschien de chauffeur, die zich daar werkelijk druk om maakte. Wij waren Milan. Ons kon niets gebeuren.

De dag dat ik bij AC Milan kwam, besefte ik meteen dat het een andere wereld was. Italië en Nederland waren onvergelijkbaar. Ook sportief. Bij Ajax was voetbal wat vrijblijvender. Speelser. Natuurlijk had ik met Cruijff mogen werken, dat was uniek en nergens mee te vergelijken, maar in toewijding en gewicht was profvoetballer zijn in Italië veel meer een vak.

Een echt beroep.

Als je alleen al keek hoeveel en hoe vaak er in de kranten over voetbal werd geschreven. Je kon het niet eens bijhouden als je dat al zou willen. Al vrij snel nadat ik naar Italië was gekomen, wílde ik het ook niet meer volgen. Ook omdat de pers het niet altijd even nauw nam met de waarheid. Ik leerde al snel de ontsnappingsroutes van Milanello kennen, zodat je de journalisten niet tegen hoefde te komen. De pers leidde me alleen maar meer af van waar ik mee bezig was: een nog betere voetballer worden.

Het was een team van liefhebbers en de toewijding was ongekend. Dat deelden we. Ze hielden van de sport en ze wilden het beste uit zichzelf halen. Spelers als Baresi, Maldini, Tassotti en Costacurta, maar ook Donadoni, Evani en Massaro. En Carlo Ancelotti, die van AS Roma was gekomen. Het waren allemaal jongens die leefden voor hun sport. Als ze aan het eten waren, was het in dienst van het voetbal. Als ze aan het rusten waren, hetzelfde verhaal. Als ze spraken, spraken ze over hun sport. Iedereen was toegewijd en de buitenwereld was ver weg. Er kwamen weinig invloeden binnen.

In die Milan-cultuur kwam ik terecht. We leefden als fullprof en er was maar één doel: wedstrijden winnen. Dat stond boven alles. Ik denk dat die instelling de kracht van het grote Milan was.

Ik vond het heerlijk om alleen maar met voetbal bezig te zijn. Milanello was voor mij het voetbalparadijs. Zonder afleidingen en met gelijkgestemden op hoog niveau steeds beter proberen te worden. Dat was voor mij het mooiste, zeker toen ik na die enkelepisode eindelijk weer mee kon doen aan de trainingen en wedstrijden.

Ik had dat seizoen al negentien keer gescoord in de Serie A en in het Europa Cup I-toernooi had ik tot die avond in Barcelona zeven doelpunten gemaakt.

Terwijl ik uit het raam staarde naar de rood-zwarte massa in de straten van Barcelona besefte ik dat de Milan-supporters twintig jaar hadden moeten wachten op deze Europa Cup 1-finale. In 1969 was het Ajax van Cruijff en Keizer nog met 4-1 verslagen, maar sindsdien was het een stuk minder geweest. Al die tijd hadden de fans het moeten doen met herinneringen aan het glorieuze Milan van de jaren vijftig en zestig, met de grote Gianni Rivera.

In de jaren van Ajax en Cruijff en daarna van Bayern en Liverpool, was het Italiaanse voetbal steeds meer op de achtergrond geraakt. Ook omdat de grenzen gesloten waren. Maar wanneer ik met mijn ouders op vakantie was bij het Gardameer, dan ging het altijd over Milan, Inter en Juve. De Serie A kenden wij in Nederland nog niet zo, maar ik merkte aan het Gardameer dat *calcio* het gesprek van de dag was.

Nadat Maradona Napoli kampioen had gemaakt, richtten alle ogen zich weer op Italië. De grenzen waren weer open. Vanaf 1987 mochten Italiaanse clubs weer twee buitenlanders opstellen, in 1988 drie. Silvio Berlusconi had daar niet op gewacht. Hij had Milan in 1986 gekocht en had een gigantische ambitie, die hij met gerichte aankopen kracht bijzette. Hij had de fans weer hoop gegeven na al die magere jaren en wilde van Milan niet alleen de beste club van Italië maken, maar ook de beste club van de wereld.

Ik realiseerde me in die bus dat het pas drie jaar geleden was dat Berlusconi Milan kocht. En dat je dit tot voor kort voor onmogelijk had gehouden als je Milan-fan was. Dat we op deze avond in Barcelona, 24 mei 1989, de beste club van Europa konden worden. Thuisblijven in Milaan was dan uiteraard absoluut geen optie.

Het was een bizar jaar geweest. Na het EK in Duitsland kwam ik met een andere status terug in Milaan. Ik had ook net de Gouden Bal uitgereikt gekregen, voor Ruud Gullit en Frank

Rijkaard, die zilver en brons kregen. Alle ogen waren op mij gericht, maar de druk die ik mezelf oplegde was nog veel groter. Het eerste jaar bij Milan had ik toch als een verloren jaar beschouwd, dus ik vond dat ik het nu waar moest gaan maken. Het seizoen '88-'89 moest míjn seizoen worden. Het goede nieuws was dat Frank Rijkaard naar Milaan kwam die zomer.

Arrigo Sacchi had mij dat seizoen ervoor wel honderd keer gevraagd wat ik van hem vond. Het rommelige jaar van Frank, en het feit dat hij twee contracten tegelijk had getekend, maakte dat Sacchi twijfelde, maar op een gegeven moment was ik het zat. Elke keer had ik geantwoord dat hij een aanwinst zou zijn, maar hoe vaak moest ik het nog zeggen? Gelukkig ging de kogel door de kerk. Zo'n middenvelder konden we bij Milaan heel erg goed gebruiken.

Ik vond dat Sacchi het defensief heel goed neerzette, maar voorin was het vooral Gullit die liep voor twee. Pietro Paolo Virdis, voorin naast Ruud, liep een stuk minder. Ik was heel blij met de komst van Rijkaard. Die kon echt iets gaan toevoegen aan ons aanvalsspel, zeker als hij naast Carlo Ancelotti kwam te staan.

De bus ging nog altijd traag, maar langzamerhand kwamen we in de buurt van het stadion. We hadden al gehoord dat dat helemaal vol zou zitten met Milan-fans. Dat had ook met de tegenstander te maken, Steaua Boekarest. Omdat het IJzeren Gordijn toen nog bestond, mocht er maar een enkeling de grens over. De Roemenen hadden daarom bijna al hun kaarten teruggegeven aan de UEFA en die waren vervolgens allemaal weer naar Milan-fans gegaan. Ondanks dat de finale in Barcelona was, duizend kilometer van Milaan, was er een ware uittocht op gang gekomen. Fans waren gekomen met auto's, vliegtuigen, treinen en bussen. Ze verwachtten nog geen duizend Roemenen, de rest zouden Milanisti zijn. Meer dan 100.000 toeschouwers in het grootste stadion van

Europa. Ik probeerde me voor te stellen wat voor een sfeer dat zou opleveren. Een vol San Siro was al imposant, maar dit zou weleens de overtreffende trap kunnen worden.

In de tweede ronde tegen Rode Ster Belgrado was het nog bijna misgegaan. In San Siro was het 1-1 geworden. En in Belgrado, op 7 november, hadden we het geluk dat de wedstrijd vanwege mist gestaakt werd bij 1-0 voor Rode Ster. De UEFA besloot de wedstrijd een dag later in zijn geheel over te laten spelen, te beginnen met 0-0. Dat was mazzel. Ted Troost werd in allerijl ingevlogen uit Nederland om Ruud nog op tijd fit te krijgen. Ik maakte in de reguliere speeltijd de gelijkmaker en na verlenging en strafschoppen wonnen we uiteindelijk toch.

Na de wedstrijd tegen Werder Bremen in de kwartfinale, die we wonnen door een door mij benutte strafschop, wachtte het grote Real Madrid waar Leo Beenhakker toen trainer was. In Spanje hielden we het op 1-1, maar de return in San Siro werd een historische avond. Het was een show. We wonnen met 5-0. Frank, Ruud en ik scoorden, net als Ancelotti en Donadoni.

Het was een machtig gevoel onderdeel uit te maken van zo'n sterk team, dat de tegenstander zo in het nauw kon brengen. Ook als het de bal niet had. Die automatismen waren er na twee seizoenen steeds meer ingeslepen. Natuurlijk was het systeem van Sacchi sterk, maar uiteindelijk gaf de kwaliteit van de spelers de doorslag. Die zege op Real in een uitzinnig San Siro had ons dus in Barcelona gebracht, bij deze finale.

Het was een absurde rit geweest van het Ritz Hotel naar Camp Nou. Je zag de verbazing op de gezichten van alle spelers. Dit was niet normaal. Er was als vanzelf een gevoel van onoverwinnelijkheid ontstaan. Het besef dat er die avond wel iets heel geks moest gebeuren, wilden we niet winnen.

Toen we het veld op kwamen, hadden we weer dezelfde overweldigende sensatie. Dat hele stadion kleurde rood-zwart. Mensen die compleet in de war waren. Ancelotti zei: 'Er kan veel gebeuren in het leven. Maar hier kunnen we niet verliezen.'

Het was duidelijk dat deze finale ons seizoen glans moest geven. De vroege uitschakeling in de Coppa Italia was nog tot daaraan toe, maar in de kampioensrace hadden we Inter voor moeten laten gaan, de aartsrivaal.

We zaten er vanaf seconde één bovenop. We maakten elkaar echt beter, dat was de kracht van dit team. Donadoni speelde ijzersterk, Gullit speelde goed, Baresi, Rijkaard, Maldini en Tassotti ook. Eigenlijk was iedereen top die dag. Het werd uiteindelijk ook helemaal geen echte wedstrijd. Het was afgetekend. Het was dominant. De 1-0 van Ruud was nog een intikker na een scrimmage, maar de andere drie goals waren echt goede goals. Die volley van Ruud vanaf de rand van de zestienmeter. Klasse.

De tweede goal, mijn eerste, was die kopbal. Ik dook voor mijn man, vol in de lucht en knalde de bal hard in de linkerhoek, diagonaal. Echt *'baf'*! De voorzet kwam van Tassotti. Dat vond ik extra mooi.

Na rust maakte ik ook de laatste, na een mooie steekbal van Rijkaard. Ik kroop achter mijn man en schoot met links in de verre hoek: 4-0.

Later is wel gezegd dat de tegenstander omgekocht was. De Roemenen hadden het niet zo breed en met 4-0 weggespeeld worden is opvallend, maar het was totale onzin. Wij waren op dat moment gewoon heel erg goed, iedereen was zo gretig. En dan had je die fans nog.

Berlusconi stond natuurlijk ook op het veld. Het was zijn club. Het was zijn plan geweest en nu waren we de beste van Europa. Hij genoot daar enorm van. Los van het feit dat hij voorzitter was, was hij ook echt Milan-fan. Hij was apetrots toen we hem op de schouders namen en zei later dat het een van de mooiste avonden van zijn leven was. Mooi vond ik dat.

Dat zegt iets over zijn passie en gedrevenheid. We hebben tot diep in de nacht feest gevierd in Barcelona, dat voor één keer rood-zwart kleurde.

VIJFHONDERD PIEK

Wij hadden het thuis niet breed en mijn vader had allerlei extra baantjes om de eindjes aan elkaar te knopen. We waren niet arm, maar we moesten wel goed opletten. Ik sliep bijvoorbeeld als nakomertje heel lang niet eens in een echt bed, maar op een stretchertje, zo'n uitklapding. Dat stond bij mijn oudere zus Carla op haar kamer.

De avond voor de Europa Cup-finale tegen Boekarest in Barcelona trainden we in het stadion toen Roy van der Hart naar me toe kwam, de zoon van de oude Cor van der Hart, de profvoetballer. Ik kende Roy wel, hij zat in de reclame en regelde reclameborden. Hij riep me na de training bij zich en wees naar een plek een stukje links van het rechterdoel in Camp Nou. 'Zie je dat reclamebord? Waar LASER op staat? Als je nou morgen scoort, en je loopt daarna even voor dat reclamebord langs, dan krijg je vijfhonderd piek van me.'

De wedstrijd was in de tweede helft al lang en breed gespeeld. Het stond 3-0 toen ik dat steekballetje van Rijkaard kreeg en ik achter die verdediger kroop. Met links schoot ik de bal netjes in de verre hoek. 4-0.

En opeens, na die goal, schoot die opmerking van Roy weer door mijn hoofd. In een reflex liep ik toen toch ook maar even langs dat reclamebord van hem. Ik dacht: vijfhonderd gulden, dat is toch lekker.

Na de wedstrijd kwam ik Roy tegen in de persruimte. 'Gozer, je krijgt nog vijfhonderd piek van mij, hè!?' zei hij. Voordat ik het doorhad, had hij mij het geld al toegestopt.

MILAN (3)

'Vergeven is ook houden van'

Zomer 1989

'Ik wens je hartstikke veel succes en ik zal altijd van je blijven houden.' Ik las het op een briefje dat Liesbeth voor me op de eettafel had achtergelaten, voordat ze een taxi van ons huis naar Linate had genomen, het vliegveld van Milaan. Ze ging terug naar Nederland, terwijl de voorbereiding van het nieuwe seizoen nog maar net begonnen was.

Het waren haar laatste woorden na een weekend vol tranen, waarin ik haar had verteld wat er speelde. Ik was uiteindelijk eerlijk geweest. Ik zei dat ik in de war geraakt was van iemand anders en dat ik dat verder wilde ontdekken. Het was een totale shock voor haar, dat werd dat weekend ook wel duidelijk, maar ze herpakte zich snel en ging terug naar Nederland.

Toen ik een paar dagen later terugkwam in een leeg huis, zonder haar, kwam dat briefje keihard binnen en vloog me dat enorm aan. De telefoongesprekken met die ander waren meteen al minder spannend. Ik voelde al snel dat ik die drie jaar met Liesbeth niet zomaar kon opgeven.

Ze was in Nederland bij haar ouders ingetrokken en meteen op zoek gegaan naar een baan. Ze trok totaal haar eigen plan. Dat was zo sterk van haar. Om het te accepteren als een feit en gewoon te vertrekken. Ze gaf mij totale vrijheid om te kiezen. De kooi stond open, als het ware, maar juist daardoor voelde ik wat ik te verliezen had en miste ik haar meteen ontzettend.

Na een paar weken heb ik haar opgebeld en gezegd: 'Ik heb een grote fout gemaakt en ik heb heel veel spijt. Ik voelde gelijk dat het niet goed zat met die ander…' Het was toen niet zo dat ze meteen het eerste het beste vliegtuig terug naar Milaan nam. Ik moest wel even mijn best voor haar doen. Maar toen ze er eenmaal was, was het ook meteen weer goed tussen ons. Beter dan ooit eigenlijk.

Het mooie van Liesbeth is dat ze er echt overheen is gestapt. Ze is het me niet blijven nadragen. Ik denk uiteindelijk dat onze eerlijkheid onze redding is geweest. Dat ik haar heb gezegd wat er speelde. En dat zij ook meteen eerlijk tegen mij was. Later heb ik me gerealiseerd: kunnen vergeven is ook houden van. Ik had een heel dankbaar gevoel toen het weer goed was. Ik ging er ook meteen beter van voetballen. En dat niet alleen. Ruim negen maanden later werd onze eerste dochter Rebecca geboren.

Ik realiseer me dat ik geluk heb gehad in de liefde. Met Liesbeth. Vroeger had ik thuis niet het beste voorbeeld en daarom had ik me voorgenomen om het zelf beter te doen. Ik heb daarin wel mijn gevoel gevolgd, maar dan nog moet je mazzel hebben dat het goed blijft gaan met je partner. We zijn nog steeds erg gelukkig met elkaar.

Onze rolverdeling was ook altijd duidelijk. Liesbeth zorgt wat meer voor ons gezin en voor alles in en rond het huis. Ik verdien de kost. Zo vinden we het allebei prettig en zo functioneert het ook goed.

In Italië was Liesbeth vaak alleen, in die tijd nog zonder internet en internationale tv-zenders. De taal spreken was een must. Dat ging haar erg goed af. Sterker nog, we namen al snel de Italiaanse levensstijl over, inclusief het lekkere eten. En ook dat is gebleven.

Ik prijs mezelf gelukkig. Het aparte is dat ik ervan overtuigd ben dat deze episode in de zomer van 1989 ons dichter bij elkaar heeft gebracht dan ooit.

MILAN (4)

De gestolen Scudetto

1989-1990

We waren matig aan het seizoen begonnen, maar in het voorjaar lagen we toch op koers om het tweede landskampioenschap van Milan binnen te halen sinds de komst van Berlusconi, Sacchi en ons, de Nederlanders. Het Napoli van Maradona, Giordano en Careca, oftewel 'La MaGiCa' was onze belangrijkste concurrent. Inter was ook weer goed begonnen, met de drie Duitsers – Klinsmann, Brehme en Matthäus – maar die hadden we in januari en februari op achterstand gezet.

We haalden in een mooie reeks eenentwintig punten uit elf duels. Je kreeg toen nog twee punten per overwinning. Op 25 februari klopten we Napoli met 3-0 en pakten we definitief de koppositie. Tenminste, dat dachten we. De competitie eindigde vroeg dat jaar, vanwege het WK dat die zomer in Italië zou worden gehouden. Begin april hadden we nog een punt voorsprong op ze, met nog drie rondes te spelen. Maar vanaf dat moment gebeurden er vreemde dingen.

Het leek wel of Napoli kampioen moest worden. Op 8 april speelden ze een wedstrijd in Bergamo waar nog steeds over wordt nagepraat. Het was 0-0 toen ver in de tweede helft een muntje uit het publiek werd gegooid dat op het hoofd van de Braziliaan Alemao van Napoli terechtkwam. Die leek daar in eerste instantie niet ondersteboven van, maar zodra de fysio van Napoli erbij kwam, werd er een enorm theater gemaakt.

Als je die beelden terugkijkt, dan zie je die fysiotherapeut tegen Alemao zeggen: 'Ga liggen, ga liggen.' Heel opmerkelijk.

Alemao is zelfs nog naar het ziekenhuis gebracht ter observatie. Het hele circus werd erbij gehaald. Neurologisch onderzoek, noem maar op. Uiteindelijk kreeg Napoli vanwege dat incident naderhand die wedstrijd van de Italiaanse bond cadeau, de uitslag werd reglementair omgezet naar een 0-2 overwinning.

Het tweede discutabele incident was twee weken later. Op dat moment was inmiddels zeker dat wij wederom in de Europa Cup I-finale zouden staan, omdat we Bayern München in twee duels verslagen hadden. Als Napoli landskampioen werd, en wij zouden die finale weer winnen, had Italië twee teams in de Europa Cup I, dat toen nog alleen voor de landskampioenen was.

Het leek er verdomd veel op dat de Italiaanse bond dat wilde laten gebeuren, ondanks onze voorsprong op Napoli in de competitie. Met het incident in Bergamo en de twee punten die zij van de bond cadeau hadden gekregen, stonden we inmiddels gelijk, maar wij hadden wel een beter doelsaldo.

Op zondag 22 april, twee speelrondes voor het einde, speelden we met Milan een uitwedstrijd bij degradatiekandidaat Hellas Verona. Ik had nog nooit zoiets meegemaakt. De scheidsrechter, Rosario Lo Bello, heeft er die dag alles aan gedaan om ons te laten verliezen. Hij floot echt dramatisch.

Op een gegeven moment kreeg ik een gele kaart, terwijl ik een onschuldige obstructie maakte. Ik raakte mijn tegenstander nauwelijks. Het was al de zoveelste keer dat we voor niets een vrije trap tegen kregen. Dus ik zei tegen die scheidsrechter: 'Wat ben je allemaal aan het doen?' Hij negeerde me. Toen trok ik mijn shirt uit, uit protest, en kreeg ik meteen een tweede gele kaart, en dus rood. Rijkaard werd iets later ook weggestuurd. Ook twee keer geel. Ook gezocht. Ook Costacurta werd met rood van het veld gestuurd. Er bleven acht spelers staan. Zelfs Sacchi werd nog weggestuurd. Het was een heel vreemd verhaal. Je voelde dat het doorgestoken kaart was.

Verona zou dat seizoen terecht degraderen, wij hadden een geweldige reeks achter de rug. Maar die dag kregen we met acht man uiteindelijk met 2-1 van Verona om de oren. Twee punten door de neus geboord.

Napoli won een week later bij Bologna en werd toen officieel kampioen. Zij eindigden met twee punten meer. Het leek compleet doorgestoken kaart. Zelfs zoveel jaar later kan ik er nog boos om worden. Er wordt je toch een kampioenschap ontnomen, althans zo voelde het.

ORANJE (2)

Het schandaal en de schaamte

WK '90

Ik staarde dagenlang maar wat voor me uit de gigantische tuin in. In het niets. Ik was heel ongezellig. Iedereen daar wist dat ze me niet moesten storen. Ik wilde ook niets meer zien van dat WK, maar vooral wilde ik niemand onder ogen komen. We zaten vlak bij Cannes, in Zuid-Frankrijk, in een villa niet ver van de zee. Liesbeth was er uiteraard ook en onze dochter Rebecca. Verder wist bijna niemand waar ik was. En dat was precies zoals het moest zijn.

Ik schaamde me. We hadden ons op het WK in Italië geblameerd. Het was de eerste grote nederlaag in mijn carrière. De jaren ervoor was bijna alles in goud veranderd. Elk jaar een grote prijs, die Europa Cups en een EK gewonnen. In 1987, 1988, 1989 en 1990 allemaal prijzen. Maar nu dit WK. Het was een schande. Ik had zelf ook beroerd gespeeld.

Met Milan hadden we in mei dat jaar voor de tweede keer op rij de Europa Cup I gepakt. Frank, Franco Baresi en ik waren eind 1989 gekozen tot de beste drie spelers van Europa en als Europees kampioen van 1988 waren we een van de kanshebbers op de wereldtitel. Het was natuurlijk niet zo dat we die titel zomaar voor het grijpen hadden, maar dat we met deze selectie mee zouden kunnen doen om de hoofdprijs was wel duidelijk. Het ging werkelijk op alle fronten mis.

Het begon in de kwalificatie met Thijs Libregts als bondscoach. Ruud Gullit had al jaren een matige relatie met hem sinds Libregts zich in 1984 als trainer van Feyenoord nogal laatdunkend over hem had uitgelaten. Het was dus geen verrassing dat Ruud niet blij was met hem. De meerderheid van de spelersgroep vond trouwens ook dat hij niet de beste man voor het WK was. Pas na de kwalificatie, in februari 1990, kwam het tot een breuk. Namens het team was Ruud na de oefenwedstrijd tegen Italië als aanvoerder naar de KNVB gestapt met een duidelijke boodschap: 'De spelersgroep wil af van Libregts.'

In een reactie riep de KNVB alle spelers bij elkaar op 25 maart 1990, in het Hilton Hotel op Schiphol. Dat was vlak voor het vertrek naar Kiev, waar een oefenduel tegen de Sovjet-Unie gespeeld zou worden. Een belangrijke aanwezige die avond was de coach van 1988, Rinus Michels. Alleen had hij nu een heel andere functie bij de KNVB.

Michels was na het EK van '88 vertrokken naar Bayer Leverkusen, maar had het seizoen daar niet afgemaakt. In het najaar van '89 kwam hij terug bij de KNVB als bestuurslid technische zaken. De voorzitter van het sectiebestuur betaald voetbal, Martin van Rooijen, was pas op 1 november 1989 aangetreden, in een, bleek later, voor hem lastige job, vooral omdat hij geen voetbalachtergrond had.

Op Schiphol, ruim twee maanden voor de start van het WK, wilden Michels en Van Rooijen namens het KNVB-bestuur van de spelersgroep weten of ze echt niet doorwilden met Thijs Libregts. De uitkomst was duidelijk, eigenlijk al een maand. Michels had daar blijkbaar op gerekend, want hij legde ons meteen drie namen voor ter vervanging. Aad de Mos, die succes had gehad met KV Mechelen en coach van Anderlecht was; Leo Beenhakker, die trainer van Ajax was en het bondscoachschap al eerder tijdelijk had overgenomen, en Johan Cruijff, de trainer van FC Barcelona. 'Als we een van deze drie kandidaten strikken voor het WK '90, is dat dan acceptabel voor jullie?' vroeg Michels.

Na overleg met de spelers zei ik: 'Johan Cruijff is de beste van deze drie. Dus ik wil niet één van de drie, maar ik wil Cruijff. Ik denk dat het het beste is als we nu allemaal zelf onze voorkeur uitspreken. Het lijkt mij goed dat we gaan stemmen.' Michels en Van Rooijen verlieten vervolgens de ruimte.

De uitkomst was overduidelijk. Acht stemmen voor Johan, drie voor Beenhakker en twee voor De Mos. Geen twijfel mogelijk. De boodschap aan de bond was helder. Omdat Frank, Ruud en ik niet meegingen naar Kiev vanwege verplichtingen met AC Milan, kreeg Ronald Koeman namens de groep de opdracht om de uitkomst van de stemming rond het oefenduel tegen de Sovjet-Unie in Kiev aan Michels over te brengen. Hij heeft dat twee dagen daarna ook gedaan.

Voor mij was het een droom, om met Johan als coach naar het WK te gaan. Hij deed het goed bij Barcelona. Veel spelers hadden nationaal en internationaal het een en ander gewonnen. Wat we nodig hadden was een man voor wie iedereen respect had en naar wie iedereen luisterde. Een sterke persoonlijkheid. Johan was iemand die de autoriteit had om er een team van te smeden. Hij was technisch en tactisch ook beter dan de andere kandidaten. Zo iemand hadden we nodig. Dat wisten wij allemaal.

Libregts werd vervolgens op non-actief gesteld en Rinus Michels kon aan de slag. Hij zou in gesprek gaan met Johan, dachten wij. We hadden er alle vertrouwen in, omdat de spelersgroep zo duidelijk was geweest. Wij hebben het toen losgelaten, omdat we genoeg andere dingen hadden om ons druk over te maken. Met Milan streden we nog op drie fronten. We waren vol in de race om weer de Europa Cup I te winnen.

De bom barstte eind april. Wij hadden verwacht dat Michels met ons zou overleggen nadat hij zijn huiswerk had gedaan en de verschillende kandidaten had gepolst. Maar hij verraste ons totaal.

Eind april was er een bijeenkomst belegd door Michels in het Van der Valk-hotel in Sassenheim. Michels zou er zijn, Martin van Rooijen en vijf spelers: Ronald Koeman, Ruud Gullit, Frank Rijkaard, Hans van Breukelen en ik. Wij zaten er al toen de KNVB-delegatie binnenkwam: Michels, Van Rooijen en, tot onze totale verrassing, Leo Beenhakker.

We dachten dat we een overleg met de KNVB zouden hebben over wie de bondscoach zou worden en we gingen ervan uit dat het Cruijff zou zijn, de eerste keus. En nu stelde Michels ons voor een voldongen feit. Hij kwam pontificaal aanzetten met Beenhakker, en ontnam ons daarmee elke mogelijkheid om hierover nog in discussie te gaan. Beenhakker zat immers naast hem. Er werd ook meteen medegedeeld dat hij een paar dagen later al zou worden gepresenteerd aan de pers.

Wij waren stomverbaasd en zwaar verontwaardigd. Waarom nu ineens Beenhakker? Hoezo? Gewoon schandalig. Michels zette ons voor het blok en leek alleen bezig met zijn eigen bv. Daarom heb ik daarna in de media gezegd dat Michels ons gebruikt had om van Libregts af te komen, dat hij zo zijn eigen koers koos en onze wens had genegeerd.

Die onverwachte keuze van Michels had een zwaar negatief effect op alles en iedereen, tot en met de laatste minuut in de laatste wedstrijd. Het was het begin van de ondergang van ons WK.

Bij de presentatie van Beenhakker, op 26 april, nam Michels uitgebreid de tijd om 'de drie van Milaan' voor de hele Nederlandse sportpers in een kwaad daglicht te stellen. 'De aanval uit Milaan is te veel geprogrammeerd en beneden alle peil,' zei hij. Ook eiste Michels excuses van mij.

Ik had grote vraagtekens bij de rol van Michels, maar ik bedacht ook dat Johan misschien moeilijk gedaan had. Wellicht was er toch contact was geweest tussen Michels en Cruijff? Daarom heb ik later, ook omdat de aanstelling van Beenhakker toch een feit was, mijn excuses aangeboden. Ik wist niet hoe het tussen Michels en Cruijff precies was gegaan en wilde ook niet de aanstichter zijn van een conflict dat het WK zou overschaduwen. Bovendien werden we precies in die week in de Serie A op dubieuze wijze door Napoli gepasseerd voor het kampioenschap, dus ik zat al niet lekker in mijn vel.

Maar ook na mijn excuses draaide Michels niet bij. Hij gooide juist nog meer olie op het vuur. Hij had een column in het *AD*, dus via verschillende kanalen zaaide hij tweespalt in de spelersgroep. Omdat wij de Europa Cup I-finale moesten spelen, kwamen we zeven dagen later dan de rest aan in het trainingskamp van Oranje. Dit werd in de pers meteen uitgelegd als 'sterallures'. Dat we ons 'verheven' zouden voelen boven de rest. Dat alles om ons moest draaien. Maar we hadden 'gewoon' een Europa Cup-finale te spelen. Dat was de reden, en niets anders.

Terwijl dit allemaal speelde, ging het seizoen bij Milan door. Op 23 mei versloegen we Benfica met 1-0 in de Europa Cup I-finale in het Prater Stadion in Wenen. De tweede Europa Cup I op rij voor Milan. De vreugde was enorm. Het was sowieso een drukke en bijzondere week, want twee dagen later werd in Amsterdam ons eerste kindje geboren, Rebecca. Geweldig natuurlijk.

De maandag erop meldden we ons in het trainingskamp van Oranje. Wel met gemengde gevoelens na alles wat er rond Oranje gebeurd was in de weken en maanden daarvoor. De start was vals. Daardoor had Leo Beenhakker het ook niet makkelijk. *De Telegraaf* en het AD gingen door met tweespalt zaaien in de ploeg tussen de 'vedettes' en 'de werkers'.

Maar ik verwijt Beenhakker niet zoveel. Hij kon het ook niet meer redden. We trainden trouwens wel ongelooflijk slecht. Echt slappe hap. In 1988 won de B-ploeg tijdens de voorbereiding op het EK nog best vaak van de A-ploeg, nu was de A-ploeg elke keer zoveel beter. Dat kon ook weer niet. Was qua training verre van optimaal. Op ons verzoek is dat toen aangepast, maar omdat de sfeer al zo verziekt was, liep dat een keer bijna uit de hand toen Rijkaard en ik tegenover elkaar kwamen te staan. Hij gaf mij een schop, ik hem een elleboog, hij mij een elleboog, ik hem een schop. We kregen ruzie, omdat de emoties en frustraties al zo hoog zaten. Beenhakker heeft toen ingegrepen en het partijtje weer omgezet. Ik dacht nog wel: jammer, eindelijk gebeurt er iets. Eindelijk gaat het een keertje scherp.

Tussen Frank, Ruud en mij zat het verder goed. Ruud had wel last van zijn knieblessure gehad voorafgaand aan het WK, terwijl Frank en ik superfit waren. Dat Ruud aanvoerder en aanspreekpunt was, vonden wij prima. We hoefden niet zo nodig op de voorgrond. Dat het verder in het team niet helemaal goed zat, was ook wel duidelijk. Er waren te veel groepjes, we waren geen eenheid meer.

De voorbereiding liet ook te wensen over. Voorafgaand aan het WK in Joegoslavië zaten we in een kasteeltje met een ouderwetse ophaalbrug. Totaal afgelegen. Bovendien was het daar ongelooflijk stoffig. Ik sliep slecht door dat stof in de slaapkamers. Ook was het er koud, terwijl we op Sicilië en Sardinië in de hitte zouden gaan spelen. Er was een tropenrooster, dus we stonden elke dag om zes uur op, wat ook niet echt bevorderlijk was voor de stemming. De sfeer was al beneden alle peil en toen moest de eerste wedstrijd nog komen.

In Palermo speelden we ternauwernood met 1-1 gelijk tegen Egypte. We speelden slecht, er zat geen lijn in. De tweede wedstrijd, een paar dagen later in Cagliari op Sardinië, tegen Engeland, bleef 0-0. We hadden geluk met twee afgekeurde doelpunten van de Engelsen. Het derde duel, op 21 juni, was tegen Ierland in Palermo. Weer was ons spel slecht. Toen het een kwartier voor tijd 1-1 stond, hebben we de boel in het slot gegooid, omdat drie gelijke spelen genoeg zouden zijn om als nummer drie in de poule alsnog naar de achtste finales te gaan. Maar het spel was wederom bedroevend. Ook van mijzelf. Ik speelde slecht.

En toen kwam die achtste finale in Milaan. In San Siro. Tegen, toen nog, West-Duitsland. Het was snikheet, boven de 35 graden. In de tweede helft kreeg ik enorm last van kramp, ook door de spanning, maar toen was er al geen redden meer aan. Frank Rijkaard en Rudi Völler deden al niet meer mee, omdat ze allebei rood hadden gekregen.

Het werd 2-0. Kansloos. Pas vlak voor tijd maakte Koeman 2-1 uit een strafschop, maar dat was te laat. En toen konden we dus naar huis. Ik was eigenlijk opgelucht dat het voorbij was, deze lijdensweg. Veel andere spelers volgens mij ook. Ik wilde het liefst meteen verdwijnen, zo'n deceptie was het. Ik voelde me zelf ook verantwoordelijk, ik was toch een van de dragende spelers. Ik heb daar lange tijd last van gehad.

Leo Beenhakker heeft het nog altijd over verhuisdoos 13. Daar zouden alle geheimen in zitten waarom het WK '90 was mislukt. Maar volgens mij is die verhuisdoos 13 zo goed als leeg. Het verhaal van Michels, die onze wens om met Cruijff naar het WK te gaan, heeft genegeerd, is de essentie. De rest is bijzaak.

Na de aanstelling van Beenhakker hebben we nog wel tegen elkaar gezegd: 'Niet zeiken, jongens. Schouders eronder. We maken van dit WK alsnog een succes.' We hebben alles geprobeerd om het tij nog te keren, om er iets moois van te maken. We hadden echt een heel goede groep. Top van Europa. Vier, vijf, misschien wel zes spelers van het allerhoogste niveau.

Maar je voelde dat er iets in de groep was geslopen, waardoor wij – de Milanisti – anders werden bekeken. Anders werden benaderd. Daar kon je niet de vinger op leggen, maar dat voelde je. Ik ben de eerste om te zeggen dat we als spelers een belabberd toernooi hebben gespeeld. Daarom schaamde ik me ook zo toen het voorbij was en heb ik me een paar weken letterlijk verstopt in die villa in Zuid-Frankrijk. Het was mijn eerste grote nederlaag. En dat ook nog op het hoogste podium, zelfs in mijn 'eigen' San Siro.

Jaren later bleek dat Michels helemaal nooit bij Johan was geweest om over die functie te praten. Hij heeft niet eens een poging gewaagd. En Van Rooijen wist niet eens met wie Michels wel of niet had gepraat. Het sectiebestuur had de keuze voor de nieuwe bondscoach totaal aan hem overgelaten. Die bleek maar met één kandidaat gesproken te hebben: Leo Beenhakker.

Wat nou de werkelijke reden van Michels is geweest zullen we nooit weten. Maar mijn gevoel zegt dat hij bang was dat Cruijff hem zou overtreffen door met Oranje wereldkampioen te worden. Dat hij het succes van het EK '88 zou uitwissen door een nog grotere prestatie neer te zetten. Dat Cruijff misschien ook als trainer beter zou presteren dan Michels. Dat wilde hij voorkomen, denk ik. Gewoon een menselijke emotie. Jaloezie.

MILAN (5)

De breuk met Sacchi

1990-1991

Het pleit werd uiteindelijk beslecht in de massageruimte van Milanello. Ik werd gemasseerd en Arrigo Sacchi was binnengekomen om met me te praten. Of beter: om mij iets te vertellen. Ik moet eerlijk zeggen dat bij mij de grens al een tijdje bereikt was toen dit incident plaatsvond, in het voorjaar van 1991. Na drie seizoenen samenwerken knapte er iets bij mij. Maar dat kwam niet uit de lucht vallen. Dat had zich langzaam maar zeker opgebouwd.

Sacchi is een aardige, nette man. Zijn voorkomen was opmerkelijk, tussen de rasvoetballers. Met een grote Ray Banzonnebril en witte spillebenen stond hij op het trainingsveld, terwijl hij zelf nog geen bal kon vangen, bij wijze van spreken. Hij was relatief onervaren in het topvoetbal, dus hij moest zich nog wel bewijzen toen hij door Berlusconi van Parma naar het grote AC Milan werd gehaald. Dat was in de zomer van 1987, nadat hij in een bekerduel Milan had verslagen op een niet-Italiaanse manier, terwijl Berlusconi toekeek.

Hij had een tactisch systeem ingeslepen bij Milan en dat werkte. Iedereen wist precies wat-ie moest doen in elke situatie. Zeker vanaf ons tweede seizoen, '88-'89, kon je die patronen ook terugzien in de wedstrijden. Wij konden ze dromen. Hij praatte altijd en overal over dat systeem en heeft het me zo vaak uitgelegd dat ik op een gegeven moment dacht: kom op. Ik heb het nou wel begrepen. En als ik het nu nog niet heb begrepen, zal ik het nooit begrijpen. In het begin verstonden we elkaar ook niet zo goed, mijn Italiaans was nog matig, terwijl zijn Engels ook niet geweldig was.

Ik moet ook eerlijk zijn: ik was Cruijff gewend. Daar kan niemand aan tippen. Maar het feit dat het niet klikte met Sacchi, had niet alleen met onze uiteenlopende opvattingen over voetbal te maken.

Tactiek speelde wel een rol. Het systeem waarin ik groot geworden was bij Ajax, was 4-3-3, met drie aanvallers. Een linksbuiten en een rechtsbuiten die de spits van bruikbare voorzetten voorzagen. Sacchi speelde 4-4-2, met maar twee aanvallers en een heel stevig defensief blok. Hij noemde dat revolutionair, aanvallend en gaf dat systeem zelfs een naam: 'zona-pressing'.

Toen hij als onbekende trainer opeens het grote Milan anders liet spelen dan men in Italië gewend was, moest hij dat 'nieuwe' systeem wel uitleggen. Hij gaf veel interviews en raakte op goede voet met veel journalisten. En dat hielp hem. Hij moest zijn 'zona-pressing' verkopen als iets bijzonders, iets on-Italiaans.

Al in het eerste jaar, toen ik het grootste deel van het seizoen geblesseerd moest toekijken, zag ik dat het helemaal niet zo aanvallend was. Dat blok van vier verdedigers was ontzettend solide en goed. Tassotti, Costacurta of Filippo Galli, Baresi en Maldini. Een betere verdediging in de recente geschiedenis van het Europese voetbal is nauwelijks denkbaar. Tot in alle uithoeken van de wereld kunnen ze deze vijf namen nog steeds opdreunen. Dat waren echte winnaars. Maar die beperkten zich, ondanks hun grote talenten, wel tot verdedigen.

Daarvoor stond nog een linie van vier man. Carlo Ancelotti was een van die twee centrale middenvelders. Een geweldige voetballer, dat zeker, maar hij stond niet bekend om zijn actieradius, mede door zijn kwetsbare knieën. Wel was hij een geweldige organisator.

Toen in het seizoen daarna Frank Rijkaard naast hem kwam te staan, veranderde het wel al iets, omdat Frank ook uit de Ajax-school kwam en gewend was in de zestienmeter op te duiken. Donadoni en Evani waren ook goede middenvelders, maar in dat eerste jaar zag ik toch vooral twee rijtjes van vier staan, die verdedigend heel erg goed stonden. Daar kwam geen muis doorheen. En dan hadden we Giovanni Galli op doel, waardoor we in dat seizoen vaak de nul hebben gehouden. Helemaal voorin stonden de twee aanvallers, in dat eerste seizoen meestal Virdis en Gullit.

Tegen Roma uit zat ik op de bank. Gullit rende zich helemaal het heen-en-weer. Werkte als een paard. Hij liep echt voor twee. Die man had een energie, niet normaal. Maar Virdis, de sluwe vos, verspilde geen energie aan wat Sacchi 'forechecking' noemde, die stond rond de middenlijn te wachten op een goeie bal.

Die middag won Milan met 0-2. In alle kranten stond dat dit geweldige nieuwe niet-Italiaanse 'zona-pressing'-systeem zo revolutionair was. Spectaculair. Dat stoorde mij, want dat was het niet. Het was niet aanvallend. Het was vooral verdedigend. We wonnen door goed te verdedigen.

Maar goed, ik weet hoe sport werkt: de winnaar heeft altijd gelijk. Ik merkte wel dat de Italianen niet gewend waren om een autoriteit tegen te spreken. Hoe ervaren ze ook waren, niemand ging de discussie met Sacchi aan. En zeker niet openlijk.

Zelf heb ik, zoals ik gewend was in Nederland, mijn mond wel opengetrokken na een van de eerste wedstrijden in dat eerste seizoen. We verloren thuis met 2-0 van Fiorentina. Ik vond dat we niet aanvallend genoeg speelden, dat Ruud en ik onvoldoende aanvoer kregen vanuit het middenveld. De kranten maakten daar een enorm circus van. Het was ongebruikelijk dat een speler in de media het tactisch plan van de trainer ter discussie stelde.

Ik was discussie juist gewend. Nederlanders zijn toch wat minder gezagsgetrouw dan Italianen. Maar daarna heb ik de discussies vooral binnenskamers gevoerd, bijna niet meer in de pers. Niet dat ik van mening was veranderd, maar de rest van dat seizoen concentreerde ik me vooral op mezelf, op de pijn in mijn enkel, de operatie en het herstel.

Dus toen Milan na die prachtige zege in Napoli, dankzij een ontketende Gullit die Maradona aftroefde, de Scudetto van 1988 won, kreeg Sacchi uiteraard alle lof met zijn revolutionaire zona-pressing. Zo werkt het gewoon. Tegelijkertijd wist ik ook dat ik in de spits van Milan beoordeeld zou worden op doelpunten, en op niets anders. En dat ik daarvoor een goede aanvoer vanuit het middenveld nodig had. Om te kunnen scoren heb je bruikbare ballen nodig en ondersteuning vanuit het middenveld. En daar gingen de discussies en besprekingen met Sacchi bijna nooit over. Dat vond ik juist zo jammer.

Na het EK '88 keken de Italianen met andere ogen naar mij. Ik was blij met de komst van Frank, dat gaf mij hoop op een iets meer aanvallende impuls in het spel van Milan. En via Frank kon ik ook de rest van het team een impuls geven. Als het tempo te laag was of er te weinig bruikbare ballen kwamen, werd ik pissig op Frank en dan kwamen dingen wel in beweging. Later gaf hij toe dat het zo werkte bij hem. In feite speelden we dus wat aanvallender, maar nog steeds lag in de trainingen van Sacchi de nadruk op hoe we moesten staan en jagen als we de bal niet hadden. Er ging relatief weinig aandacht naar de momenten van balbezit.

Afgezien daarvan ontbrak het ook aan een persoonlijke klik tussen Sacchi en mij. Dat heb je soms. Hij noemde mij '*lunatico*'; hij relateerde mijn gedrag aan de stand van de maan. Hij vond me ongrijpbaar, kon me niet volgen.

Ik vond hem veel te indirect. Hij pakte de vedetten nooit hard aan. Als ik bijvoorbeeld niet hard genoeg liep bij een oefening, riep hij naar een jonge speler: 'Hé, loop eens wat harder, joh!' Maar dat was dan eigenlijk voor mij bedoeld.

Ik hou meer van de rechtstreekse confrontatie. Eerlijkheid. Mijn relatie met Mauro Tassotti is wat dat betreft een mooi voorbeeld. Op een training in het eerste jaar stond ik tegenover hem. Dat was een duel op het scherpst van de snede. Op een gegeven moment was hij zo irritant dat ik een beuk uitdeelde. Daarna deelde hij een schop uit. Het werd een verhit duel, op een bepaald moment stonden we met gebalde vuisten tegenover elkaar, klaar om uit te halen. Sacchi stuurde ons beiden naar de kleedkamer om af te koelen. Toen we daar zaten, op de houten banken, keken we elkaar aan en schoten bijna tegelijkertijd in de lach. We zagen de lol in van die situatie. We waren allebei heethoofden en bloedfanatiek, en dat herkenden we in elkaar.

Het is iets wat vaker gebeurd is bij mij. Soms moet ik eerst met iemand botsen om echt contact te krijgen, te voelen. Dan kan er iets ontstaan en iets groeien. Vanaf dat moment was er een band tussen Mauro en mij en die is alleen maar sterker geworden. We zijn nog steeds goed bevriend en zien elkaar geregeld.

Zo'n contact, zo'n eerlijke confrontatie, miste ik bij Sacchi. Het was aardig, het was beleefd en het was vooral heel vaak een preek over tactiek. We speelden bijna nooit een keer een partijtje vrijuit op de training, zonder tactische leerpunten, zonder dat het werd stilgelegd. Ik wilde ook weleens lekker voetballen, dat heb je af en toe als speler nodig.

Sacchi was bezeten van het spel en zijn systeem, tot op het maniakale af. Hij was er zeven dagen per week, dag en nacht mee bezig. Als we in een hotel sliepen voor een wedstrijd werden de spelers in de kamer naast Sacchi soms wakker omdat hij in zijn slaap schreeuwde. 'Buitenspel, buitenspel', of zoiets. Dat gebeurde regelmatig.

We waren het beste team van Europa, in allebei de seizoenen '88-'89 en '89-'90 en we wonnen de wereldbeker. Je kunt rustig zeggen dat we het beste team op aarde hadden in die jaren.

Toen het na het WK '90 bij Milan niet meer zo goed liep, kwam er voor het eerst druk op de ketel. Het seizoen '90-'91 was voor Milan een slecht seizoen. Toen voelde het voor mij alsof de chemie was uitgewerkt tussen de trainer en de spelers. En ik maakte van mijn hart geen moordkuil. Bovendien was mijn honger om nog meer te winnen nog lang niet gestild. Alles wat de weg naar verder succes blokkeerde, moest uit de weg. Zelfs als dat de trainer was. Zo is mijn karakter.

Dus toen Sacchi mij in het voorjaar van 1991 voor de zoveelste keer ongevraagd iets kwam uitleggen over tactiek en mijn rol daarin, barstte bij mij de bom. Ik was er helemaal klaar mee. De enige getuige van die confrontatie was de masseur.

Ik onderbrak het betoog van Sacchi en zei ijskoud: 'Mister, ik wil nog even één ding heel duidelijk zeggen. Jij zegt steeds dat we doordat we met jou gewerkt hebben zo succesvol zijn, maar ik zou het inmiddels anders willen zeggen. Wij hebben al die prijzen niet gewonnen dánkzij jou, maar óndanks jou.'

Er viel een ijzige stilte. Sacchi keek me aan alsof ik hem met een dolk in zijn hart had gestoken. Totaal geschokt. Hij heeft niets teruggezegd en is vertrokken. Achteraf gezien had ik dat natuurlijk anders moeten aanpakken, me iets anders moeten uitdrukken. Deze dolksteek had hij niet verdiend.

Vervolgens is Sacchi naar Berlusconi gegaan en heeft gezegd dat hij het werken met mij niet meer zag zitten en dat Berlusconi een keuze moest maken tussen mij en Sacchi. Berlusconi koos voor mij. Ik wilde het liefst in Milaan blijven. Ik had het daar naar mijn zin en ik speelde met de absolute wereldtop samen. We konden nog zoveel winnen.

En toen kwam Berlusconi met Fabio Capello. Eigenlijk een onervaren trainer, maar wel een oud-voetballer, die op dat moment commentator was op een van de sportkanalen van Berlusconi. Het bleek wederom een gouden zet.

MILAN (6)

'San Siro is van mij'

1991-1992

Bij de aanvang van het seizoen brak een heerlijke periode aan. Ik vond het een openbaring om met Capello te werken, iemand die het weer vooral over voetbal had. Over balbezit, opbouw, kansen creëren. Iemand die direct was. Een verademing. Na een twijfelende start met enkele gelijke spelen, begonnen we aan een geweldige reeks.

Capello was in zijn aanpak wat harder en strakker dan Sacchi. Naar de media, maar ook naar de spelers was hij strenger. Sommigen moesten daaraan wennen, zelfs mannen als Baresi, Maldini en Tassotti. Maar als je kijkt hoe we speelden en wat voor resultaten wij behaalden, dan merkte je het verschil. Milan won met Capello drie keer op rij het kampioenschap.

Hij nam hardere beslissingen, durfde verder te gaan dan Sacchi. De hiërarchie in het elftal was ook veranderd, sinds 1987. Ancelotti was een geweldige speler, maar had inmiddels veel last van zijn knieën gekregen. Capello koos toen op die positie voor de jonge Albertini. Die had meer loopvermogen en ook goed overzicht. Daar werden we niet slechter van. Dat zag Capello goed. Ancelotti vond het vervelend, maar hij begreep het ook wel.

Met Ruud Gullit botste Capello regelmatig, terwijl Sacchi vooral complimenteus naar Ruud was gebleven. Ruud kreeg steeds meer problemen met zijn knie, je zag dat hij zijn hoge niveau van die beginjaren steeds moeilijker kon halen. Hij kwam onder Capello daarom steeds minder in het spel voor.

Dat moest een keer knallen. Op een zaterdagochtend trainden we voor de uitwedstrijd tegen Juve. Aan de partijtjes kon je zien dat Ruud niet bij de eerste zestien spelers zou zitten, dus ook niet eens op de reservebank. Na de training was er de lunch, daarna rusten. Om halfvijf zouden we met de bus naar Turijn vertrekken. Het was voor alles en iedereen wel duidelijk, alleen was Capello vergeten persoonlijk tegen Ruud te zeggen dat hij niet bij de selectie zat. Om halfvijf stond Ruud gewoon bij de bus, en toen zei Capello: 'Sorry, Ruud, maar misschien ben ik niet duidelijk geweest, je zit er niet bij. Ook niet op de bank.' Ruud werd boos. 'Lekker dan, je hebt niks tegen mij gezegd.' Dus Capello zei nog een keer: 'Het spijt me, misschien was ik niet duidelijk.' Ruud deed dat in mijn ogen met opzet, die zocht de confrontatie met Capello. Die wilde verhaal halen.

We wonnen de wedstrijd met 0-1, zonder Ruud. Pijnlijk natuurlijk, maar op maandag bij de nabespreking was iedereen er weer bij. Ook Ruud. Capello zei op een bepaald moment nog iets over het voorval. Zoiets als dat hij het misschien niet echt gezegd had, maar dat het toch wel duidelijk was. Dit hele akkefietje leidde zelfs nog tot een opstootje in de kleedkamer. Later hebben ze het nog wel uitgesproken, maar het was wel duidelijk dat er iets zou gaan veranderen. Toen is Ruud uiteindelijk naar Sampdoria gegaan.

De grote waardering en het respect in Italië voor het AC Milan van die tijd onder Capello kwam pas in die jaren daarna. Omdat we drie keer op rij de Scudetto wonnen en de eerste keer zelfs zonder nederlaag. Maar ook door de manier van spelen. Dat maakte indruk in Italië. We hadden onder Sacchi een titel gepakt en twee Europa Cups, en Capello bouwde voort op diens werk. In vijf jaar Capello pakten wij vier titels en nog een Europa Cup. Je voelde het respect in heel Italië na het werk van Sacchi en Capello. '*Gli Invicibile*', werden we genoemd, de onoverwinnelijken.

Het was eerlijk gezegd ook mijn beste periode bij Milan. Ik werd topscorer van de Serie A met vijfentwintig goals. Dat aantal was al meer dan zesentwintig jaar niet bereikt. Ik geloof dat ik vijfenvijftig keer onder Capello heb gespeeld en we niet één keer hebben verloren. Behalve de laatste dan, nadat ik al maanden niet speelde vanwege mijn enkel, de zesenvijftigste, de Champions League-finale in mei 1993.

Het was ook in die tijd dat San Siro steeds meer voelde als mijn thuis. Het was zo'n sterk gevoel, alsof het mijn jachtterrein was: 'Ik ben hier de baas. San Siro is van mij.' De middagen dat ik daar scoorde voelden altijd heel bijzonder. Dan viel de spanning van me af en kon ik daarna lekker vrijuit gaan voetballen. Dan werd voetballen in San Siro een soort dans.

Het vreemde is dat dat gevoel van 'San Siro is van mij' na die tijd nog jaren is gebleven. Ook toen ik al gestopt was en ik weleens terugkwam in Milaan. Het is heel langzaam weggeëbd, met de jaren.

'NIET MET MIJN VLIEGTUIG'

1991

Liesbeth was hoogzwanger van ons tweede kind toen ik op 14 december 1991 met Milan naar Rome vloog voor de uitwedstrijd tegen Lazio. Het was het laatste duel voor de winterstop en we waren nog steeds ongeslagen sinds het aantreden van Capello.

Bij de geboorte van Rebecca, twee dagen na de Europa Cup 1-winst in Wenen, op 25 mei 1990, wilde ik per se bij Liesbeth in het ziekenhuis in Amsterdam zijn. Het was ongelooflijk bijzonder om mee te maken. Daarna moest ik meteen door naar het trainingskamp met Oranje voor het WK '90.

Deze keer was het anders. Liesbeth en ik hadden het vooraf overlegd. Als het zo uitkwam, zou ik erbij zijn, maar als het anders liep, was het ook goed. Daar stond Liesbeth helemaal achter. Ze was rond dat weekeinde van 15 december uitgerekend en zou in het ziekenhuis van Milaan gaan bevallen.

Op zaterdagavond, laat, toen we al in Rome waren, werd ik gebeld dat de weeën waren begonnen. Er gingen die avond geen lijnvluchten meer en de enige mogelijkheid om toch nog naar Milan te vliegen was met het privévliegtuig van Berlusconi. Maar Berlusconi was duidelijk: 'We hebben je nodig morgen, Marco. Dus je gaat niet terug wat mij betreft. In elk geval niet met mijn vliegtuig.'

Op zondagochtend, twee uur voor de wedstrijd, werd onze tweede dochter geboren. Ik werd gebeld met het geweldige nieuws. We zouden haar Deborah noemen. Ik was gelukkig en echt heel blij en Liesbeth klonk ook heel gelukkig. Het was goed zo. Dus ik ging extra lekker die wedstrijd in. Ik scoorde de gelijkmaker en droeg het doelpunt na de wedstrijd op aan mijn pasgeboren dochter. Dat is een gebruik in Italië, doelpunten opdragen, al deed ik het niet vaak.

Wat ik niet wist was dat Liesbeth intussen was gaan twijfelen aan de naam Deborah, omdat ze merkte dat het in Italië en Nederland heel verschillend werd uitgesproken. Dat vond ze maar niks. Ze heeft toen diezelfde zondagavond de naam nog veranderd in Angela. Samen vonden we Angela ook beter klinken. Het voelde goed. Maar ik had het doelpunt na de wedstrijd dus al opgedragen aan Deborah en dat stond op maandag in alle kranten.

Berlusconi was ook nog even in de war. Een dag na haar geboorte hadden we het kerstdiner van Milan, de gezamenlijke afsluiting van het jaar, voordat iedereen naar zijn familie ging. Hij opende het diner met de felicitaties aan de familie Van Basten vanwege de geboorte van een nieuwe spruit, Deborah. Ik zei meteen: 'Nee, het is geen Deborah, het is Angela.' Berlusconi snapte er niets meer van, haha.

WIE KOMT DICHTBIJ?

1991-1992

Het was ons dagelijkse ritueeltje in Milano Tre. Een drankje aan het einde van de dag, bij het zitje in de tuin. Liesbeth vertelde hoe haar dag was, ik vertelde over de mijne. Soms was het iets kleins dat ons opviel. Op straat. Op tv. Of in het gedrag van de kinderen. Soms hadden we een pittige discussie of zwegen we samen, maar ik hechtte eraan.

Er zijn mensen die avontuurlijke reizen maken, steeds nieuwe dingen willen ontdekken, maar ik ga het liefst naar dezelfde plek. Je weet wat je hebt, je hoeft niet te wennen. Ik vind dat prettig. Ik hoef heus niet per se altijd dezelfde kamer in het hotel, maar de route naar het strand op Elba kan ik dromen. En dat is precies wat mij rust geeft. En daar is vakantie toch voor?

Ik weet nog dat ik met Liesbeth in Italië op vakantie was toen ik al bij Milan getekend had, maar nog niet gepresenteerd was. Dat was in de zomer van 1987. We gingen naar het strand, maar ik werd daar al snel herkend. Toen ontstond er zo'n oploop met allemaal mensen die met mij op de foto wilden en om handtekeningen vroegen, dat Liesbeth, die rustig lag te zonnen, helemaal onder het zand terechtkwam door de gekte die ontstond. Echt heel gênant. En een beetje schrikken ook.

Frank en ik wachtten in de spelersbus regelmatig tot Ruud was uitgestapt en alle aandacht en mensen al achter zich aan had, zodat wij rustig via de zijdeur weg konden glippen. Op Milanello is er een sluipweggetje waardoor je alle journalisten kunt ontlopen en rechtstreeks bij de parkeerplaats uitkomt. Dat weten niet veel mensen. Ik maakte daar van alle Milan-spelers het meest gebruik van. Voor mij was aandacht van de pers of fans vaak een belasting.

Ik geloof dat je het beste presteert als je energie optimaal is. Energie krijg je van slapen, van goed eten, van leven voor je sport, van weinig gedoe eromheen. Hoe scherper je bent, hoe meer je het verschil kunt maken. Maar alles wat kan leiden tot een lek, moet je vermijden. Een lek vermindert je capaciteit, je flexibiliteit, je vermogen om alles eruit te halen. Dat kost je kracht en maakt je zwak. Daar geloof ik echt in. Gezond egoïsme is dus niet slecht. Als je goed voor jezelf zorgt, presteer je optimaal en daar worden de mensen om je heen weer blij van. Dan heb je ook weer iets om terug te geven.

Liesbeth weet niet beter. Al toen ik haar leerde kennen, ging ik met Johan geregeld voor de wedstrijd naar een magnetiseur in de Watergraafsmeer. Ik had last van spanningen voor wedstrijden, dus Johan zei dat ik een keer mee moest gaan. Zaten we omstebeurt op een stoel. Die man zwaaide wat met zijn armen, liep om ons heen en raakte je eigenlijk niet aan. Na een halfuurtje was het klaar en betaalden we een tientje de man. En inderdaad had ik die zondag minder last dus toen ging ik de week erna weer mee. Dat hebben we heel lang volgehouden. John van 't Schip is ook nog een keer mee geweest. Die magnetiseur liep op een gegeven moment achter hem langs en begon plotseling heel hard te zuchten en met zijn armen te zwaaien: 'Zo! Wat een spanning, wat een spanning! Brrr. Brrr.' John schrok zich rot. Hij vond het maar niks en is daarna nooit meer meegegaan, haha. Maar ik had daar geen moeite mee. Het hielp mij. En Johan had er ook baat bij en stond altijd wel open voor dat soort 'nieuwe' initiatieven.

Soms komen dat soort mensen dan ook wat meer in je privésfeer terecht. Ted Troost werd een soort huisvriend van ons in

Italië. Ik weet nog dat Angela haar eerste halfjaar veel moest huilen als baby. Wij sliepen er slecht van. Het gaf ook stress. Op een gegeven moment legde Liesbeth Angela zo in die grote handen van Ted, met de woorden: 'Kun jij ons helpen?'

Ted legde Angela toen op de tafel en gaf plotseling een harde klap op het tafelblad. Ze schrok en stopte meteen met huilen, maar was nog steeds helemaal gespannen, dat zag je. Het lijfje stond strak. Toen legde Ted haar op haar buik op zijn bovenbeen. Hij zei: 'Even geduld, vertrouw me maar en kijk goed naar Angela.' Eerst bleven alle spieren gespannen. Maar na tien minuten hingen haar armpjes en beentjes slap aan beide kanten van zijn bovenbeen. Was ze helemaal ontspannen en sliep ze. Ze heeft ons daarna nooit meer uit de slaap gehouden.

Ted was regelmatig met Ruud op Milanello, in de periode dat ik last van mijn heup had. Ik denk dat het voorjaar 1988 was. We raakten in gesprek en hij zei dat hij er wel naar kon kijken. Binnen de kortste keren had hij het opgelost. Zo is het begonnen. Wij hebben later zelfs nog een contract voor hem geregeld bij Milan zodat hij een vaste vergoeding kreeg.

Als hij er was gingen we na de gedane arbeid vaak een potje golfen. De sfeer was goed. Zijn behandelingen waren heel effectief. Haptonomie is wel iets aparts, want elk mens en elke situatie is anders. 'Lijven reageren altijd weer anders op elkaar,' zegt Ted vaak. Hij is een sensitieve man.

Hij heeft geprobeerd me het gevoel te geven dat ik 'er mocht zijn', ook zonder de doelpunten en de bekers. Zodat ik ontspande. Wat hij deed, hielp me. Hoe, dat maakte mij niet uit.

ORANJE (3)

Een penalty nemen

EK 1992

Ik sta klaar om de strafschop te nemen. De Deense keeper Peter Schmeichel staat op de doellijn. Ik heb mijn passen afgemeten. Dit wordt mijn laatste trap na honderdtwintig minuten voetbal. Moeizaam voetbal, want twee keer kwamen we op achterstand hier in Göteborg. Maar als we winnen staan we in de finale. Alleen nog de strafschopserie. Vijf om vijf. Ik ken mijn routine, ik hoor mijn ademhaling, mijn hartslag. Het is rumoerig in het stadion, maar ik sluit me af. Zoals ik altijd doe. Ik wacht op het fluitje van de scheidsrechter, maar er gaat nog van alles door mijn hoofd. Ik moet het goede voorbeeld geven. Na de rake strafschop van Koeman ben ik als tweede aan de beurt. Ook Denemarken heeft de eerste gemaakt, al zat Van Breukelen nog met zijn linkerhand aan het schot van Henke Larsson. Het scheelde niets.

Een penalty nemen is een vak apart, een specialisme binnen het voetbal. Bij Milan neem ik sinds een paar jaar alle penalty's. Pas na eenentwintig gescoorde strafschoppen miste ik er ééntje, tegen Parma. Het is iets geworden waar ik me in bekwaamd heb, strafschoppen nemen.

Een penalty is een duel van man tot man. Feitelijk heb je twee opties. Of je kiest voordat je trapt een hoek uit of je wacht en reageert op de keeper. Ik heb allebei de methodes wel gebruikt, maar hoe meer penalty's ik nam, hoe meer routine ik kreeg, hoe meer ik durfde te wachten.

Dat wachten geeft je namelijk de meeste kans om te scoren, als je snel genoeg anticipeert. Maar het is ook het meest risicovol, want los van het feit dat je routine en de voorbereiding goed is, zijn er altijd keepers die blijven staan. En wat doe je dan? Dat weet je in principe nooit van tevoren. Keepers variëren ook. Sommige duiken altijd meteen in een hoek, andere wachten soms even af. Je kunt verrast worden als je voor 'wachten' kiest. Dat is het probleem. Want dan moet je bijna vanuit stilstand de bal heel hard de juiste hoek inschieten. En dat is niet eenvoudig.

De laatste tijd bij Milan neem ik ze wel altijd zo. Het is een moeilijke methode, maar als je het goed uitvoert, werkt het bijna altijd. Ik doe altijd een sprongetje, een hupje, dan komt er vaart in en heb ik meer tijd voordat ik ga schieten. En vlak voordat ik ga schieten heb ik nog mijn achterzwaai met mijn schietbeen. Dat is vaak het moment dat ik de keeper al naar rechts of links zie bewegen. Dan kun je het nog sturen en beslissen.

Welke methode ik kies, laat ik altijd afhangen van mijn gevoel. Afhankelijk van de wedstrijd, van hoe ik gespeeld heb, van de tegenstander, van de sfeer, hoe ik in de wedstrijd zit. Een penalty is ook een kwetsbaar moment. Je kunt als speler alleen maar verliezen, want als je scoort doe je wat je moet doen. De kunst is de stress te parkeren, terug te vallen op je geoefende en vertrouwde patroon, op je routine. Als je zover bent, en als je het vervolgens kunt 'laten gebeuren', dan heb je optimaal gehandeld. Meer kun je niet doen. En moet je ook niet doen.

Wat bij mij meespeelt nu ik tegenover Schmeichel sta is het feit dat ik al honderdtwintig minuten in de benen heb. De fijngevoeligheid die je nodig hebt om heel lang te wachten, scherp te observeren en heel snel te anticiperen, is door de vermoeidheid wat minder.

Het is een raar toernooi voor me geweest, want eigenlijk spelen we beter dan in 1988. De wedstrijd tegen Duitsland was overtuigend. We stonden in de rust al met 2-0 voor, en speelden ze echt van de mat. Het werd 3-1. We hebben een sterk team.

Maar ik heb niet zo'n hoofdrol, zoals in 1988. Sterker nog, ik heb helemaal nog niet gescoord op dit toernooi. Tenminste, ik heb wel gescoord, tegen het GOS (Sovjet-Unie), maar dat loepzuivere doelpunt werd afgekeurd.

Maar het team is goed dit toernooi. Er is wel iets veranderd sinds Rinus Michels in Milaan op bezoek kwam. Ik had het initiatief genomen om Michels en Rijkaard weer met elkaar te laten praten. Rijkaard had bedankt voor Oranje na het WK '90, maar ik wist dat we Frank keihard nodig hadden om potten te breken op dit EK. Na dat gesprek met Michels, waar ik bij was, wilde Frank gelukkig toch weer voor Oranje uitkomen. En daarmee was de kou rond het WK '90 wat mij betreft uit de lucht. We moesten door.

Terwijl ik mijn aanloop neem, oog in oog met Schmeichel, heb ik mijn beslissing al genomen. Je kunt zeggen wat je wilt over penalty's, er hele analyses op loslaten, maar er is uiteindelijk nooit een honderd procent zekere manier. Ik voel me op dit moment simpelweg niet goed genoeg om te wachten dus ik kies voor de no-nonsense-aanpak. Ik heb voor mijn aanloop al besloten de bal hard en laag in de rechterhoek te schieten. En dat doe ik ook. Het schot is niet eens zo slecht, maar ook niet heel goed. Schmeichel duikt vol in de goede hoek en heeft hem. Ja, jezus, heb ik dit. Pfff.

Dan wordt het wachten. Ik hoop erop, ik reken er eerlijk gezegd zelfs op dat Van Breukelen er nog wel eentje gaat pakken. Hij zit er twee keer dichtbij, maar iedereen scoort. Alle Denen en alle Nederlanders. Mijn misser is de beslissende. We liggen eruit. Geen finale.

En toch voelt het anders dan op het WK '90. Nu hebben we goed gevoetbald, zeker in de poulewedstrijden. Beter dan in 1988 zelfs, denk ik. En ook al baal ik enorm van mijn gemiste strafschop, het voelt toch als iets wat bij het spel hoort. Ik voel geen schaamte zoals in 1990.

MILAN (7)

'Losse wangetjes'

1992

Elk doelpunt heeft een verhaal. Zo ook mijn goal tegen Sampdoria op 5 april 1992, in San Siro. Sampdoria was de kampioen van het seizoen ervoor en wij stonden op het punt dat jaar de titel te winnen. Het werd die middag 5-1. Bij mijn goal, de 3-0, stond heel San Siro juichend op. Ik was ook dolblij, terwijl de goal zelf helemaal niet zo bijzonder lijkt. Een slimme rebound van een schot tegen de lat.

Maar Pietro Vierchowod was een van de beste verdedigers van de Serie A, dé mandekker van Sampdoria. Ik vocht altijd scherpe duels met hem uit. We waren hard tegen elkaar, maar eerlijk. We hadden in al die jaren wel gewonnen van Sampdoria, maar ik had nog nooit tegen hem gescoord. Dat werd allemaal bijgehouden in de kranten en het publiek wist dat ook. Toen die goal uiteindelijk viel was er pure vreugde in het stadion. En bij mij. Dat is best typisch, zo'n euforie om een op zich eenvoudige goal.

Vierchowod was echt een heel goeie verdediger. Jurgen Kohler ook. Dan had je nog Bergomi en Ferri, van Inter. Dat waren de lastigste verdedigers. Als ik tegen een van hen scoorde was ik extra blij, maar verder was ik nooit zo bezig met mijn directe tegenstander. Ik had niet of nauwelijks contact met hen. Het ging me altijd alleen maar om het winnen.

Het is niet veel spelers gelukt om me zo uit m'n spel te halen dat ik over de schreef ging. Behalve die keer door Pasquale

Bruno van Torino. Die was zo geobsedeerd om mij van het scoren af te houden, dat hij helemaal niet meer lette op waar de bal was en waar het spel werd gespeeld. Hij was alleen maar met mij bezig en om het mij zo moeilijk mogelijk te maken. Heel vreemd, maar ook heel irritant. Niet veel later kwam er een voorzet strak op mij, maar hij dook ervoor en trapte de bal in zijn eigen doel.

Toen deed ik een idioot dansje om hem heen, om hem te laten zien hoe belachelijk hij mij al die tijd had verdedigd. Hij schoot hem blijkbaar liever in eigen doel dan mij te laten scoren.

Dat dansje van mij pikten de Torino-spelers niet en het publiek ook niet. Het hele Stadio delle Alpi keerde zich tegen mij. Daarna probeerden ze me nog extra te raken ook. Capello heeft me toen maar tegen mezelf in bescherming genomen en me gewisseld. Dat vond ik eigenlijk jammer.

Op 13 september 1992 speelden we in Pescara. Twintig minuten voor tijd stond we met 4-2 achter, maar daarna scoorde ik nog drie goals en wonnen we met 4-5. De eerste van de drie doelpunten is een met rechts genomen bal uit een voorzet van links, vanaf de zestienmeter, die ik in één beweging in de verre hoek langs de keeper schuif. Het is technisch een knappe goal. Een bal die van links komt, moet je als spits gewoon met rechts beheerst buiten bereik van de keeper kunnen schieten. Klaar. Dan is het dus 3-4.

De tweede goal, een paar minuten later, is iets specialer. Een beetje zoals die van Johan Cruijff in de Europa Cupfinale tegen Inter. De bal wordt vanaf rechts voorgegeven. Hij begint hoog, maar daalt in de zestienmeter en komt rond de penaltystip op de grond. Ik neem de bal zo aan met rechts dat ik hem meteen onder controle heb. Daarna is het een koud kunstje om de bal waar dan ook in het doel te leggen. Ik kan hem rustig in de hoek schuiven. 4-4.

Maar de belangrijkste, voor mij, is de laatste goal, een paar minuten later. Ik ga alleen op de keeper af met de bal, maar ik weet nog niet wat ik ga doen. Het is een situatie die ik al honderden keren heb doorgemaakt. De ervaring van al die honderden keren is ergens in mijn lichaam opgeslagen. Je hebt kansen gemist en kansen benut. Alles kwam toen bij elkaar op het moment dat ik op de keeper van Pescara afging. Ik voelde zoveel vertrouwen dat ik op dat moment alles losliet en het liet gebeuren. Ik liet het aan mijn lichaam over, ik liet de controle los. Ik wachtte heel lang, toen ging de keeper alsnog naar de grond en kwam er een stift. Met een mooie sierlijke boog vloog de bal in het doel van Pescara: 4-5. Dat gaf toen zo'n gelukzalig gevoel. Ik zweefde.

Als je als spits alleen op de keeper afgaat, heb je grofweg drie opties. De eerste is de keeper passeren, je snelheid gebruiken. Als die keeper uitkomt, kun je hem als het ware met dubbele snelheid passeren. Tenzij er verdedigers meegelopen zijn. Dat kan de boel compliceren.

De tweede optie is 'voor je beurt schieten'. De keeper verwacht al dat je gaat schieten, en dat moet je net voor zijn. Dus nog eerder schieten dan hij het verwacht. Daarbij moet je langs zijn standbeen schieten, dan heb je de meeste kans. Vaak is dat in de korte hoek. Je verrast hem met het vroege schot.

De derde mogelijkheid is lang wachten. Je houdt de opties schieten of passeren lang open. En omdat je lang wacht, en geduld hebt, wacht je net zo lang tot de keeper naar de grond gaat en stift je de bal over hem heen. Hij kan dan alleen nog in de lucht grabbelen.

Dit is bijvoorbeeld wat er gebeurde tussen mij en Joop Hiele in die 8-2-wedstrijd tussen Ajax en Feyenoord in 1983, toen Johan bij Feyenoord speelde.

Je traint dagelijks, je doet positiespelletjes, schietoefeningetjes en partijtjes, dus dit onderdeel komt dagelijks aan de beurt. Als je dat zo vaak doet in de training, en je maakt het ook nog mee in wedstrijden – je ziet het, voelt het, ervaart het – dan wordt je database steeds voller en voller, bij wijze van spreken. Daarom zie je dat spelers in de dertig vaak slimmer spelen. Die nemen vaak de goede beslissingen, ze weten hoe ze een wedstrijd moeten spelen, waar ze moeten staan. Fysiek weten ze beter hoe ze om moeten gaan met vermoeidheid, en hoe ze zich moeten voorbereiden. Ze weten ook wanneer ze een bal absoluut niet mogen verliezen. Dat maakt oudere spelers zo belangrijk ten opzichte van jongere spelers. Die hebben vaak de energie en explosiviteit, maar nog niet het *gogme* en de slimheid.

Spitsen zijn daarbinnen weer van een apart slag. Die weten hoe je een doelpunt moet maken. Hoe dat voelt. Een goede rechts- of linksbuiten zou dat ook moeten kunnen, met de juiste mentaliteit. Je ziet bijvoorbeeld bij Arjen Robben dat hij hierop getraind heeft. Op het scoren zelf. Dat betaalt zich dan uit. En als aanvallende middenvelder moet je ook zeker een aantal keer scoren per seizoen. Donny van de Beek is daar een mooi voorbeeld van. Natuurlijk is het voor een nummer 6 een ander verhaal dan voor een nummer 10, maar je moet wel zorgen dat je een aantal keren in de zestienmeter komt. En dan kun je scoren.

De rust die je in je kop hebt op het moment dat je in zo'n scoringspositie komt, is heel bepalend. Dat kun je trainen. Jari Litmanen was daar voor een middenvelder heel erg goed in, die wist precies hoe hij een keeper moest verschalken. En de rust die Van de Beek hield toen hij bij Spurs die prachtige steekbal van Ziyech kreeg, en durfde te wachten, dat is klasse. Dat is rust in je kop.

Dat verdedigers of middenvelders moeizamer scoren is geen verrassing. Je ziet ook vaak dat aanvallers die zich met verdedigen bezig gaan houden, de verkeerde beslissingen nemen. Verdedigen is ook een vak apart, een specialisme. Keeper zijn is dat ook.

Het grappige was dat Zlatan Ibrahimović eigenlijk nog geen echte spits was toen hij naar Ajax kwam. Toen hij later naar Juventus ging heeft Fabio Capello hem een video laten zien van mijn doelpunten en hem ervan bewust gemaakt dat hij met zijn kwaliteiten moest zorgen dat hij vooral ging scoren. Want doelpunten maken, dat maakt het verschil.

Vanaf dat moment zie je bij Zlatan dat hij zich heeft ontwikkeld tot een zakelijke doelpuntenmaker die een heel team op sleeptouw kan nemen en met zijn mentaliteit een leider wordt. Hij is bij elke club waar hij vanaf dat moment speelde kampioen geworden. Dat heeft er ook mee te maken dat hij elk jaar professioneler werd. Hij is zich bewust geworden van het belang van doelpunten. Ik vind hem wel een heel mooi voorbeeld van iemand die de essentie van het spel begrepen heeft.

Diezelfde ontwikkeling zie je ook bij Cristiano Ronaldo. Met de jaren zie je hem steeds bewuster worden van het feit dat doelpunten maken datgene is waardoor wedstrijden worden beslist en prijzen worden gewonnen.

Messi is de uitzondering die de regel bevestigt. Hij heeft van zichzelf dat goddelijke. Die is als kind in de toverdrank gevallen. Alles wat hij doet lukt. Zo'n speler komt maar eens in de vijftig jaar voorbij.

Soms had ik ook een moment dat het allemaal klopte. Er was een wedstrijd van Milan bij Lecce, op 25 maart 1990. We wonnen met 1-2, ik maakte de winnende. Dat was op zich niet uniek, maar de manier waarop wel.

Ik kreeg de bal aangespeeld op de rand van de zestienmeter aan de rechterkant en liep in de richting van de rechtsbuiten. Ik liet de bal van mijn linkervoet vallen, buitenkantje links, op de rechtsbuiten die de zestienmeter in kwam. Ik draaide terug en sprintte richting doel. Daar kreeg ik de bal terug. Het was dus een een-tweetje. En ik tikte die bal in het doel: 1-2. Normaal zou je hem met binnenkant rechts hebben gespeeld. Maar dit was zo los, zo vrij. Ik speelde hier met 'losse wangetjes'.

Het gaat erom dat je de beslissing neemt om het te laten gebeuren. De controle los te laten. Meestal ben je als spits super gefocust. Ik wel tenminste. En soms, als je wat verder bent in je carrière, dan laat je het gebeuren, en komen er de mooiste dingen uit.

MILAN (8)

San Marco

Najaar 1992

In de herfst ging het zo goed dat de kranten met superlatieven kwamen. 'De zwaan' werd ik genoemd, *il Cigno*. De zwaan uit Utrecht. Sierlijk, maar ook mysterieus. Voor het eerst dook ook 'San Marco' op. *Ghiacollo*, was er nog zo eentje. 'IJskoude'. Dat sloeg ook op hoe ik penalty's verzilverde. Meestal dan.

In november 1992 presteerde ik bij Milan al zo'n zestien maanden op topniveau. Vrijwel alles lukte. Ik gedijde goed bij de vrijheid en de nieuwe hiërarchie onder Capello. Ik passeerde de grens van honderd goals voor Milan en werd voor het eerst vergeleken met Gunnar Nordahl, de Zweedse spits van Milan die in de jaren veertig en vijftig ook zoveel scoorde, maar ook met José Altafini en met Pierino Prati. Ik kwam in dat rijtje, een enorme eer.

Maar het zei ook wel iets over het niveau dat ik had in de herfst van 1992. De wedstrijd tegen Napoli op 8 november, in het beroemde San Paolo-stadion, werd 1-5 voor ons, met vier goals van mij. Op 25 november kwam IFK Göteborg op bezoek in San Siro. Het werd 4-0, ik maakte alle goals. De derde uit een omhaal. Alles wat ik aanraakte veranderde in goud.

Die maand werd bekend dat ik voor de derde keer de Gouden Bal gewonnen had. Daarmee kwam ik op gelijke hoogte met Johan Cruijff en Michel Platini. Ik won die prijs ondanks het 'mislukte' EK en ondanks dat Barcelona de Europa Cup I had gewonnen. Zo overtuigend was het blijkbaar. Dat werd bevestigd toen ik op 7 december door FIFA ook nog werd uitgeroepen tot de beste speler ter wereld.

Wat bijna niemand wist was dat ik nog altijd last had van mijn rechterenkel. Na elke wedstrijd, vooral als de velden hard en koud waren. Ik was nooit pijnvrij. En daar wilde ik toch iets aan laten doen. San Marco of niet.

MILAN (9)

De beste van de wereld

Najaar 1992

Op 7 december werd ik door FIFA uitgeroepen tot de beste speler van de wereld. Bondscoaches van 171 landen mochten stemmen. In Estoril in Portugal kreeg ik de prijs van Sepp Blatter. Het was pas de tweede editie van deze mondiale prijs. Je zou kunnen zeggen dat mijn doel daarmee bereikt was, de beste zijn, maar uiteraard was ik nog niet tevreden. Dat ben ik nooit. Maar het zette me wel aan het denken. Hoe was het me gelukt de top te bereiken? De beste voetballer ter wereld zijn is een bijzonder gevoel.

Het was een aparte tocht. Het was steeds maar weer afwachten hoe hoog ik kon reiken. UVV, Elinkwijk, Ajax, Nederlands elftal, Milan. Elke keer een stapje. En je moest steeds afwachten hoe dat uitpakte.

Het EK in '88 was mijn grote internationale doorbraak. Die zomer viel alles op zijn plek. Ik had de wind mee, na een periode vol ellende met die enkel. Na dat EK kwam ik ook anders binnen bij Milan. Je hebt een groot toernooi beslist, de verwachtingen zijn nog hoger, mijn enkel functioneerde weer. Dan moet je ook opstaan.

De Gouden Bal van 1988 was gebaseerd op het EK, niet op de landstitel of de Europa Cup, want in de titel had ik maar een klein aandeel en de Europa Cup hadden we niet gewonnen. Dus ik bleef kritisch naar mezelf. Ik wil nog veel meer.

Wat had ik bij Milan nou al laten zien? Ik bedankte niet voor niets mijn vader, Johan Cruijff en Ted Troost.

Mijn tijd bij Milan moest nog aanbreken. Dat seizoen wonnen we de Europa Cup I in Barcelona, de grootste prijs in Europa. Een titel in Italië. Topscorer van de Serie A. Na het mislukte WK '90 bereikten we onder Capello bij Milan daarna wel een heel hoog niveau. We hebben in die jaren in Milaan veel mooie wedstrijden gespeeld, de Cup gewonnen, titels behaald. En dat is al met al best bijzonder.

Sommige spelers die naar het buitenland gaan, beseffen het niet, maar je wordt in het begin toch als een indringer gezien. Jouw aanwezigheid gaat ten koste van iemand anders. Je moet eerst maar eens je plekkie veroveren. Op het moment dat het je lukt, ben je al een stap verder. En als je je nieuwe club dan ook nog laat winnen, maak je het verschil. Je wint samen, maar als jij op een gegeven moment daarin toch de belangrijkste speler wordt, dan zijn die ploeggenoten je ontzettend dankbaar. En dat is in die jaren in Milaan gebeurd. Samen waren we heel sterk en heel erg goed. Ieder had zijn rol.

Ik werd eigenlijk een halve Italiaan. Als ik niet geblesseerd zou zijn geraakt, denk ik dat ik zeker tot 2000 bij Milan zou hebben gevoetbald. Ik hoefde daar niet weg, zeker niet. Ik was daar gelukkig, ondanks de lokroep van Cruijff uit Barcelona. Ik kon lekker vrijuit voetballen. Ik zat goud gemalen in Milaan. Mooier ging het niet worden.

Die tocht naar de top van de piramide heb ik afgelegd met een kompas. Ik heb er altijd alles aan gedaan om zo goed mogelijk te kunnen presteren. Dat klinkt heel makkelijk, maar dat is het niet. Want alles heeft invloed op je prestaties. Elke kleine beslissing. Wat eet je? Met wie spreek je af? Naar welke feestjes ga je? Hoe laat ga je naar bed? Alles, maar dan ook alles, kan invloed hebben op je prestatie.

Mijn ervaring is dat datgene wat je niet doet, nog lastiger

vol te houden is dan de dingen die je wel doet. De discipline hebben om dingen te laten, is een heel belangrijke factor. De grootste misschien wel. Uitgaan. Een feestje. Op visite gaan. Een glas alcohol. Noem maar op. En daarin kun je het verschil maken. Je moet ernaar leven. Niet 99 maar 100 procent. Dat zijn tientallen beslissingen per dag, jarenlang. Discipline maakt het verschil. Kijk naar Cristiano Ronaldo. Als hij thuiskomt gaat hij nog onder water fietsen om zijn spieren los te maken.

Zo'n houding, zo'n levensstijl komt weer voort uit de drive om absoluut de beste te willen zijn. En die drive, die geldingsdrang, waar komt die vandaan? Dat is een interessante vraag. Ook die is voor iedereen anders. Vaak weet je het niet eens. Bij Maradona zie je dat zijn herkomst een belangrijke drijfveer is, zijn familie komt uit een heel arme wijk in Buenos Aires. Hij wilde zijn familie een toekomst geven. Maar wat dreef mij?

Natuurlijk is het geen rare gedachte om te zeggen dat ik op jonge leeftijd mijn vader wilde laten zien wat ik kon met een bal. Van hem kreeg ik veel waardering voor wat ik presteerde binnen de lijnen. Dat kan een kind motiveren. Ik heb ook weleens gezegd dat ik de kille situatie thuis probeerde te ontvluchten en dat ik vreugde vond op het voetbalveld.

Wat ook meespeelde, als ik eerlijk ben, was dat ik graag financieel onafhankelijk wilde worden. Niet dat we het heel arm hadden, maar geld speelde wel altijd een rol. Geld maakt onafhankelijk. Ik wilde graag vrij zijn. Dat was echt een belangrijke drijfveer voor mij.

Pas later, toen ik echt financieel onafhankelijk was, wilde ik ook geestelijk onafhankelijk worden. Wanneer je ook nog vrij kunt zijn in je gedachten, in je gevoel, is dat misschien nog wel veel meer waard.

DEEL III

DE ENKEL

1992-1998

ENKEL (2)

Sankt Moritz

21 december 1992

Ik ben nerveus en dat is eigenlijk vreemd, want het past niet bij de grandeur van deze plek. Ik ben hiernaartoe gevlogen in de privéjet van Berlusconi en word behandeld als een prins. De bedden zijn groter en breder dan in Nederland, het eten is geweldig, het uitzicht op de Zwitserse bergtoppen is magnifiek. De Gut Klinik in Sankt Moritz staat bekend als een van de beste klinieken van Europa, maar toch ben ik zenuwachtig. Het is voor het eerst in vier jaar dat ik voor mijn enkel weer onder het mes ga.

Ik ga alleen voor het allerbeste. Een paar weken geleden ben ik door FIFA uitgeroepen tot de beste speler ter wereld. Een onwerkelijk gevoel. Maar ook niet geheel onterecht, vind ik. Ik ben pas twee maanden geleden achtentwintig jaar geworden en nu al hebben we vier titels, drie Europa Cups, twee wereldbekers en een EK gewonnen. En ik ben nog lang niet klaar.

Maar toch: ziekenhuizen en klinieken, hoe mooi ook, appelleren altijd aan je kwetsbaarheid. Hoe succesvol de afgelopen vier jaar ook waren, de enkel bleef vaak gezwollen na een wedstrijd. Vooral als het koud werd en de velden harder, had ik nog zeker twee dagen pijn.

Deze operatie wilde ik zelf, ondanks dat clubarts *dottore* Tavana me nog probeerde te ontmoedigen. De club wilde liever dat ik met de ingreep zou wachten tot na het seizoen en deze wonderperiode met Capello eerst af zou maken. We waren sinds zijn komst nog steeds ongeslagen. Maar ik zette door. Ik wilde van die lastige enkel af. Gezien de succesvolle vorige ingreep was het logisch om weer naar dokter Marti te gaan. Hij kende mijn enkel als geen ander. Naast zijn werk in het AMC, had hij bovendien deze kliniek in Sankt Moritz op nog geen drie uur rijden van Milaan.

Het doel is om de enkel nog één keer 'schoon' te maken en te ontdoen van botsplinters. Die veroorzaken, zo zei dokter Marti in het voorgesprek drie weken geleden, elke keer een ontstekingsreactie. De botsplinters kunnen het kraakbeen beschadigen als ze tussen de botten belanden. En met kraakbeen moet je heel voorzichtig zijn, zoveel had ik al wel geleerd. We hadden dus ook kunnen wachten, maar ik vond de winterstop een goed moment. En Tavana zou erbij zijn in de operatiekamer als vertegenwoordiger namens de club en mij.

Dokter René Marti laat iedereen weten dat ik hier in Sankt Moritz in zijn privékliniek geopereerd wordt. Hij is dé enkelspecialist in de wereld, maar het helpt hem uiteraard ook dat hij mij tot zijn klandizie mag rekenen. Zo werkt het. Marti is een flamboyante man, ooit nog skileraar geweest, en trots op de fine fleur uit de dans- en sportwereld met wie hij op goede voet staat. Hij is niet voor niets door het AMC naar Nederland gehaald om de afdeling van de grond af op te bouwen.

Het is de ochtend van 21 december 1992 als ik word opgehaald door twee zusters die mijn bed door de brede gangen naar de inslaapkamer rijden. Marti komt me nog een hand geven, hij straalt vertrouwen uit. Tavana is wat terughoudender, maar geeft me ook een handje. Hij wenst me sterkte.

Als ik wakker word, weet ik niet welke discussie zich tijdens de operatie boven mijn hoofd heeft afgespeeld, hoe hoog die is opgelopen en wat er uiteindelijk met mijn enkel is gebeurd. Ook weet ik dan nog niet dat die operatie mijn carrière drastisch zal beïnvloeden, zelfs mijn leven totaal zal veranderen.

Wat ik wel weet, is dat er twee dagen later iets wonderlijks gebeurt. Ik krijg hoog bezoek van de twee absolute topfiguren uit Italië aan mijn bed. Ik ben dan, net als zij, uiteraard nog ongewis over de uitkomst van de operatie.

In de ochtend komt Berlusconi bij mij op bezoek. De hardwerkende, altijd energieke zakenman. De inspirator. Aan het voeteneinde spreekt hij me moed in, zoals hij Milan en zijn zakenimperium leidt, vol kracht en overtuiging. Hij is 'de prins', de leider van een jonge garde succesvolle zakenmensen. Dat hij hier aan mijn bed staat en zijn respect toont, vervult me met trots.

Tot mijn verrassing komt diezelfde middag Gianni Agnelli op bezoek. Net als Berlusconi heeft hij een buitenhuis in Sankt Moritz. Maar de grote baas van Fiat en voorzitter van Juventus had ik niet aan mijn bed verwacht. Agnelli is zo'n beetje de 'koning van Italië', een echte aristocraat en intellectueel. Hij straalt wijsheid en rust uit. Dat hij mij bezoekt is al zeer bijzonder, maar Agnelli zegt ook nog tegen me: 'We hebben een grote fout gemaakt. In 1987 hadden we jou moeten kopen. Dat mag je gerust weten.' Hij spreekt de woorden heel rustig uit, vol waardering. Het raakt me. Een grote meneer. En die zegt dit tegen mij.

De volgende dag ben ik pas net wakker en nog aan het bijkomen van de narcose als Marti me komt vertellen dat de operatie is geslaagd, dat er veel losse botsnippers zijn verwijderd en dat hij daarvoor, om er goed bij te kunnen, ook een stuk bot heeft moeten doorzagen. Dat het herstel waarschijnlijk vier weken zal duren, maar dat hij met Tavana heeft afgesproken naar de buitenwereld zes weken te communiceren om een beetje speling te hebben. Ik krijg het eigenlijk allemaal niet echt mee.

Ik verheug me op de kerst in Nederland met vrienden en familie. Weliswaar op krukken, maar toch. Ik kijk vooral uit naar mijn herstel in januari, om in februari weer op het veld te kunnen staan en verder te gaan met doelpunten maken in San Siro.

Dat zal een illusie blijken.

ENKEL (3)

Wandelen in de Noordzee

Februari 1993

Met dikke windjacks legden we de laatste tweehonderd meter naar het strand af. Ted had de auto zo dichtbij mogelijk gezet. Er was geen hond op pad, een gure dag in februari. Meteen toen we uitstapten blies de westenwind me een meter achteruit. Zoals Ted al had voorspeld, brandde er toch licht bij een strandtent: De Zeebries. Hoe toepasselijk. Ted ging als eerste naar binnen. Achter de bar was een vrouw aan het opruimen, verder was de zaak leeg.

'Heren, wat mag het zijn?' Ze herkende me niet. Ted voerde het woord. Die wist dat ik dat prettig vond. Mij uit de wind houden, al zou dat even later niet meer gaan. Ik moest met de billen bloot. Of beter, met de enkels bloot.

Ted vroeg of we ons mochten omkleden en onze spullen even achter mochten laten. Het was goed. We trokken onze schoenen en sokken uit en verruilden onze lange broeken voor korte. Onze spullen legden we in een hoekje, we trokken onze jassen weer aan en ik liep zwijgend achter Ted aan, met onze blote voeten het strand weer op. Weer verraste de wind me.

Hij begon er de dag ervoor over, toen ik in zijn praktijk in Rotterdam was en hij mijn enkel had onderzocht. Zoals altijd deed hij dat met de grootste zorgvuldigheid. 'Marco, die enkel heeft rust nodig,' zei hij. 'Die is overspannen. Die gaat al zweten als ik ernaar kijk. Hoelang is dit al zo?'

Ik vertelde dat na de operatie in Sankt Moritz de pijn anders was. Scherper, stekender. Bij elke stap. Dat was voor de operatie niet zo. Toen had ik alleen na een training of een wedstrijd last, dan was hij ook gezwollen, maar nu was hij continu rood, dik en zweterig. Het litteken van het mes van Marti, over de hele binnenkant van de enkel, was nog goed zichtbaar. Het was wel dicht, maar ook dik en rood.

Ted zuchtte en zweeg, terwijl hij de rest van mijn lijf langsging, routineus maar sensitief, zoals ik zijn handen had leren kennen. Maar iets zei me dat hij er met zijn gedachten niet helemaal bij was, alsof hij voelde wat er werkelijk speelde. Na twintig minuten zei hij opeens: 'We gaan naar zee morgenochtend. Als het vloed is. We gaan in de zee lopen, jij en ik. Dat moeten we doen.'

Het mulle, koude zand was een verademing voor mijn enkel. We liepen naar de vloedlijn en stapten het water in. Onze voeten en kuiten werden overspoeld bij elke golf. We gingen lopen. Naar het noorden. Ted rechts, ik links, dichter bij de branding. Links het water, rechts het zand. Het water klotste tegen mijn kuiten. Ik voelde het zand onder mijn voeten wegtrekken bij het terugstromende water. We liepen door. De wind was hard en koud, maar het zeewater was nog veel kouder. Na de schrikreactie op de eerste ijskoude golven, was het gevoel langzaam uit mijn voeten aan het trekken. Doordat ik een beetje wegzakte in het zand was de pijn op het strand al wat minder, maar na een kwartier wandelen in de zee, leek het wel alsof alles verzacht werd.

De stevige branding overstemde alles, maar we hadden elkaar ook niet veel te zeggen. We liepen alleen maar. Elke stap was er één. Als Ted zei dat het goed was om in de zee te lopen om de enkel rust te geven, dan deden we dat. Ted had het al op zoveel momenten bij het juiste eind gehad. Hij hoefde het mij ook niet uit te leggen, ik vertrouwde hem. Hij kende mijn lichaam het beste.

Hoe langer we liepen en zwegen, hoe meer de pijn zakte. En hoe meer de pijn zakte, hoe meer ik oog kreeg voor de omgeving. Ik zag de schuimkoppen op de golven voordat ze op het strand kletterden. Ik zag de meeuwen boven de golven stil hangen.

Mijn aandacht was sinds de operatie eind december volledig bij mijn enkel geweest. Bij de pijn die ik nog niet kende. De puntige, gemene pijn. Hoeveel soorten pijn waren er eigenlijk?

Opeens tikte Ted mij aan. 'Zullen we omdraaien?'

Ik knikte. Ook zijn enkels werden overspoeld, ook zijn knieën waren nat. Na twintig minuten waren we terug bij de strandtent en stapten naar binnen. De vrouw keek even op vanachter de bar. 'Nu lusten jullie zeker wel wat?'

Ted mompelde iets wat klonk als: 'Eerst even afdrogen.' Hij toverde twee handdoeken tevoorschijn en gaf er een aan mij. 'Ik lust wel een warme chocomel. Jij?'

'Lekker.'

Hij vroeg me mijn been even op een stoel te leggen. Vervolgens ging hij op de stoel ernaast zitten en bekeek de enkel zonder hem aan te raken. Hij knikte instemmend. 'Morgen gaan we weer.'

ENKEL (4)

Mijn laatste wedstrijd

26 mei 1993

Het werd een avond om snel te vergeten. De Champions League-finale tussen AC Milan en Olympique Marseille verliep niet zoals we bij de club gewend waren. Alleen al het feit dat we een Europese finale verloren was totaal nieuw voor ons. Zelfs voor het eerst in de geschiedenis.

Sinds de operatie eind december had ik pas twee keer op het veld gestaan. Iedereen wilde het zo graag: Berlusconi, Capello, Tavana en ikzelf uiteraard nog het meest, maar zoals Tavana al had voorspeld, duurde het herstel veel langer. Het was moeizaam. De enkel leek wel overgevoelig. Bij het minste of geringste zwol hij op. En er was sinds december ook een continue pijn.

Heel vaak trainde ik niet mee. Was ik op een bijveldje bezig of in het krachthonk. Ik voelde me regelmatig weer net zo'n buitenstaander als in mijn eerste jaar bij Milan. Het was vreselijk om niet met de groep mee te kunnen trainen, niet te kunnen spelen. Maar Milan haalde in dat tweede jaar van Capello uiteindelijk toch de finale van de Champions League en natuurlijk wilde hij dat ik erbij was.

Ik wilde ook niets liever, maar de pijn speelde tijdens die twee wedstrijden daarvoor telkens heel snel op, beperkte me in mijn bewegingen en dus in mijn handelingssnelheid. Tegen AS Roma in maart hobbelde ik mee, tegen Ancona in april was het niet veel beter. Ik scoorde nog wel met mijn hoofd uit een corner en was dolblij met die goal na alle ellende, maar op dat moment wist ik nog niet dat dat mijn allerlaatste doelpunt zou zijn. Al had ik wel een heel slecht gevoel over die enkel na de ingreep.

Intussen was ik teruggegaan naar dokter Marti, samen met Ted. We hadden veel vragen, maar ook Marti kon niet verklaren waarom het herstel zo lang duurde. Na een paar maanden was Milan zwaar geïrriteerd over de trage revalidatie. Ook ik was na maanden van pappen en nathouden, zonder wezenlijke verandering in de toestand, helemaal klaar met Marti. Hij bleef maar zeggen dat het herstel meer tijd nodig had en dat rust het beste was.

Toen echter elke verbetering uitbleef, ontstond het idee om de Belgische dokter Marc Martens te benaderen. Hij had in 1989 mijn meniscus al succesvol geopereerd en stond ook goed bekend bij Milan vanwege zijn behandeling van de knie van Ruud Gullit. Ook Ted prees hem aan. Tijdens de eerste afspraak in Antwerpen, nog voor de Europa Cup-finale, wist Martens precies te vertellen wat Marti verkeerd gedaan zou hebben. Hij wist veel beter hoe je zo'n enkel schoon moest maken, zei hij. Na de finale zou hij mijn enkel opnieuw opereren.

Hoe dichterbij de finale kwam, hoe meer ik ervan overtuigd raakte dat ik die zonder pijnstillers nooit zou kunnen spelen. In overleg met de artsen van Milan en Capello heb ik toen een radicale beslissing genomen. Voor het eerst van mijn leven heb ik met een injectie gespeeld. Mijn hele rechterenkel was in die hele wedstrijd totaal gevoelloos. Er kwam niet veel van mijn kant. Twee voorzetten en een schot op doel. Het zag er soms misschien nog aardig uit, maar ik miste de finesse en de kracht. Het was vreemd om met zo'n verdoofde enkel te spelen. Capello haalde me in de vijfentachtigste minuut naar de kant. Dat zou hij anders nooit gedaan hebben. Ik begreep niet waarom, hij had me nog nooit gewisseld, ik had nog nooit een wedstrijd verloren met hem. We verloren die avond wel. Ik was er goed ziek van. Door de uitslag, doordat ik zo weinig had klaargespeeld en door het vooruitzicht van weer een operatie. Voor de laatste keer liep ik een voetbalveld af in een officiële wedstrijd. Al wist ik dat op dat moment ook nog niet.

Het vreemde toeval wilde overigens dat deze finale in hetzelfde stadion was waar ik een van de mooiste momenten van mijn carrière meemaakte. Het Olympia Stadion in München. Hoe pijnlijk ironisch het leven soms kan zijn. Mijn licht is hier in het internationale voetbal zowel gaan schijnen, als gedoofd. Hoe bizar. En dat alles in nog geen vijf jaar tijd.

Het enige om naar uit te kijken na die avond in München was de bruiloft van Liesbeth en mij. Die was gepland op 21 juni, twee weken na de ingreep van Martens.

BRUILOFT

21 juni 1993

Er was geen EK of WK, de competitie was net afgelopen, dus eindelijk kon het. Ik liep wel op krukken na de operatie door Martens, maar dat maakte onze trouwdag niet minder bijzonder.

Onze vriend Alphons Peters had alles tot in de puntjes geregeld. Liesbeth had zich er nog wel mee bemoeid, maar ik had me een beetje afzijdig gehouden. Bij mij beginnen dat soort dingen altijd pas wat later te leven. Liesbeth had er eerder nog bij me op aangedrongen dat ik in Italië een trouwpak zou uitzoeken, maar uiteindelijk heb ik pas een paar dagen van tevoren bij Tip de Bruin op de Nieuwendijk een klassiek driedelig pak gekocht, met een krijtstreepbroek en een giletje. Zij had haar jurk uiteindelijk ook 'gewoon' in Haarlem laten maken, nadat ze zonder succes door heel Milaan was gestruind. Ze zag er prachtig uit. Rebecca en Angela waren de bruidsmeisjes, toen twee en drie jaar oud. Die vonden vooral hun jurkjes leuk, verder kregen ze van de dag weinig mee.

De plechtigheid was 's ochtends in Kasteel De Haar in Haarzuilens, een heel mooie locatie. Doordat ik lid was van golfclub De Haar had ik de baron Thierry van Zuylen van Nijevelt leren kennen, ook een fervent golfer. Nadat we een paar keer met elkaar hadden gespeeld vroeg Teddy of Ted, zoals hij genoemd werd, Liesbeth en mij voor een toernooi dat jaarlijks in september op zijn landgoed werd gespeeld. Hij nodigde daar ook altijd allerlei hotemetoten en adellijke gasten uit de hele wereld voor uit, zoals Brigitte Bardot, Gregory

Peck, Jackie Onassis, Maria Calas en Roger Moore. We hebben twee keer meegedaan. Eigenlijk was het de bedoeling dat alle genodigden tijdens het toernooi in dat kasteel verbleven, maar wij sliepen lekker thuis in Badhoevedorp. Desalniettemin wilden we graag trouwen op Kasteel De Haar. Ricky Testa la Muta en Ruud van Boom waren mijn getuigen. Liesbeth had twee vriendinnen gevraagd.

Buiten bij het kasteel stond ook de pers en werden foto's genomen na ons jawoord. De rest van de dag hadden we een eigen fotograaf en nog iemand van Milan, maar verder alleen vrienden en bekenden om ons heen, dat was heel prettig. De pers werd trouwens door de beveiliging flink op afstand gehouden. Vanwege privacy, maar ook uit veiligheidsoverwegingen. In verband met de aanwezigheid van Berlusconi was er een leger aan beveiligingsmensen opgetrommeld. Voor de pers was er geen doorkomen aan. De meesten gingen teleurgesteld naar huis, met weinig spectaculaire foto's. Veel van de commentaren in de kranten, en met name in *De Telegraaf*, gingen er daarna over dat ze er niet in mochten. Ze vonden het ongepast en 'niet van deze tijd' om de boel zo gesloten te houden. Ik was allang blij dat het zo strikt was georganiseerd.

Dennis Heijn, een andere vriend, had een helikopter geregeld waarmee Liesbeth en ik een rondje vlogen over Badhoevedorp, Schiphol en Utrecht. In de verkeerstoren op Schiphol zwaaiden ze nog naar ons, het vliegverkeer lag zelfs even stil. We werden afgezet in Maarssen, bij de Wilgenplas, een sterrenrestaurant waar we gingen lunchen met de genodigden. Daar zagen we ook de Italianen, die 's ochtends met een privéjet speciaal voor de bruiloft waren ingevlogen: Berlusconi dus, maar ook Galliani, Capello, Tassotti en Tavana.

Het feest 's avonds in Kasteel de Hoge Vuursche in Baarn was lekker losjes. Alphons had Paul de Leeuw gestrikt, als special guest. Hij was in Nederland een grote ster geworden, maar dat was een beetje aan ons voorbij gegaan. Vooral toen hij 'Vlieg met me mee naar de regenboog' zong, raakte de meute daar helemaal van in de war. Iedereen zong uit volle borst mee en maakte die vliegbewegingen, een gekkenhuis. Paul zong ook nog een liedje dat heel toepasselijk voor Liesbeth en mij was: 'Vleugels van mijn vlucht'. Die woorden waren zo raak, toen en nu nog steeds. Ze is toch de stille kracht in mijn leven.

Toen we later op onze slaapkamer waren, moesten we allebei nog ontzettend lachen om het feit dat iedereen uit zijn dak ging bij Paul de Leeuw. Wij hadden tot die dag nog nooit van hem en zijn regenboog gehoord.

ENKEL (5)

Het apparaat van Ilizarov

Juni-september 1994

Het apparaat ging met tweeëntwintig pinnen door mijn been. Eigenlijk was het meer een soort stellage om mijn hele onderbeen heen. Het apparaat van Ilizarov, van Russische makelij, werd in juni 1994 bij mij aangebracht.

Van dokter Marti hadden we in het late voorjaar van 1993 definitief afscheid genomen. Hij had zich niet aan onze afspraak gehouden bij die operatie van december 1992, die niet goed was afgelopen. Mijn enkel bleef pijnlijk en gezwollen. Ook AC Milan was daarover zwaar geïrriteerd.

De Belgische dokter Marc Martens moest de nieuwe verlosser worden. In juni 1993 had Martens in zijn praktijk in Antwerpen tegen mij gezegd: 'Marti heeft het niet goed aangepakt. Ik ga het voor je oplossen. Ik weet hoe je die enkel schoon moet maken.' Hij had daar zelfs openlijk discussies met Marti over gevoerd, via de krant. Martens wist het allemaal heel goed, zo presenteerde hij zichzelf ook. Maar na zijn ingreep was er ook weer nauwelijks verbetering. Ik wachtte daar uiteindelijk een jaar op, hopend op iets van vooruitgang, maar tevergeefs.

Intussen bleef ik maar zoeken, ook naar alternatieve methodes. Acupunctuur bijvoorbeeld. Aan de Biltstraat in Utrecht zat een speciale praktijk waar ik met Ted Troost een aantal keer ben geweest. Van die naalden in mijn enkel, met hete kooltjes ertegenaan. Daar werd mijn voet wel wat minder gezwollen van, wat kalmer. Ik kreeg van die Chinees ook kruiden mee, moest die thuis in warm water doen en dan met mijn voet een halfuur erin zitten. Dat heb ik zelfs op Milanello nog wel gedaan. Liep ik daar met een plastic tasje met zo'n kruidensoepje erin, terwijl de rest aan het trainen was. Het hielp wel iets. Mijn enkel was minder dik, maar de pijn bij het bewegen bleef.

Toen was er een kort moment van hoop. In mei 1994 hadden we opeens wat effect met voetzooltjes, had ik iets minder pijn. Heel even was er in onze fantasie zelfs sprake van dat ik heel misschien toch mee zou kunnen naar het WK in Amerika. Maar het bleek onzin. Een fata morgana.

Een jaar na de eerste ingreep van Martens was er dus nog geen enkel uitzicht op verbetering, tot hij in juni 1994 ineens tegen mij zei: 'Dan rest ons nog een andere mogelijkheid, en dat is het apparaat van Ilizarov. Dat wordt gebruikt bij mensen met achondroplasie, lilliputters. Om ze langer te maken. Er gaan pinnen door je botten die met een stellage aan de buitenkant aan elkaar zitten. Elke dag trek je, door zelf aan een radartje te draaien, de pinnen steeds een heel klein stukje verder uit elkaar waardoor in een paar maanden tijd ook je botten steeds iets verder uit elkaar gaan.'

Bij mij ging het om het scheenbeen en het enkelbot. Als je die botten uit elkaar zou trekken met dit apparaat, zou daar ruimte tussen ontstaan waar nieuw bindweefsel kon groeien dat een kraakbeenfunctie zou kunnen gaan krijgen. En dat zou het beschadigde kraakbeen op den duur kunnen vervangen waardoor ik minder pijn zou krijgen en weer beter zou kunnen bewegen en sporten. Dat was het idee. Martens zei voor de hele ingreep duidelijk: 'Erger kan het niet worden, je hebt niets te verliezen.'

Op 14 juni 1994 hebben ze het apparaat om mijn been aangebracht. Tweeëntwintig pinnen door mijn botten heen, in mijn scheenbeen en voet. Ik moest het zelf elke dag drie keer schoonmaken met alcohol en watjes. De plekken waar die pinnen uit mijn been kwamen, door mijn huid heen, konden ontsteken en daarom moest ik ze ontsmetten. Een naar klusje. Het waren open wonden, dus er kwam continu rotzooi uit.

In die drie maanden is mijn onderbeen een keer of drie volledig ontstoken geraakt. Dan kreeg ik binnen een paar uur 40 graden koorts en moest ik als een hazewind naar Antwerpen, naar het ziekenhuis waar Martens zat, voor medicijnen en ter observatie. Ik kon zelf met die stellage om mijn been niet autorijden, dus Ted en Liesbeth zijn allebei chauffeur geweest.

Toch was al mijn hoop, na anderhalf jaar ellende, op dit apparaat gevestigd. Dus ik wilde volhouden. Na zes weken brak een van die pinnen af. Dat deed verschrikkelijk veel pijn. Toen moest ik weer als de wiedeweerga naar Antwerpen om hem opnieuw in mijn bot te laten zetten.

Ik had ter plekke tegen Martens gezegd dat ik ermee wilde kappen. 'Je bent nu al op de helft,' zei hij, 'hou vol. Het is het waard.'

Dus ik hield vol, al sliep ik heel slecht, je kunt nauwelijks bewegen met zo'n stellage om je been. Ik moest zelf elke dag heel langzaam die boel uit elkaar draaien, twee slagen aan het hendeltje van dat apparaat zodat die botten uit elkaar werden getrokken.

De periode vóór Ilizarov was al zwaar klote, maar die drie maanden met dat apparaat in mijn been was de hel. Continu pijn, niet kunnen slapen, het schoonmaken en dan nog de ontstekingen, de afgebroken pin en de koorts.

Toen het apparaat eindelijk door Martens in Antwerpen uit mijn been werd gehaald, dacht ik dat ik het ergste gehad had. Maar het was nog veel slechter geworden. Ik kon na het verwijderen van het apparaat helemaal niet meer steunen op mijn enkel. Ik kon niet meer lopen. Ik kon niks meer.

MILAN (9)

Als de danser Nureyev

Ze vonden in Italië mijn manier van bewegen mooi, mijn stijl gracieus. Daarom noemden ze me De Zwaan. Er is ook een Italiaans kinderboekje, een sprookje over de zwaan uit Utrecht, *Il Cigno di Utrecht*, gebaseerd op mijn voetballeven. Dat kinderen dat voorgelezen krijgen op school, vind ik heel speciaal.

Silvio Berlusconi noemde mij weleens Nureyev, naar de beroemde Russische balletdanser, die weergaloos danste. Volgens Berlusconi danste ik in San Siro. Ik heb thuis in de hal ook een groot schilderij hangen dat op Nureyev gebaseerd is. Een sierlijke danser, en dan ook nog in rood-zwart, de kleuren van Milan. De stijl spreekt me aan. Zonder opsmuk.

Door *Studio Sport* is er eens een uitzending gemaakt waarbij mijn bewegingen op het voetbalveld zijn vergeleken met die van een balletdanser. In die reportage gingen de balletgoeroe en choreograaf Rudi van Dantzig en Johan Cruijff in gesprek over de overeenkomsten en verschillen tussen topballet en topvoetbal. Het is een compliment als je met een topdanser wordt vergeleken. Heel interessant was dat, maar ook het beeld is prachtig. Je ziet sierlijke bewegingen van mij in De Meer, wedstrijdbeelden met klassieke muziek eronder. En een topballetdanser, Clint Farha van het Nationaal Ballet, hebben ze in een leeg Ajax-stadion laten dansen. Het heet *Schijnbewegingen*. Dat was precies wat Berlusconi bedoelde met die vergelijking met Nureyev.

Wat ze allemaal zo mooi vonden, was dat mijn stijl zo rechtop was. Zelf vond ik dat juist weer wat minder. Ik vind dat je als sporter juist nog dichter bij de grond moet zitten, met een laag zwaartepunt, zoals bijvoorbeeld Messi, Cruijff en Pele. Dat ziet er allemaal veel sierlijker uit, omdat ze een magistrale manier van bewegen hebben. Maar ik kon dat niet, zo dicht bij de grond. Ik kon die enkel na die operatie van 1987 niet meer zo goed buigen, en daardoor stond ik in de jaren daarna altijd wat rechter op. Ondanks dat was mijn stijl voor heel veel mensen nog mooi genoeg. De perfecte combinatie van coördinatie en balans.

ENKEL (6)

Nacht in de speelkamer

Voorjaar 1995

Het moet bijna vier uur zijn. Volgens mij heb ik deze keer niemand wakker gemaakt. Als ik op mijn knieën terugkom bij het bed, weet ik precies wat ik moet doen. Met mijn linkerbeen duw ik mezelf achterwaarts omhoog, zodat ik zittend op het bed beland en meteen op mijn rug kan gaan liggen.

Het is al routine geworden. Zo is het het minst pijnlijk. Dat heb ik de laatste maanden wel geleerd. Nu ik op de speelkamer slaap, hebben de anderen het minste last van mij. Ik hoef de trap niet meer af. Dat scheelt. Tijd en pijn. Maar ik heb wel last van mezelf. Ook steeds meer van mijn gedachten.

Nu ik weer op mijn rug lig, probeer ik op mijn ademhaling te letten. Sinds dat apparaat van Ilizarov is verwijderd, is de pijn er constant. De pijnstillers die ik van dokter Tavana kreeg zijn bijna op, al slik ik ze niet eens zo vaak. Ik hou niet van die pillen. Ik wil voelen hoe het echt is.

Ik leg mijn handen op mijn buik. Een auraloog, Bert, heeft me verteld dat ik moet proberen mijn aandacht te verleggen als ik op mijn rug lig. Mijn handen op mijn buik, diep ademhalen en dan mijn focus verleggen van mijn enkel naar mijn buik. Weg van die 'stijve poot'.

Ik probeer het een paar minuten, maar mijn enkel laat zich niet negeren. Ook dat weet ik inmiddels. Ik draai voorzichtig op mijn linkerzij en voel er heel zachtjes aan, ook een vast ritueel, als een soort check. Opgezwollen en zweterig, en pijnlijk bij de aanraking, hoe zacht die ook is. Het bekende liedje.

Liggend is de pijn tenminste nog te verdragen, dan is het meer een zeurende pijn, maar op die rechtervoet steunen is domweg niet te doen. Niet meer, sinds Ilizarov.

De laatste weken zijn er ook steeds meer nare gedachten bij gekomen. Nachtelijke gevechten in mijn hoofd, al probeer ik mezelf te kalmeren en af te leiden. Slapen lukt heel slecht. Ik ben fysiek vaak ook helemaal niet moe. Ik doe bijna niks overdag. Ik kan mijn energie totaal niet kwijt. Alleen op de hometrainer lukt het soms.

Ik hou in ieder geval Liesbeth niet langer wakker met mijn gedraai. Eén ouder met slapeloze nachten is meer dan genoeg met twee kleine meiden. Niet dat ik veel kan doen met Angela en Rebecca. Ik kan nog geen stap zetten, dus veel hebben ze niet aan mij. Ik voel me soms een blok aan Liesbeths been. Ik ga de deur bijna niet meer uit. Het kost zo verschrikkelijk veel energie, altijd maar met die krukken. En ik vind het ook gênant, zo wil ik niet gezien worden. Dus hang ik de hele dag voor de tv. Liesbeth gaat er goed mee om, maar ook voor haar is het loeizwaar. Het is allemaal zo uitzichtloos.

Eerst moet ik mijn hoofd rustiger zien te krijgen. Die maalstroom aan gedachten komt altijd 's nachts. Nu ik weer in bed gekropen ben, na die tocht naar de wc, weet ik alweer wat er gaat komen. Soms denk ik dat het een straf is. Dat ik moet boeten voor mijn geldingsdrang, voor mijn hoogmoed, mijn grote ego. Jarenlang wilde ik alleen maar beter worden, hoger gaan voetballen en meer verdienen. In die enorme drang om hogerop te komen en belangrijker te worden, stootte ik keihard mijn kop. En nu ben ik vastgelopen. Bert probeert me wel te helpen om het beter te begrijpen. Hij zegt dat ik flexibeler moet worden. Minder stug dan mijn vader. Meer de vrouwelijke, zachte kant in mezelf moet aanspreken. Een andere mindset. En dat dan via de juiste hormonen de enkel van de stress af kan komen. Via ademhalingsoefeningen bijvoorbeeld. En dingen opschrijven zou ook kunnen helpen, zei hij.

Maar als ik hier 's nachts alleen lig, helpt dat allemaal niet zoveel. Ik vraag me af wat er nou echt aan de hand is. Ik kan niet op mijn rechterbeen steunen en die spieren rechts zijn ook heel dun geworden, na drie maanden Ilizarov en acht maanden krukken. Ik heb alles met links opgevangen. De laatste weken heb ik weer wat last van mijn linkerknie door die compensatie. Het ene probleem veroorzaakt het andere, maar ik wil het begrijpen. Begrip helpt mij. Ik hou er niet van de controle los te laten. Dus ga ik nadenken, het steeds opnieuw proberen te snappen. En als ik dan lig te malen, ga ik zweten over mijn hele lijf en is slapen nog verder weg. Ik zie de stroom nare gedachten al aankomen als ik ga liggen. Ze overrompelen me. Grijpen me bij de keel. Het zijn gedachten waar je niks aan hebt. Soms denk ik dat ik botkanker heb, door de honderden röntgenfoto's van mijn enkel. Wie zegt me dat het niet zo is? Of ik denk dat de schroeven in mijn been zoveel kapot hebben gemaakt dat ik nooit meer normaal kan lopen. Dat ik verminkt ben. En dan breekt het zweet me dus uit en lig ik daar maar. Het voelt zo machteloos.

Ik kan er ook helemaal niks hoopvols tegenover zetten. Ik ben dertig en ik kan niet meer lopen. Ik ben vader van twee kinderen, maar ik kan niet eens met ze spelen. Ik was een gevierde sporter, maar ik kan nog geen wandelingetje in de buurt maken. Ik heb twee artsen vertrouwd, maar het is alleen maar slechter geworden. Wat voor toekomst is dat? Wat zijn mijn opties nog?

Toch probeer ik ook nu mijn hoofd weer rustig te krijgen. Ik draai op mijn rechterzij en staar naar de tafel met de spelletjes. Monopoly, ganzenbord, Risk. Ik probeer aan de spelletjes te denken die ik vroeger met mijn buurjongens deed, probeer beelden op te roepen. Leuke beelden. Bert zei ook: 'Zet er iets positiefs tegenover als je negatief denkt.'

Normaal zou ik ook echt blij kunnen worden van spelletjes, maar als ik denk aan die tafeltennistafel bij Henri in de garage, het springen en smashen, lijkt dat nu zo ver weg. Ik kan niet eens lopen. Zelfs waar ik normaal vrolijk van zou worden, helpt me nu niet.

Ook heel vermoeiend: ik observeer mijn eigen gedachten. Volgens Bert heb ik het probleem met die enkel in mijn hoofd gigantisch groot gemaakt. Moet ik het terugbrengen naar redelijke proporties. Maar dat is het niet. Dat ís het gewoon niet, want al tweeënhalf jaar helpt niets. Het is alleen maar erger geworden.

Ted heeft me overal mee naartoe gesleept. Naar de zee, naar een acupuncturist, naar de auraloog, die Bert dus. Laatst is Liesbeth zelfs met een vriend voor mij naar een healing van Yomanda geweest. 'Wie weet helpt het, je weet nooit.' Het is ook goed bedoeld. Ook van Ted. Maar het maakt allemaal zo weinig uit. Niets heeft geholpen.

Ted wilde een paar maanden geleden zelfs met me naar India, naar een of andere alternatieve genezer in een ashram. Maar dat heb ik geweigerd, dat ging me te ver.

Misschien was het omdat ik er even uit was, maar ik vond zijn verhaal wel interessant. Het ging over mindset, over anders aankijken tegen je blessure, over flexibiliteit en stugheid. En je poot stijfhouden.

Misschien is het totale onzin, maar ik wil er nog wel een keer heen. Hij kwam over als een slimme vent. Sensitief. En het kan verder geen kwaad. Hij kwam ook met die ademhalingsoefening. Volgende keer wil hij het over mijn jeugd hebben. Dat moet dan maar. Het is allemaal ongelooflijk zweverig, maar goed, de reguliere artsen hebben me ook geen steek verder gebracht. Dus wie ben ik om dit meteen af te wijzen? Wie weet helpt het me een beetje, al is het vannacht bar weinig.

Opeens herinner ik me een telefoontje van Tavana. Vorige week, denk ik. Liesbeth had opgenomen. Hij had heel voorzichtig gevraagd of er nog verbetering in zat. Liesbeth antwoordde voor mij. Nee dus. *Niente*, niks.

Sinds dat belletje denk ik af en toe aan mijn contract bij Milan. Ik krijg nog steeds doorbetaald, maar ik speel al twee seizoenen niet meer, sinds ik mijn contract met drie jaar heb verlengd. Dat is allemaal heel nobel van Milan, maar afgelopen week denk ik steeds vaker dat ik niet nog een seizoen wil profiteren van de goedheid van Berlusconi, nu voetballen zo ver weg is. Bij de finale tegen Ajax, vorige maand, heb ik mijn gezicht nog even laten zien. Pijnlijk was het, al liet ik niks merken.

Er komt iets nieuws boven in de stroom van gedachten. Het is iets wat bijna nog niet tastbaar is. Een flard. Maar ik weet ergens wel wat het is. Vage contouren, maar steeds iets concreter. Ik durf het nog niet hardop te denken. Het is groot. Het is heel pijnlijk. Maar het heeft ook iets lichts. Opgeven. Loslaten. Overgave. Morgen bel ik Berlusconi en zeg ik het. Het is uitzichtloos. Ik kom niet meer terug. Klaar.

ENKEL (7)

Stervende zwaan

18 augustus 1995

Ik loop en het gaat eigenlijk best soepel. Hardlopen bedoel ik, hè. Oké, het is een sukkeldrafje, maar toch. Ik begon met wandelen – tien, twintig, dertig meter – en zette toen aan. En nu hou ik mijn snelheid. Looppas. Het is alweer even geleden.

Het is best een eindje. Alles bij elkaar een pittig rondje nog. En ik voel gek genoeg helemaal geen pijn. Ik zet mijn stappen, loop door alsof ik in trance ben. Bijna op routine. En dat in mijn gewone kleren. Spijkerbroek, roze overhemd, bruin suède jasje.

Tijdens het lopen doe ik af en toe mijn handen omhoog. Tegelijk. Dan klap ik even in de lucht. Ook dat gaat soepel, in een vloeiende beweging. Ik herhaal dat klappen een paar keer, terwijl ik doorloop. Ik weet dat het zo hoort. Maar ik wil het ook.

Ondanks dat ik deze plek goed ken, voel ik me ongemakkelijk. Ondanks het enorme applaus, voel ik me alleen. Ik voel de leegte, maar ga verder met mijn rondje zoals ik vind dat ik dat moet doen. Het is vast zo weer voorbij.

Ik wil hier eigenlijk helemaal niet zijn. Dit is niet zoals het zou moeten zijn. Ik zou hier niet in mijn gewone kleding moeten rondlopen terwijl zij stilstaan, in de middencirkel. Ik zou hier moeten sprinten. Scoren bovenal. Nog jaren. Juweeltjes van doelpunten toveren op het gras van San Siro. Mijn gras.

Ik wil dit niet. Niet nu al. Er zit nog zoveel in mij dat er nog uit wil. Er zijn nog zoveel doelpunten die ik de wereld wil laten zien. Ik kan nog zoveel winnen. Dit was nog maar het begin.

Het voelt stil, ondanks de tachtigduizend tifosi en hun applaus. Al hoor ik mijn naam scanderen en zie ik de spandoeken.

Al jaren zit de pijn in mijn enkel, maar vandaag is die pijn weg. Sterker nog, alle pijn is weg. Versuft, verdoofd, verslagen, ik weet niet hoe ik het moet noemen. Onwerkelijk. Het is alsof ik er zelf niet bij ben. Maar ik loop. En ik klap. En iedereen blijft maar zingen, schreeuwen en klappen. Het siddert. Dit stadion. Mijn stadion.

Opeens voel ik het. Kraakhelder. Het slaat in. Onder het oog van de tachtigduizend. Ik ben getuige van mijn eigen afscheid. Marco van Basten, de voetballer, is niet meer. Jullie kijken naar iemand die er niet meer is. Jullie klappen voor iemand die niet meer bestaat. Ik loop en ik klap, maar ik ben er al niet meer.

Misschien komt het ook doordat het zo spontaan is gepland. Dringt het daarom zo langzaam tot me door, maar dit is het. Dit heb ik nooit willen geloven. Dat dit moment echt zou komen. Mijn capitulatie.

Uit de diepte komt verdriet omhoog. Het overvalt me. Het gezang, het applaus dringt door mijn pantser heen. Ik wil janken, maar ik kan hier niet als een klein kind gaan huilen. Ik dwing mezelf rustig te blijven. Alles onder controle, zoals ik wil zijn, zoals ik vind dat ik moet zijn. Dat is me altijd nog gelukt als ik het echt wilde. Dus nu ook.

Ik loop. En ik klap. Maar ik laat niets van de pijn zien. Ik zie mijn ploeggenoten, die nog steeds in de middencirkel wachten, vol emotie. Nog sterker voel ik dat het hele stadion gevuld is met verdriet. Om wat was. Om mij. Om wie ik was. Tranen willen eruit, maar ik toon niets.

Ik stop met lopen en met klappen. Het rondje is voorbij. Er is er iets veranderd. Iets fundamenteels. Voetbal is mijn leven. Ik ben mijn leven kwijt.

Vandaag ben ik overleden als voetballer. Ik ben hier te gast op mijn eigen begrafenis.

ENKEL (8)

Bevrijding

Februari 1996

Na die zomer van 1995 en mijn afscheid in San Siro, kon ik eigenlijk niet verder zinken. We verhuisden met het gezin van Milaan naar Monaco en waren ook regelmatig in Nederland. Ik kon nog steeds bijna niks en had elke dag pijn. Op artsen had ik het helemaal niet meer, maar toch ben ik in dat najaar in gesprek geraakt met Niek van Dijk, de enkelspecialist van het AMC.

Ik heb hem toen het hele verhaal verteld, in november 1995. Ik had al drie jaar pijn aan die enkel, en na het apparaat van Ilizarov was het zoveel erger geworden, dat ik bijna niks meer kon. Wandelen deed pijn, golfen kon ik niet, tennissen kon ik niet, voetballen natuurlijk helemaal niet meer.

Van Dijk is van een nieuwe generatie artsen die ook nieuwe methoden toepassen. Hij is de bedenker van de kijkoperatie voor enkels. Zonder dat de enkel open hoeft, kunnen dingen gerepareerd worden. Ook al heeft hij het vak ooit van Marti geleerd, zijn benadering was totaal anders.

Met zijn kijkoperatie heeft Van Dijk later velen, onder wie Messi, Ronaldo en Zlatan, geholpen, maar voor mij kwam deze aanpak tien jaar te laat. Die techniek bestond toen simpelweg nog niet. Volgens hem ben ik de enige profvoetballer die hij ooit op zijn tafel heeft gehad, die heeft moeten stoppen vanwege de gevolgen van gescheurde enkelbanden.

'Er is eigenlijk maar één oplossing,' zei hij. 'Ik probeer het nog één keer schoon te maken. De kans dat het wat uitmaakt is maar één procent, maar je weet het nooit. Het kan verder sowieso geen kwaad. En als het niet aanslaat, dat weten we dan binnen een paar weken, raad ik aan om je enkel vast te zetten.'

Van Dijk heeft toen één keer met een microscopisch cameraatje in die enkel gekeken. Hij was meteen heel eerlijk: 'Je enkel is er zo slecht aan toe. Dit kan echt niet meer. Ik denk dat we je enkel moeten vastzetten. Ga daar maar over nadenken.'

Het bot was inmiddels dusdanig verkloot, dat het al poreus begon te worden, op een Bros-reep begon te lijken. Als je er kracht op zette, kon het uit elkaar knappen. 'We moeten oppassen,' zei hij, 'want het gewricht is heel slecht geworden. Normaal hebben mensen van tachtig jaar oud ongeveer zo'n enkel. Die krijgen dan dit soort klachten.'

Zo'n enkel had ik dus. Dat hadden die geweldige dokters dus allemaal voor elkaar gefietst. Ik was eenendertig.

Het voordeel van het vastzetten is dat je geen ontstoken enkel meer krijgt. Het gewricht wordt niet meer overvraagd, er is geen wrijving. Je enkel is niet meer gezwollen, alleen ben je beperkt in je bewegingen. Dan komt er eindelijk wat rust in zo'n gewricht, en als het goed is gaat de pijn dan langzaam weg.

Eindelijk was er een medicus die zei waar het op stond. Ik wist eerlijk gezegd niet eens dat er zo'n optie was, vastzetten. Voor het eerst in jaren had ik het idee dat we ergens heen gingen.

Van Dijk was inmiddels dé enkelspecialist in de wereld, al zeiden reputaties me niet zo veel meer. Het ging mij toen meer om de benadering. Hij onderzocht mijn enkel en stelde vast dat er sprake was van dystrofie, een soort posttraumatische stress in het gewricht. Het zwellen, het warm worden, het zweten, het niet meer ontspannen van de enkel. Hij vond het zorgwekkend, omdat dit al zo lang het geval was. Van

Dijk zei: 'Dit moet stoppen. Ik begrijp dat je zo niet langer door kunt lopen, er moet iets gebeuren.'

Vastzetten klinkt simpel, maar het is best een flinke ingreep. Het komt erop neer dat het bovenste spronggewricht van je enkel niet langer een gewricht is. Je scheenbeen wordt aan je enkelbot vastgeschroefd en in een paar maanden tijd groeien die botten dan aan elkaar. Daarna is er geen enkele beweging meer mogelijk tussen die botten, de hele kraakbeenkwestie zou irrelevant worden. Van Dijk was er na de kijkoperatie nog meer van overtuigd dat het kraakbeen al bijna helemaal verdwenen was. Het was bot op bot, en waarschijnlijk al langer dan een jaar. Vandaar ook die dystrofie en de pijn.

Hij liet de keuze aan mij. Je enkel vastzetten is voor de rest van je leven. Het is een offer. Je kunt niet meer terug. Hij zei: 'Je betaalt wel een prijs voor het pijnvrij zijn. Daar moet je goed over nadenken.' Ik vond het heel lastig inschatten wat ik daarna nog wél zou kunnen met die enkel. Ik wilde heel graag weer wat kunnen sporten, maar het was ook een soort capitulatie. Toegeven aan het pijnlijke feit dat mijn enkel kapot was. Dat stond me tegen. Het failliet van mijn enkel bekennen.

Tegelijkertijd was het geen keuze meer. De pijn had me murw gebeukt. De slapeloze nachten, starend naar het plafond. Mijn chagrijn, puur omdat ik mijn energie niet kwijt kon. Sinds Ilizarov was het niet te harden. Na acht maanden krukken en pijnstillers was het alleen maar slechter geworden, sporten was nog steeds uitgesloten en er was geen zicht op verbetering.

Begin februari heb ik de knoop doorgehakt. Op 14 februari 1996 heeft dokter Van Dijk in het AMC met een paar flinke schroeven mijn scheenbeen aan mijn voet vastgemaakt. Het klinkt heel plastisch en dat was het ook. Het zat vast.

Na tien weken gips, om de botten aan elkaar te laten vastgroeien, was de pijn weg. Het zat volledig vast, geen frictie, geen beweging, geen pijn. Ik kon het niet geloven. En natuurlijk mocht ik nog niet veel doen in het begin, dus probeerde ik niet te euforisch te worden, maar ik hield het ook niet tegen. Het was een bevrijding. Voor het eerst sinds december 1992 was de pijn weg.

Ik verwachtte elke ochtend bij het opstaan dat de pijn weer terug zou komen. 'Als ik er vandaag op ga lopen, zal het wel weer pijn gaan doen.' Maar nee. De wonden van de operatie genazen, de enkel was voor het eerst in jaren weer rustig. Ik had een bewegingsbeperking, ik kon mijn voet niet meer bewegen zoals voorheen, maar het onderste spronggewricht functioneerde nog. Dus het was niet zo dat ik een klompvoet had gekregen. Ik moest wennen, maar met de maanden leerde ik steeds beter hoe ik met mijn vastgezette enkel kon bewegen.

We woonden in die tijd in Monaco. Zodra het weer ging, begin mei, ben ik zelfs voorzichtig een potje gaan tennissen. Ik had daar iemand ontmoet die net aan zijn rug geopereerd was, Gerard Iwema. Ik zie ons nog staan op het centercourt van een van de mooiste tennisclubs in Europa, pal aan de Middellandse Zee. Gerard en ik. Het niveau was in het begin om te huilen. Het was echt de lamme tegen de blinde, haha.

Maar het was voor het eerst dat ik weer buiten kwam om te sporten, voor een simpel potje tennis. Dat was zo heerlijk. Ik had zo lang binnen gezeten. Chagrijnig op de bank voor de tv, slapend in de speelkamer, strompelend naar de keuken om wat drinken te pakken. Af en toe op de hometrainer, dat was het wel. Echt sporten was zo ver weg. Dat tennissen met Gerard, hoe beperkt ook, voelde een beetje als het licht aan het einde van de tunnel. Liesbeth zei later dat toen pas de donkere wolk om mij heen minder werd, toen ik weer kon gaan sporten, hoe minimaal ook.

Ik was dus een beetje aan het tennissen en ook weer aan het golfen. Dat werd een nieuwe passie en daar kon ik me flink in uitleven. Voetballen ging niet meer met die vastgezette enkel, maar ik vond het heerlijk om weer buiten te zijn, weer te zweten en om weer wedstrijdjes te spelen. En zelfs te verliezen. Het was al met al, sinds het vastzetten van mijn enkel, alsof er een wonder was gebeurd.

Het was een zware tijd geweest na dat Ilizarov. Een zwarte bladzijde. En nu die eindelijk voorbij was, kwam er voor het eerst in jaren weer iets moois, iets lichts, iets zonnigs. Ik kon mijn energie weer kwijt, ik kon weer ademhalen. Ik voelde me bevrijd.

Het fijne aan Monaco is dat het een plek is waar veel mensen wonen die lekker hun eigen ding doen, dus ik kon daar redelijk anoniem zijn. Ook in ons gezin werd het weer wat vrolijker. In mei 1997 is onze zoon Alexander daar geboren. Na twee dochters nu ook een zoon, dolgelukkig waren we.

Als je weer gaat sporten, loop je als vanzelf ook weer tegen nieuwe grenzen aan. Met golf had ik de beperking, vanwege mijn enkel, dat ik mijn swing niet helemaal kon afmaken, maar ik leerde hoe ik dat kon compenseren. Het was niet ideaal, maar ik kon het fysiek wel handelen, dus het was al snel geen issue meer. En toen kon ik daar volledig mijn ei in kwijt, mijn energie. Het was een nieuwe wereld.

Later vertelde Van Dijk me dat hij in die periode nog bijna een hartverzakking had gekregen. Ik moest na die operatie tien weken absolute rust houden, dat hadden die botten nodig om aan elkaar te groeien. Daarvóór was het nog te broos voor te veel druk op het net vastgezette gewricht. Na twaalf weken belde de schoonmoeder van Van Dijk dat hij direct de tv aan moest zetten. Toen hij kwam aanrennen wist hij niet wat hij zag: een voetvolleytoernooi in een hal in Aalsmeer, en wie was daar samen met een andere jongen in het zand bezig een potje te spelen, tegen Ronald en Frank de Boer? Juist ja, ik!

Van Dijk vertelde dat hij totaal verschoot van de schrik, maar dat hij ook dacht: die gozer zoekt wel de grenzen op. Zo snel zo intensief sporten is op het randje. Daarna hoopte hij vooral dat de telefoon niet zou gaan. En die ging gelukkig niet. Het bleef stil. Uiteindelijk kon hij opgelucht ademhalen.

Dat was misschien een risico, maar ik voelde me totaal bevrijd. Ik kon niet geloven dat ik mijn lichaam weer terug had. Ik wilde er meteen ten volle van genieten, ondanks de nieuwe beperking. De pijn was weg, het voelde als een geschenk. Ik wilde weten hoe ver ik kon gaan.

Van Dijk is de enige arts die mij uiteindelijk echt geholpen heeft. Daar ben ik hem eeuwig dankbaar voor.

In de zomermaanden gingen we weleens naar Juan les Pins, aan het strand. Dat was niet ver weg. Op een keer zagen we een groepje jongens voetvolley spelen. Ik ging meedoen, dat kon ik nog wel, omdat ik in dat zand minder last had van mijn enkel. Ik kon alleen heel moeilijk afzetten, maar met mijn surplus aan balgevoel kon ik dat nog wel compenseren, haha.

Na een paar keer meegedaan te hebben, raakte ik daar aan de praat met een Fransman van tegen de veertig. Hij was ontzettend goed, stak er echt bovenuit. Hij was goed gebouwd, technisch uitmuntend en tactisch zeer begaafd.

Het was een internationaal gezelschap, met Brazilianen en Argentijnen. Veel jongens speelden daar dagelijks, maar hij was veruit de beste. Jean-Claude, heette hij. Ik vroeg op een gegeven moment aan hem wat hij deed voor de kost. Hij vertelde dat hij op het vliegveld van Nice werkte, bij de bagageafdeling. Koffers van de band halen en wegbrengen. Een zwaar en vervelend beroep. 'Maar ja, je moet wat,' zei hij.

Maar hij was zo goed in dat voetvolley, hij won al die partijtjes, dus ik vroeg hem waarom hij geen profvoetballer was geworden.

'Ik was op weg naar een mooie toekomst in de voetbalwereld,' zei hij, 'totdat ik op mijn zestiende mijn kruisband scheurde. De lange herstelperiode daarna stond mijn profcarrière in de weg.' Door veel pech met zijn knie had hij zijn droom uiteindelijk moeten opgeven. Hij had daar nog jaren last van gehad en was pas veel later op het strand van Juan les Pins wat gaan voetvolleyen. Toen kreeg hij voor het eerst weer wat plezier, en voelde ook weer de uitdaging terugkomen om ergens goed in te willen zijn. En hij was er inderdaad verdomde goed in geworden.

Op de terugweg van Juan les Pins naar Monaco liet het beeld van Jean-Claude bij de bagageband me maar niet los. Deze man had zijn hele carrière verloren, had nooit profvoetballer mogen worden. Ik had in ieder geval nog de kans gekregen tien hele mooie jaren op topniveau te mogen meemaken. Dat was het moment dat ik besefte dat de fles niet halfleeg was, maar halfvol. Dat ik blij en dankbaar mocht zijn dat ik al die mooie momenten in mijn voetbalcarrière heb mogen meemaken. Ik dacht ook meteen terug aan het moment dat ik op Milanello voor de spiegel stond, en dacht: hier kan het toch niet stoppen? Ik wil nog zoveel laten zien aan de wereld.

In de auto terug naar Monaco drong dat besef ineens heel sterk door. Ik kan wel blijven klagen dat ik de helft van mijn carrière heb gemist, maar ik heb in ieder geval ook de helft wél gehad. En in die helft heb ik ook nog het geluk gehad dat ik heel veel mooie dingen heb meegemaakt. Een eyeopener.

DEEL IV

DE FINANCIËN EN DE COACH

1998-2009

DE FINANCIËN (1)

Kerst in het donker

2001

We woonden sinds drie jaar weer in Badhoevedorp. In 1998 waren we uit Monaco verhuisd, grotendeels om de kinderen. We wilden ze op een Nederlandse school hebben en hier laten opgroeien.

Het was een week voor kerst toen ik Liesbeth hoorde roepen van beneden. Er was net aangebeld en ze klonk wat paniekerig. En Liesbeth raakt niet zo snel in paniek. Die is eigenlijk bijna nooit ergens van onder de indruk. Dus ik snelde met twee treden tegelijk naar beneden. Ze stond in de gang met een grote blauwe envelop in de hand en een wat ontredderde blik in haar ogen. 'Ze hebben beslag gelegd, zei die man. Ook op al onze bankrekeningen.'

'Hoe bedoel je, wie dan?'

'De Belastingdienst. Kijk maar.' Ze duwde de dikke envelop in mijn handen.

Toen ik hem met Liesbeth openmaakte, zagen we het bedrag in vette letters onder aan de pagina staan. Die aanslag was zó hoog. Veel meer dan we ooit konden betalen. De Belastingdienst legde beslag op alles. Het voelde alsof mijn keel werd dichtgeknepen, de spieren in mijn benen verkrampten. We hadden uiteraard nog geld over uit mijn tijd in Italië – hoewel ik al bijna negen jaar geen bal had aangeraakt – maar daar kon ik dus niet meer bij. We begrepen er niks van.

In de maanden erna zat ik urenlang op belastingkantoren

en bij advocaten. Ik deed mijn best alle financiële termen te vatten, maar het bleef erg ingewikkeld om überhaupt te volgen, laat staan echt goed te begrijpen. Soms verlangde ik toen terug naar de tijd dat ik nog bij Ajax speelde en elke week koffie dronk bij Cor Coster, mijn eerste zaakwaarnemer. Een flamboyante man die veel had meegemaakt en soms misschien scherp op het randje opereerde, maar in mijn periode met hem was ik tenminste nooit in de problemen gekomen.

Toen ik als speler bij Ajax voor het eerst een contract kreeg, wilde ik dat het goed geregeld was. Cruijff praatte met jonge spelers altijd veel over voetbal, maar ook weleens over dit soort zaken. Via hem kwam ik bij Coster terecht, zijn schoonvader. Hij woonde in een prachtig pand aan de Nassaukade. Vaak ging ik op vrijdagochtend bij hem langs. Dan kwam zijn vrouw met koffie en begon ome Cor te vertellen. Dat waren schitterende verhalen. Over zakendoen, maar ook over het leven. Hij heeft mij later ook naar AC Milan gebracht. Johan wilde me nog wel een jaar bij Ajax houden, maar ik was toen al drie jaar achter elkaar topscorer van Nederland en had de Gouden Schoen gewonnen. Dus Coster zag mogelijkheden. Uiteraard. Ik mocht hem wel.

Ik zal nooit vergeten dat we voor de eerste keer in Italië waren, in de zomer van 1986, waar we werden ontvangen door Silvio Berlusconi op zijn landgoed. Cor Coster, Apollonius Konijnenburg en ik. Apollonius had voor het contact gezorgd.

We werden koninklijk onthaald. Het was een gigantisch complex, het ene vertrek nog mooier dan het andere. 'Laat je niet imponeren hoor, Marco, we blijven bij wat we ons hebben voorgenomen. Hij wil gewoon indruk maken,' zei Cor. Ik moest een beetje lachen, want ik merkte dat hij wat zenuwachtig werd. Ik vond het wel mooi allemaal. Berlusconi liet zijn bibliotheek zien, een prachtige ruimte. Weer fluisterde Coster: 'Laat je niet overbluffen, hoor. We tekenen alleen het contract als hij het bedrag biedt dat we willen.' Op een gegeven moment kregen wij een beetje de slappe lach van hem. Die bleef maar lullen, terwijl Berlusconi maar doorging met zijn rondleiding. Op een gegeven moment liet hij de Milan-hymne horen, het nieuwe clublied dat hij had laten componeren. Hij zong zelfs mee. Uiteindelijk deed Berlusconi precies wat we wilden dus alle zenuwen bij Coster waren voor niets geweest.

Een paar maanden later, in Amsterdam, gaf Berlusconi me nog een horloge cadeau. Dat is leuk, maar uiteraard niet waarom je een contract tekent in het buitenland. Hij had grote plannen met Milan, dat was het belangrijkste, en stak daar veel geld in. En ik ging inderdaad erg goed verdienen. Het voorcontract met Milan tekende ik al in de zomer van 1986 en het tekengeld dat ik van Berlusconi kreeg, een paar miljoen gulden, werd gestald bij een bank in Zwitserland. Toen ik een jaar later echt naar Milan ging, tekende ik een rechttoe rechtaan contract.

Dat geld in Zwitserland hebben we trouwens later alsnog aangegeven in Italië. Je kon dan een soort van '*condonno*' aanvragen, dat was heel gebruikelijk in die jaren. Als je nog ergens wat verdiend had dat nog niet was opgegeven, betaalde je met zo'n condonno alsnog een bedrag aan belasting en een relatief kleine boete. Daarmee was het geld voor de Italiaanse belastingdienst dan als het ware alsnog 'legaal gemaakt'.

Coster regelde op zich alles prima, maar omdat het in de jaren erna om steeds grotere contracten ging, had hij in 1989 een groot juridisch en internationaal opererend bureau erbij gevraagd. Vanaf dat moment ging hij samenwerken met een advocate. Die begon voortvarend, maar Coster werd al snel gek van haar. Ze wilde alles veel te formeel en tot op de letter correct geregeld hebben, en nam in zijn ogen ook steeds meer de leiding in de samenwerking. Hij gaf aan met haar te willen stoppen, maar mij beviel het wel.

Het kon mij bij wijze van spreken allemaal niet goed genoeg geregeld en vastgelegd worden. Ik wilde dat het allemaal helemaal zuiver zou gaan en binnen de regels. Geen gezeik. Ik wilde rustig kunnen slapen. Ik had bij Johan gezien dat het ook helemaal mis kon gaan, met die Michel Basilevitch, die Wit-Russische adviseur van hem. Johan had al zijn verdiende geld uit handen gegeven om in een Spaanse varkensfokkerij te investeren en raakte alles kwijt. Het was de eerste keer dat hij iets deed zonder dat Coster er weet van had. Die heeft, naar het schijnt, daarna ook gezegd: 'Het enige wat Johan nu nog mag doen, zonder mij, is naar de plee gaan.' Hij moest uiteindelijk helemaal opnieuw beginnen. Mede daarom heeft hij ook nog jaren gevoetbald. Een bekend verhaal. En dat wilde ik zelf dus écht niet meemaken.

Coster vroeg me uiteindelijk te kiezen tussen hem en de advocate. Ik heb hem toen bedankt voor zijn bewezen diensten en ben daarna volledig overgestapt. Die advocate ging vanaf dat moment al mijn zaken doen. Dat kostte misschien wat meer, maar dan wist je dat het goed zat.

De werkelijkheid bleek helaas iets weerbarstiger dan alle mooie woorden. We hadden alles keurig netjes geregeld, dachten Liesbeth en ik. Tot we dus die middag in Badhoevedorp, eind december 2001, samen op de bank zaten en die envelop openmaakten.

DEZE BELASTINGAANSLAG, VAN DE NEDERLANDSE BELASTINGDIENST, VOOR 31 DECEMBER 2001 IN ZIJN GEHEEL TE VOLDOEN DOOR DE HEER VAN BASTEN: 32,8 MILJOEN EURO.

We hadden ons Kerstmis met de kinderen heel anders voorgesteld.

COACH (I)

Hoe ik terugkwam in het voetbal

2002-2004

In Monaco kwam ik tussen 1996 en 1998 langzaam weer tot leven, nadat in februari 1996 mijn enkel was vastgezet en ik nog vol in mijn herstel zat. Eindelijk zonder pijn. Sporten hielp, maar voetbal was ver weg. Ik keek er ook bijna niet naar. *Studio Sport* werd daar niet uitgezonden.

Met Danny Blind heb ik tijdens het WK van 1998 nog wel een keer op de tribune gezeten bij Nederland-Argentinië in Marseille. Het was toch dichtbij. Het was de wedstrijd met die bizarre kopstoot van Ortega tegen Van der Sar en dat belangrijke doelpunt van Bergkamp. Aan die kant van het stadion zat ik ook. Het was een hartstikke mooie goal, maar het deed me allemaal niet zoveel. Ik herinner me vooral de koppijn van het urenlang in de volle zon zitten.

Rond die tijd, tijdens de kwalificatie voor het WK, vroeg Guus Hiddink mij als assistent, in 1996 of 1997. Hij had Koeman, Rijkaard en Krol al als assistenten en vond dat ik mooi in dat rijtje paste. Op de golfbaan in Mougins hebben we daarover gesproken, maar ik heb het uiteindelijk niet gedaan. Ik was er totaal niet mee bezig. Ik stond zó ver af van het voetbal.

Vanaf het moment dat ik eindelijk weer pijnvrij kon lopen, was ik vooral aan het golfen. Het lange wandelen vormde geen obstakel meer en mijn enkel werd niet meer zo snel dik. In de omgeving van Monaco heb ik heel veel gespeeld. Terug in Nederland werd ik lid van de Noordwijkse en ben ik echt fanatiek gaan spelen samen met een paar jongens die ik daar had leren kennen. Bij mij blijft het dan nooit bij: alleen maar voor de lol. Ik wil toch weer winnen.

Omdat ik inmiddels handicap vier had, mocht ik meedoen aan een kwalificatietoernooi voor het eerste competitieteam van de Noordwijkse en plaatste ik me tot mijn eigen verbazing als zesde speler. Dat team speelde om het kampioenschap van Nederland, een soort eredivisie van het golf, alleen dan op amateurniveau. Werd ik nog fanatieker van. Uiteindelijk werden we in 2000 zelfs kampioen van Nederland. Het jaar daarna stonden we weer in de finale, maar die verloren we nipt. Het was een mooie tijd waarin voetbal even uit beeld was. De lol van in een competitie spelen pakte me weer meteen, maar omdat ik van nature geen golfer was, kostte het me veel moeite om mijn niveau op peil te houden. Ik ben toen ook snel gestopt met competitie spelen.

In die tijd zag ik John van 't Schip ook weer vaker. Dat was een periode wat minder geweest, maar hij was altijd een goede vriend gebleven. Eerst in onze tijd bij Ajax, later ook in Italië toen hij bij Genua speelde.

Hij was trainer van FC Twente geworden en begin 2002 ging ik een keer naar een training kijken. John was heel enthousiast over het vak en stond er vrij goed voor met Twente. Daarna vroeg ik me ineens af: is dit misschien ook niet wat voor mij? Het was voor het eerst dat ik dat zo voelde. Ik merkte dat mijn aanvankelijke weerzin stukje bij beetje verdween. Zeker toen John later werd ontslagen, omdat Twente te veel verloor, ging het idee bij ons leven om misschien in de toekomst iets samen te gaan doen. Maar dan moest ik wel eerst een trainersdiploma hebben.

Ik had me ingeschreven bij de KNVB om mijn trainersdiploma te halen in het seizoen 2002-2003. Maar in mei 2002, tijdens een vriendschappelijke wedstrijd met het EK-elftal van 1988 tegen RKC, scheurde ik mijn kruisbanden. Het was een van de eerste keren dat ik weer op het veld stond. Na één minuut kreeg ik een wegdraaiende bal van John Bosman, buitenkant voet. Toen ik mij omdraaide, op dat kurkdroge veld in Waalwijk, leek het net alsof er in mijn knie een brandkastdeur in één keer dichtsloeg. Een doffe knal. Het deed verschrikkelijk veel pijn.

Ik baalde. Ik moest een halfjaar rustig aan doen. In totaal staat er negen maanden voor het herstel. Gelukkig was ik geen voetballer meer. Een week of twee na de operatie kreeg ik een apparaat op mijn been om zo de knie drie keer per dag via een machine in beweging te houden.

Dus uiteindelijk deed ik de cursus Coach Betaald Voetbal terwijl ik revalideerde van mijn kruisbandoperatie. Dat was niet ideaal, maar het was nu eenmaal niet anders.

Normaal moest iemand eerst Oefenmeester 3, Oefenmeester 2 en Oefenmeester 1 halen, maar ik begon direct met de cursus Coach Betaald Voetbal. Ronald Spelbos en Wim Koevermans waren de docenten. Ik had met allebei nog gespeeld dus dat klikte wel. Ze brachten het vrolijk, niet belerend in elk geval en ze probeerden mij echt te helpen. Aanvankelijk dacht ik nog: wat gaan ze me in Zeist leren dan? Maar blijkbaar miste ik toch bepaalde bagage en had ik extra aandacht nodig.

Cruijff maakte zich er in die tijd hard voor om jongens uit het betaalde voetbal direct 'dat papiertje' te geven, hij vond zo'n cursus voor oud-profs onzin. Ik was het daar niet mee eens. Ik had dat jaar juist heel hard nodig, volgens mij zouden ex-profvoetballers twee cursussen moeten volgen: die van Oefenmeester 1 en Coach Betaald Voetbal. Je hebt tijd nodig om van het denken als speler om te schakelen naar het denken en doen als trainer.

Los daarvan vond ik het ook hartstikke interessant allemaal. Het geven van training is ook niet iets dat je zomaar even uit je mouw schudt. Het voorbereiden, het leiden van besprekingen, het maken van opstellingen, het kiezen voor tactieken, al dat soort dingen waren allemaal nieuw voor me. En daarmee krijgen alle profspelers te maken die trainer willen worden. Bovendien was ik er jaren uit geweest dus moest ik alles weer opfrissen. Ik kende bijvoorbeeld lang niet alle namen van spelers uit de eredivisie.

Toen John trainer werd bij Jong Ajax liep ik stage bij het eerste elftal van Ronald Koeman. Zlatan Ibrahimović daagde mij op de training steeds uit. Kun jij dit? Kun jij dat? Dat was wel mooi, alleen kon ik heel weinig met mijn enkel en met mijn net geopereerde kruisband. Ik realiseerde me meteen dat ik nooit een trainer zoals Cruijff zou kunnen worden, die meedeed in de rondo, tussen de spelers stond en minstens even goed was. En Cruijff was toch mijn voorbeeld. Dus dat was wel pijnlijk. Echt een beperking.

Ik kan me nog goed het moment herinneren dat ik met John het seizoen begon bij Jong Ajax. Ik had de cursus keurig afgerond en zat de eerste wedstrijd thuis tegen Jong Vitesse als assistent-trainer op de bank. Binnen een poep en een scheet stonden we 2-0 achter. Wat gebeurt hier? dacht ik. Het ging allemaal zo snel, ik was echt stomverbaasd. Vervolgens kwam de vraag: 'Wat moeten we doen dan?'

John was uiteraard wel wat meer gewend en bereidde al een wissel voor, terwijl ik nog niet eens doorhad wat er aan de hand was. Haha. Gewoon het idee dat je iets moest doen in plaats van alleen maar kijken, was totaal nieuw voor me. En ik zag het ook niet, merkte dat ik nog niet gewend was om tactisch naar een wedstrijd te kijken om snel te kunnen ingrijpen.

Maar samen met John Jong Ajax leiden, ging heel vanzelfsprekend. Lekker in de luwte. We kenden elkaar ook door en door. Hij was in eerste instantie hoofdcoach en ik assistent, maar halverwege het seizoen hebben we de rollen omgedraaid. Ik ging de trainingen leiden, besprekingen houden en tijdens wedstrijden eindbeslissingen nemen. Dat was wel even wat anders. Heel leerzaam ook.

Het was een aparte periode met Ronald Koeman als hoofdcoach, Louis van Gaal als technisch directeur en John en ik bij Jong Ajax. Louis is natuurlijk altijd een beetje een type leraar, dus moesten wij tweeën – net als Ronald – elke week uitleg geven over wat we zoal deden. Elke dinsdag zaten John en ik bij Louis op kantoor. Op zich prima, maar op een zondag na een nederlaag van het eerste was het nogal rumoerig in de trainerskamer. Ruud Krol was er, Tonny Bruins Slot, David Endt, Koeman, John en ik. En Louis. Er was een soort ongeorganiseerde, lawaaiige discussie aan de gang en de sfeer was niet best. Opeens schreeuwt Louis uit het niets: 'En iedereen moet nu z'n kop houden. Het lijkt hier wel een kippenhok. Dit kan echt niet!' Een soort tirade. Maar Koeman was de hoofdtrainer en dit was in de trainerskamer, dus iedereen was nogal verbaasd. 'Dit is geen communicatie, dit gaat zo niet,' riep Louis en liep quasi-verontwaardigd de kamer uit.

De volgende avond moesten wij voetballen met Jong Ajax, en de ochtend daarna kwamen John en ik weer bij Louis op kantoor. Tijdens de bespreking die volgde begon hij mij nogal kritisch te ondervragen: 'Waarom heb jij dit en dat gedaan?' Ik moest van hem zaken beter uitleggen, beter communiceren met de spelers.

Toen brak mijn klomp. 'Hallo, nee, wat jij doet is allemaal evangelie,' zei ik fel. 'Vanuit het niks hou je een hele tirade in de trainerskamer, terwijl jij technisch directeur bent. Ronald is de trainer. We schrokken ons allemaal kapot. Dat is pas een rare manier van communiceren!'

Hij was duidelijk verontwaardigd. Wie ik wel niet dacht dat ik was? Hij ging me ook 'assistent' noemen. Toen we na een uur klaar waren, deed hij de deur open. Naast zijn kantoor waren de directiekamers, met de deuren open, waar allemaal mensen zaten te werken. Bij het weggaan zei hij tegen John: 'En neem je assistent ook maar mee.' Iedereen kon het horen en dat was precies zijn bedoeling. Ik keek hem aan met zo'n blik van: wat ben jij een komediant.

DE FINANCIËN (2)

Alles wás voor Bassie

September 2002

Ik zit op de hometrainer en draai mijn rondjes, zoals vaak de laatste weken. Vijf minuten 180 watt, vier minuten 140 watt, zes minuten 190 watt. En dan weer vijf minuten 180. Tot slot acht minuten 130. Ik lees mijn hartslag af van zo'n metertje dat je om je borst spant. Gewoontegetrouw noteer ik dat soort cijfers in mijn notitieblok. Hartslag, wattage, afstand, minuten. Zoals ik al mijn hele leven veel noteer. Dat geeft rust. Cijfers op papier. Het blok is bijna vol. Ik zweet. Meer dan normaal, terwijl het hier op zolder niet warmer is dan anders. Een hartslag van 195, dat zint me niet.

Waarom hoor ik niks? Waarom bellen ze me niet? Ze weten toch dat ik ook het nieuws volg? Dat ik op het journaal zie dat de beurskoersen inmiddels een historisch dieptepunt hebben bereikt en dat het herstel nog lang niet in zicht is? Ze weten toch ook dat de vliegtuigen in die torens wereldwijd effect hebben gehad? Ze moeten toch op mijn geld passen? Het verstandig beleggen? De laatste keren dat ik op mijn afschriften keek, werd ik er al niet goed van.

Ja, ik heb gezegd dat het agressief mocht, dat beleggen. Ik wilde het ook anders dan in de jaren ervoor, toen Alexander Jurgens mijn geld beheerde, mijn Zwitsers-Nederlandse vriend uit Monaco. Jaarlijks gemiddeld zo'n 4 procent rendement. Niks mis mee, zou je zeggen. Geen gekke dingen.

Terug in Nederland hoorde ik van vrienden en mensen om mij heen dat 10 tot 14 procent rendement per jaar intussen heel normaal geworden was. Wat deed ik met mijn geld in die veilige Zwitserse beleggingen? Je laat kansen lopen waar je bij staat, hoorde ik keer op keer. Dus ja, ik liet me gek maken. Daar zal ik eerlijk in zijn. Ik kreeg dollartekens in mijn ogen. Eerst maakte ik 2 miljoen over en uiteindelijk alles, nog eens ruim 20 miljoen euro. Dat was eind 1999.

Bij die bank zitten toch mensen met verstand? Die doen wat het beste is om mijn vermogen te beschermen? Die bellen als er wat aan de hand is? Dat mag je toch verwachten? Van mijn advocate heb ik ook niks meer gehoord, maar die is geen beleggingsspecialist. Ja, Alexander heeft me nog gewaarschuwd, maar ik heb niet naar hem geluisterd.

Het knaagt al weken. Gisteren durfde ik het voor het eerst op te zoeken, online. Ik ben geen specialist, maar ik kom ook niet uit een ei. Toch schrik je als je die cijfers voor je ziet. De AEX is bijna gehalveerd sinds ik die 22 miljoen aan ABN AMRO heb overgemaakt, om voor me te gaan beleggen. Het zweet brak me toen al uit. Daarna ging ik mijn eigen afschriften eens goed bekijken. Dat doe ik eigenlijk nooit. Ik laat dat altijd bij mijn advocate. Ik kreeg koppijn en sliep er slecht van. Ik heb niets tegen Liesbeth gezegd, omdat ze dit soort dingen meestal aan mij overlaat.

Na die mokerslag van een belastingaanslag van afgelopen kerst zit de schrik er goed in bij mij. We zijn nu wel in gesprek met de Belastingdienst, en het ergste gevaar lijkt even geweken, maar er hangt nog steeds een enorme claim boven m'n hoofd. Er zijn grote fouten gemaakt, dat is inmiddels wel duidelijk, alleen door wie is nog de vraag. Ik vertrouw de boel steeds minder.

Dat zei ik ook terloops tegen Perry Overeem, die financieel onderlegd is. Hij knikte veelbetekenend, maar hield zich verder op de vlakte. Liesbeth en ik hebben ons laatst zelfs afgevraagd of ik niet weer serieus werk moest gaan zoeken. Dat was nogal surrealistisch, zo'n gesprek hadden we eigenlijk nog nooit gehad.

Ik leg mijn notitieblok op het kastje naast de hometrainer. Mijn hart bonkt in mijn keel. Ik veeg het zweet van mijn voorhoofd en pak mijn telefoon. Ik zie die gast nog zo voor me. Ik zoek op ABN Vermogensbeheer en zie weer de glinstering van de Oval Tower voor me. Dat was toen een spiksplinternieuw gebouw naast de ArenA in Zuidoost. Mijn advocate en ik werden er in het voorjaar van 1999 met alle egards ontvangen door een delegatie van vijf man. Helemaal sjiek de friemel.

Het was dé plek, legde een hotemetoot mij uit, waar alle nieuwe, zeer vermogende cliënten werden ontvangen. Zeg maar rustig: in de watten werden gelegd. In die tijd groeiden de rendementen tot in de hemel, en konden ze iedereen nog gouden bergen beloven zonder met de ogen te hoeven knipperen. Dat niet alleen: ik kwam aanzetten met – toen nog – 50 miljoen Nederlandse guldens in mijn kontzak. Omgerekend bijna 23 miljoen euro.

Halleluja! Onze lieve Heer Jezus Christus himself kwam hier even binnengewandeld, zeg maar. Ja hoor, we zouden maar wat graag uw vermogen beheren. U wilt een hoog rendement? Nou dat kan hoor. Uiteraard spreiden we het risico. Beleggen we in twintig verschillende fondsen. Onze commissie behoort niet tot de hoogste in de financiële wereld en we houden uw fortuin uiteraard nauwgezet voor u in de gaten. Blablabla.

Ze wilden ook meteen dat ik een soort sportdesk-ambassadeur werd, net als Richard Krajicek toen was. Daar heb ik beleefd voor bedankt. Na alle bombastische woorden en onvermijdelijke champagne, kreeg ik een visitekaartje in m'n handen geduwd van een wat schuchtere man. Hij had de hele bijeenkomst wat bedeesd voor zich uit gekeken en was niet zo van het joviaal handen schudden. Ik mocht hem wel.

Maar verder was de hele setting kolderiek. Weer heel veel mooie stropdassen. Maar het is pijnlijk, met de wetenschap van vandaag, dat ik daarna weinig meer heb gehoord van die mensen. En dat een groot deel van m'n vermogen ongetwijfeld verdampt is. Waarom heeft mijn advocate trouwens niet een keer aan de bel getrokken? Ik betaal haar toch genoeg, elke maand een mooie rekening. Al sinds 1989.

Hij neemt nog op ook: 'ABN Vermogensbeheer'. Hij is de afgelopen maanden duidelijk geoefend geraakt in slechtnieuwsgesprekken.

'Meneer Van Basten. Goed dat u belt. We zijn door extreem zwaar weer gegaan, de laatste anderhalf jaar. Dat zal u niet verbazen. Ook uw vermogen is daardoor flink geraakt, dat kan ik helaas niet mooier maken. We hebben al uw posities zo gelaten, en het verlies nog niet genomen, hoe ernstig ook, in de hoop op herstel van de koersen en – uiteraard – uw vermogen. We zitten al zes maanden in een status quo. Het is nu september 2002. Een jaar na de allergrootste klappen sinds 1987. Dus we hopen de komende maanden en jaren weer op te kunnen gaan bouwen. Verder te herstellen.'

'Sorry dat ik u onderbreek, meneer. Maar, eerlijk gezegd, geloof ik al die mooie praatjes wel. Ik wil gewoon weten wat de schade is. Wat is er nog over van die bijna 23 miljoen die ik drie jaar geleden bij jullie binnenbracht. Als ik er vandaag uit stap?'

Het is even stil op de lijn. Het lijkt alsof hij iets moet wegslikken. Dit antwoord had hij niet verwacht. Het is ook niet zijn taalgebruik. Maar hij kan er niet meer omheen. Toch blijft hij ook na de stilte in zijn rol.

'Meneer Van Basten, ik zal er niet omheen draaien. Als u mocht besluiten vandaag al uw tegoeden op te vragen, en al uw posities op te geven, en niet te willen wachten op mogelijk herstel... Dan resteert van uw oorspronkelijke inleg van bijna 23 miljoen op dit moment nog...' – weer die stilte – 'Eh... nog een kleine 13 miljoen euro. Mocht u dit besluit nemen...' – weer een pauze – 'is 10 miljoen euro op dat moment per direct en definitief en voor altijd verdampt. Dus denk er alstublieft, alstublieft nog eens over na.'

Als ik opsta moet ik even het stuur van de hometrainer vastgrijpen. Een duizeling. Ik ga het voor de vorm nog met mijn advocate overleggen. Maar mijn besluit staat eigenlijk al vast. Als ik er nu uit stap, heb ik tenminste die 13 miljoen nog. Als ik het laat zoals het is, kan er van alles gebeuren.

Wie zegt me dat er niet nog een paar vliegtuigen in torens vliegen? Of dat er nog meer aanslagen komen? Of dat de beurs niet om welke reden dan ook nog een keer op z'n bek gaat? Nee, ik pak mijn verlies. En wel zo snel mogelijk. Redden wat er te redden valt. Met dat bedrag kan ik in ieder geval overleven. Met mijn gezin. Zo voelt dit.

Je bent een ongelooflijke sukkel dat je hierin bent getuind, Bassie. Niks 'alles is voor Bassie'. 10 miljoen foetsie. Alles wás voor Bassie. Die 13 miljoen geef ik veilig terug aan Alexander, de betrouwbare. Ik loop de trap af. Handdoekje over m'n schouder, bidon in de hand en 10 miljoen lichter. Ik ga op zoek naar Liesbeth.

GELOOFT U IN SPROOKJES?

2002

Perry en ik golfden al een paar jaar samen. En we tennisten ook veel. We hadden elkaar ontmoet op de bruiloft van mijn schoolvriend André van Vliet in 1998, toen ik net weer terug was in Nederland. Sterker nog, André stelde ons aan elkaar voor met de woorden: 'Volgens mij moeten jullie maar eens samen gaan golfen. Jullie zijn allebei mesjogge van het spelletje en allebei zo belachelijk fanatiek.' Hij had er rustig ook nog stronteigenwijs aan toe kunnen voegen.

Bij de eerste hole en zelfs na de eerste slag hadden we al meteen een discussie over de ligging van de bal van Perry die dicht bij een hek was beland. Het ging over het precieze punt waar de bal bij zijn hervatting nou mocht worden neergelegd. En wel of niet met een extra strafslag. Perry vond het hek een 'onnatuurlijk element in de baan', en dan mag je de bal er iets verder vanaf leggen, zonder extra strafslag. Maar ik zei: 'Dat hek staat er al tien jaar, dus dat hoort gewoon bij de baan. Het is een natuurlijk onderdeel van de baan.'

Stonden we daar. Superkoppig allebei. De eerste de beste keer dat we gingen golfen samen. We hebben er toen zelfs nog een *marshall* (een soort scheidsrechter) bij gehaald, die het moest oplossen. Het was mijn thuisbaan, in Noordwijk. En ik dacht: die gozer gaat mij niet vertellen wat de regels zijn op mijn eigen baan. En Perry was net zo. We stonden in die begintijd trouwens geregeld met de koppen tegen elkaar. Het had tussen ons ook heel anders kunnen aflopen.

Ik vergeet ook nooit de dag dat we weer eens gingen tennissen in een tenniscentrum in Nieuwegein, en ik niet best speelde. Op de heenweg stond ik een uur in de file, vervolgens werd ik met 6-0, 6-1 van de baan geveegd. Daarna stond ik op weg terug naar huis weer een uur in de file. Toen waagde hij het om me een mailtje te sturen met een zweem van medelijden. Zoiets als: 'Het zat bij mij wel allemaal mee, jij had ook je dag niet. Je stond ook nog in de file. Volgende keer gaat het vast beter.' Nou, dat moet je bij mij niet doen. Ik schreef terug: 'Gelul, ik heb jouw medelijden niet nodig.'

Dat geeft wel een beetje aan hoe ik erin sta. Maar Perry is net zo, hoor. We waren in die jaren fanatiek bezig om beter te worden. Niks voor de lol, winnen. Daar ging het om. Zo nu en dan gingen we ook met onze vrouwen uit eten, maar het was vooral samen sporten en intussen over van alles en nog wat discussiëren. En ook daarin gelijk willen krijgen. Laten we zeggen dat ik behoorlijk wat van mijzelf in hem herken. Alleen is hij duidelijk beter in zakendoen. Veel beter, gelukkig.

Toen ik in de financiële shit terechtkwam, sijpelde dat ook bij Perry door. Ik vertelde hem steeds vaker wat als we aan het sporten waren. Zeker toen die belastingaanslag op mijn mat viel. En hij kreeg ook wel iets mee over die beleggingen waar ik mee bezig was. Ik wist dat hij een bedrijf had opgebouwd met bijna honderd man in dienst. Hij had me in 2000 nog gevraagd om de opening van hun nieuwe kantoorpand in Houten te verrichten. Soms ging ik daar in die tijd spontaan heen om mee te lunchen, om wat te lullen en te tafelvoetballen met die jonge gasten. Dat was leuk, maar rond de jaarwisseling van 2001-2002 zat ik toch met twee grote kwesties in mijn maag. Vooral die aanslag van 32,8 miljoen kwam als een donderslag bij heldere hemel. Ik had jaren terug nota bene dat dure bureau ingehuurd, juist om dit soort dingen te voorkomen. Die betaalde ik bakken met geld voor hun werk, maar dan wist ik tenminste zeker dat er geen gedoe zou komen. Kon ik rustig slapen. Dacht ik.

Maar nee. Ik werd op 1 januari 2002 dus wakker met de Nederlandse Belastingdienst op mijn nek. Had allemaal te maken met de manier waarop ik fiscaal van Monaco naar Nederland was verhuisd. Daar was iets goed misgegaan. Al snapte ik toen nog niet wat.

Achteraf kun je je afvragen hoe het heeft kunnen gebeuren dat onder begeleiding en toezicht van mijn advocate in deze zaak zoveel is misgegaan. Heeft zij te veel vertrouwd op anderen? Had zij beter op moeten letten? Was dit te voorkomen geweest?

Er was namelijk een ingenieuze constructie bedacht door een groot internationaal belastingadviesbureau dat door mijn advocate speciaal hiervoor was ingehuurd. Wat was er bedacht? Of beter: wat had één zogenaamd briljante kerel bedacht? Een ingewikkelde constructie met vooruitbetaalde rente, een variant geïnspireerd op een toen vaker door banken afgegeven rente-vooraf-brief. Alleen nu van mijn eigen bv.

Het kwam er ongeveer op neer dat toen ik nog in Monaco woonde, ik mijn privévermogen zou overdragen aan mijn hiervoor speciaal op te richten bv, waardoor ik zelf een enorme vordering op die bv kreeg. In de daarvoor opgestelde leningsovereenkomst werd de rente voor een langere periode, tien of twintig jaar zelfs, vooruitbetaald op basis van rente over rente. Daardoor steeg die vordering naar een bedrag wel vier keer zo hoog als mijn inleg. Die waardestijging zou onbelast door de bv terugbetaald kunnen worden nadat ik naar Nederland zou zijn gemigreerd, dachten ze. Fout.

Het was volledig legaal, werd mij toen verteld. Ik begreep er echt geen donder van en liet dat soort zaken over aan mijn advocate. En ik heb onder haar toezicht bijna 'blind' mijn handtekening gezet onder het advies van de belastingadviseurs. Het was allemaal zo ingewikkeld en omslachtig. Ik zou het nu nog niet kunnen begrijpen. Maar goed, ik vertrouwde het. Mij werd verteld dat het correct was en dat de structuur klopte. Dat was ongetwijfeld ook haar overtuiging toen.

Ik weet niet of je *The Wolf of Wall Street* hebt gezien. Het was – heb ik later begrepen – een beetje zoals in die film. In de financiële sector groeide alles tot in de hemel in die tijd. Het ene na het andere nieuwe briljante financiële product werd bedacht. Er werd heel veel mee en aan verdiend. Ook deze constructie was volgens de specialisten die we er later over spraken 'innovatief en potentieel briljant'.

Het leek allemaal zo mooi, maar ze hebben dus een grote fout gemaakt. Of eigenlijk twee, zo begreep ik later. De eerste is dat er nooit een second opinion is gevraagd over dat plan, die structuur met die rente-vooraf-brief. Bij een dergelijk groot financieel risico toch wenselijk en noodzakelijk, zou je zeggen.

De tweede fout heeft deze constructie pas echt genekt. Of beter: heeft mij genekt. Ze hadden namelijk de hiervoor opgerichte bv in het verkeerde land gevestigd, in Nederland. Als ik in een land had gewoond met een belastingverdrag met Nederland zou die heffing onmogelijk zijn gemaakt.

Maar nu kon de Nederlandse belastingdienst dit wel tot op de bodem uitzoeken. En dat hebben ze ook gedaan. Toen bleek dat ze mij wel degelijk konden gaan belasten, en wel meteen. Omdat er door mijn adviseurs een onjuiste aangifte werd gedaan kreeg ik er honderd procent boete en rente overheen. De aanslag liep uiteindelijk op naar een bedrag van bijna 75 miljoen gulden.

Achteraf kun je zeggen dat ik gewoon belasting had moeten gaan betalen over mijn toekomstige rente-inkomsten. Dat ik normaal had moeten doen. Dan was er helemaal niets aan de hand geweest.

Voor het eerst ontstond er serieuze twijfel bij mij of mijn advocate wel de juiste persoon was om mijn zaken te blijven behartigen. Dat kwam doordat deze zaak steeds helderder werd voor mij, maar ook doordat zij die beleggingskwestie eigenlijk ook maar een beetje op zijn beloop liet.

Ondertussen vertelde ik Perry steeds meer. Hij bleek erg goed op de hoogte te zijn en kwam met goede adviezen. Ik had op zijn verzoek toen ook een afspraak over die belastingzaak gemaakt bij mijn nieuwe fiscaal adviseur Pieter Asjes van PricewaterhouseCoopers in Amstelveen. Ik wist veel te weinig van de materie en zag ertegen op. Daarom vroeg ik Perry om met me mee te gaan. Nadat Pieter en ik ongeveer een halfuur langs elkaar heen hadden gepraat, omdat ik er echt niets van begreep, kon Perry het niet langer alleen maar aanhoren en begon hij zich er gelukkig ook inhoudelijk mee te bemoeien. Het werd daardoor uiteindelijk toch nog een zinvol en constructief gesprek, met als conclusie dat het het beste zou zijn als we zouden aansturen op een voor mij enigszins acceptabel compromis. Zicht op een aanslag die ik tenminste zou kunnen betalen. Als alles meezat.

Ik merkte op dat moment dat ik voor het eerst sinds die aanslag van vlak voor kerst weer wat ontspanning, maar vooral opluchting voelde. Vanaf dat moment – voorjaar 2002 – ben ik Perry bij steeds meer van mijn zaken gaan betrekken. Uiteindelijk hebben we in 2005 met de Nederlandse Belastingdienst een voor beide partijen acceptabele schikking kunnen treffen. Dat bureau dat eerder die briljante 'rentebrief' had bedacht, betaalde vanwege de gemaakte fouten uiteindelijk ook nog een flink bedrag mee. Ze namen hun verantwoordelijkheid. Dat was fatsoenlijk, maar het was in mijn optiek ook een soort schuldbekentenis. Maar ik was ook naïef geweest. Tweede keer in korte tijd dat ik voor mijn eigen nalatigheid en goedgelovigheid werd gestraft. Ik had te veel op de adviezen en inzichten van mijn adviseurs en advocate vertrouwd. Maar ja, het was allemaal materie waar ik absoluut geen verstand van had. Het stond zo ver af van het voetbal. Juist daarom had ik deze mensen ook, om me te behoeden voor dit soort ellende.

De samenwerking met mijn advocate liep medio 2006 op zijn eind, omdat ik Perry uiteindelijk beter en meer allround vond. Doortastender ook. Hij beet zich als een pitbull in mijn zaken vast.

Toen heb ik hem ook gevraagd mijn manager te worden. Daar was mijn advocate duidelijk niet blij mee, want ze moest nu aan hem rapporteren en ter controle haar declaraties sturen. Het stond mij in die tijd ook tegen dat zij voor haar juridische herstelwerkzaamheden, mede ontstaan onder haar toezicht, mij toch nieuwe facturen bleef sturen. Het liep tussen die twee later nog een keer hoog op tijdens de onderhandelingen over een verandering in mijn contract met de KNVB na het WK van 2006.

Maar goed, ik ben in elk geval ontzettend blij dat Perry op mijn pad is gekomen, want er kwam nog een financiële ramp aan in het najaar van 2006.

COACH (2)

Hoe ik bondscoach werd

2004

Hoe ik uiteindelijk bondscoach werd is eigenlijk best een raar verhaal. Door een scheidsrechterlijke dwaling ben ik in beeld gekomen bij de hoge heren in Zeist. Wij speelden met Jong Ajax in de achtste finales van de beker uit tegen FC Twente. De wedstrijd werd gestaakt vanwege onrust bij de supporters in vak P voorafgaand aan een inworp voor Twente. Maar bij de hervatting, twintig minuten later, kreeg Twente opeens een corner in plaats van een ingooi. Daaruit maakte N'Kufo de beslissende goal, de 1-0, wat ook de eindstand was.

Het was in de knock-outfase, dus wij lagen eruit. Ik was woest. Het was onreglementair, het ging vol tegen mijn rechtvaardigheidsgevoel in. Die goal had nooit goedgekeurd mogen worden, beelden van de NOS hebben dat zelfs aangetoond. Dus we gingen in hoger beroep in Zeist. Het leek vrij kansloos vooraf, maar ik heb een vlammend betoog gehouden. Ook Henk Kesler, directeur Betaald Voetbal en jurist, zat in de commissie.

Uiteindelijk verloren we de zaak, al wist iedereen dat dat doelpunt niet rechtmatig was, maar gelijk hebben en gelijk krijgen zijn twee verschillende dingen. Desalniettemin denk ik wel dat Kesler dacht: zo! Die Van Basten, die zet je niet zomaar opzij. Die laat zich even horen. Interessant. Ik kreeg later het gevoel dat dit meespeelde, kort na het EK in Portugal, toen Advocaat zo was weggehoond en Kesler op zoek moest naar een nieuwe bondscoach.

Op 15 juli 2004 stonden John en ik weer op het trainingsveld met Jong Ajax, bij de start van de voorbereiding op het nieuwe seizoen. Ik zag laatst die foto's weer. Het Nederlands elftal had een rot EK achter de rug, maar wij gingen gewoon nog een jaar Jong Ajax doen. Ineens kwam er van alles op gang.

Kesler is die week naar Barcelona gevlogen, naar Johan. Daar is voor het eerst mijn naam gevallen, begreep ik later. Ik weet niet precies hoe, maar ze waren allebei meteen enthousiast. En toen is direct daarna – via Jaap de Groot – *De Telegraaf* mij ook gaan noemen als serieuze kandidaat. Vervolgens ging het supersnel. Kesler belde of we wilden komen praten.

John vond het meteen hartstikke mooi. Een geweldig idee. Een mooie kans voor hem ook. Ik schrok aanvankelijk. Ik vond het aan de ene kant wel leuk en spannend, het streelde mijn ego, maar toen het serieus werd, dacht ik: fuck, dat ga je toch niet menen?! Dat kán helemaal nog niet. Dat had puur te maken met het gevoel dat ik dan dingen moest gaan doen, waar ik nog helemaal niet klaar voor was. Ik was net een beetje aan het inkomen bij het tweede van Ajax. Wennen aan het vak. Ik was nog helemaal niet opgeleid als trainer. Het trainersvak is een vak dat je moet leren in de praktijk. Je moet veel meters maken, en vervolgens moet je nog maar afwachten of je er überhaupt goed in wordt. Of je echt wat kunt toevoegen. Dus ik zag vooral moeilijkheden, beren op de weg, complicaties. Dat heb ik ook tegen John gezegd. Maar die bleef enthousiast en optimistisch. Johan ook, en *De Telegraaf*. In eerste instantie werd ik hierdoor meegesleept, moet ik zeggen.

Maar ik zei hem duidelijk, toen we het er voor het eerst echt serieus over hadden bij hem thuis: 'John, doe even normaal! Ik kan toch niet zomaar vanuit het niks bondscoach worden? Ik bedoel, waar heb je het over?' Maar John zei toen: 'Jawel, joh. Dat kan wel… Ik help je toch?' Zijn standpunt was helder. 'Dat fixen we wel,' zei hij, terwijl ik bleef zeggen: 'Ik vind het veel te snel.'

Omdat ik mijn twijfels bleef uiten, kwam John via via met Erik Reep aanzetten, die onder anderen met Willeke Alberti werkte. Die had goede ervaringen met hem, zei ze. Het was in de middag, toen ik met Liesbeth bij de Van 't Schips aankwam. De kamer zat vol. Daniëlle, Willeke en Joop Oonk waren er. En die Erik Reep was er ook bij.

Ik was verrast door de hele situatie en uitte wederom mijn twijfels. Ze zeiden tegen Reep: 'Ga jij maar even met Marco praten.' Dus toen ging ik met hem in een apart kamertje zitten. 'Zou je het wel leuk vinden?' vroeg hij.

'Ja, ik zou het wel leuk vinden. Maar ik denk, nee, ik vóél dat ik er helemaal niet klaar voor ben.'

'O, nee? Maar je weet toch wel genoeg van voetbal?'

'Ja, dat denk ik wel, maar er komt nogal wat bij kijken. En daar word ik nerveus van. En ik weet niet of ik dat wel kan *handelen*.'

'Weet je, als er zich problemen voordoen, dan ga ik die voor je regelen. In principe ben ik daarvoor, om wanneer mensen spanningen voelen, die op te lossen. Die kun je dan met mij delen. En dan lossen wij dat op.'

Ted Troost was na mijn actieve voetbalcarrière langzaam uit beeld geraakt. En toen kwam deze meneer, een mental coach. 'Luister. Maak je niet druk,' zei hij. 'Ik zorg dat jij je goed voelt.'

Daarna dacht ik: ja, jezus christus. Het wordt nu steeds moeilijker om nee te zeggen. Johan zegt dat ik het moet doen, *De Telegraaf* zegt het, John zegt het. En Erik Reep zegt ook dat het goed komt.

Toen Liesbeth en ik samen terugreden naar Badhoevedorp, keek ze me alleen maar aan met een blik van: weet je het wel echt zeker? Maar ze liet dat soort beslissingen toch vooral bij mij.

Perry, die in die tijd net bij mijn zaken betrokken raakte, had nog geen idee van wat er zich onderhuids afspeelde. Deze emotie, die twijfel, had zich tot dat moment keurig verstopt gehouden. Het was voor het eerst dat 'hij' even om de hoek kwam gluren. En zolang ik tegen niemand iets zei, was ik de enige die van die angst wist. Dus ja, ik liet me meeslepen.

Wat ook meespeelde in mijn achterhoofd, waren de financiële klappen die we kort daarvoor hadden gekregen en waarvan de uitkomst deels nog ongewis was. Wanneer het allemaal zou tegenvallen, zou ik in elk geval als bondscoach weer een bron van inkomsten hebben. Het was zeker niet de hoofdreden, want ik was met John bij Ajax echt begonnen omdat het voetbal weer begon te trekken. En omdat ik het met hem naar mijn zin had daar. Ik begon er weer plezier in te krijgen, al kon ik het dan niet zo doen als Johan indertijd.

Maar goed, toen de KNVB kwam, kietelde dat mijn ego. En mijn portemonnee speelde dus ook een beetje mee. Er kwam weer wat binnen en dat was toch fijn met die aandelenramp en de belastingaanslag die nog altijd in de lucht hing.

Van de mensen die vroeger mijn klankbord waren geweest – Johan Cruijff, Cor Coster, Berlusconi en Ted Troost – waren er drie buiten beeld. De enige die nog wel in beeld was, Cruijff, was een groot voorstander van dit plan. Kesler kreeg in Barcelona van Johan te horen dat hij mij moest nemen. En Kesler vond het uiteraard prachtig: Van Basten bondscoach, Cruijff klankbord.

Het was niet zo dat ik helemaal geen 'nee' meer durfde te zeggen, maar ik werd wel een kant opgeduwd. En als ik eerlijk ben, wilde ik het stiekem ook weer wél. Het was een spannend avontuur, maar vooral ook heel dubbel. Ik had zo weinig ervaring dat ik ook niet goed wist wat ik allemaal níét wist.

De aantrekkelijkheid zat hem in het hoge jongensboekgehalte. Alleen werd ik bang van het feit ik totaal onvoorbereid was. Wat ook meespeelde: de mensen in mijn directe omgeving hadden geen goed beeld van mij als trainer. Ik denk dat ze mij daarvoor ook niet goed genoeg kenden. Nieuwe spelers, nieuwe trainers, nieuwe tactieken, nieuwe trends waren allemaal totaal langs me heen gegaan.

En het was toen een aparte periode, met dat kolderieke gedoe in Portugal: Van Hanegem die zei dat hij Advocaat een klap zou verkopen. Dramatische pr. En het einde van een tijdperk: Jaap Stam stopte ermee, Kluivert, Reiziger, Overmars, Frank en Ronald de Boer. Belangrijke spelers. Het WK in 1998 en het EK in 2000 waren goed geweest. In 2002 hadden ze het WK helemaal niet gehaald, en in 2004 was er een hoop chagrijn ontstaan. De sfeer bij Oranje was beneden peil. Dus zocht de KNVB iets nieuws en dook mijn naam ineens op.

John en ik zijn in die periode bij Johan in Barcelona geweest. Ik heb daar toen ook mijn twijfels geuit, maar Johan reageerde op zijn Johans: 'Waar maak jij je druk over, joh? Moet jij je druk maken dan? En degenen die kritiek hebben, snappen er niks van. Ik help je.'

John zou me helpen, Erik Reep en Johan ook. Dus toen dacht ik: dan moet ik het maar doen. Ik vond het natuurlijk wel een enorme eer en uitdaging om bondscoach te zijn, daar speelden mijn eergevoel en trots vooral een rol. Maar tegelijkertijd had ik de twijfel en angst dat ik er totaal nog niet aan toe was.

Op een dag ben ik naar Kees Jansma gereden om hem te vragen als perschef, die woonde toen in Maarssen. Ik zei: 'Ja, je zult dus met dit groentje moeten gaan werken.' Waarop Kees antwoordde: 'Met jou mógen werken, bedoel je.' De aanwezigheid van Kees, maar ook van de ervaren rot Hans Jorritsma, gaven eerlijk gezegd wat rust op dat moment.

Vervolgens ga je aan het werk en zijn er ook heel leuke dingen. Op 3 augustus werden we in Zeist gepresenteerd als nieuwe bondscoaches. Dat presentatiepraatje over mijn ideeën ging ook wel. No big deal. Bij de KNVB vonden ze iemand die rustig overkwam achter de tafel een verademing en de pers vond me ook wel prettig. Ik formuleerde goed en zei geen rare dingen, werd niet emotioneel. Wat kan dat mooi zijn hè, die buitenkant.

En als je dan je handtekening zet, geeft dat helemaal geen stress, want dan is het allemaal nog ver weg. Pas een of twee dagen voordat ik echt moest beginnen, kwam dat gevoel opzetten, die stress. Die altijd aanwezige innerlijke noodzaak om te winnen. Dinsdag 17 augustus, in Stockholm, een dag voor de wedstrijd tegen Zweden.

Johan had in Barcelona nog gezegd hoe we moesten spelen. 'Hou het simpel. Gewoon: 4-3-3 met de punt naar achteren.' Hij had ook een paar andere tactische punten die ik noteerde. Ik probeerde door hem en zijn aanwijzingen nog wat wijzer te worden. Johan was toch de grote man. Hij was bij de presentatie officieel benoemd als klankbord van de KNVB dus aan alle kanten werden door de bond stut- en steunwerkzaamheden uitgevoerd.

Toch zijn we ondanks alles nog redelijk onvoorbereid naar Stockholm afgereisd. Een analyse van de speelstijl van de tegenstander hadden we niet eens. We kenden wel de spelers, maar een uitgebreid rapport hadden we niet. We waren in de aanloop vooral bezig geweest met onze eigen spelers. Pas op het allerlaatste moment gingen we aan de slag met onze presentatie over de Zweden aan de spelersgroep. Op maandagavond, twee dagen voor de wedstrijd, waren we tot twee uur 's nachts met een overheadprojector en een printer in de weer om alles voor te bereiden.

De nacht erna, voor de wedstrijd tegen Zweden, kon ik niet slapen. Toen kwam het moment dichterbij dat ik als bondscoach moest gaan functioneren, mijn debuut moest maken. Dat greep me aan, waardoor ik de slaap moeilijk kon vatten. Het voelde alsof ik een finale moest spelen.

Ik lag naar het plafond te staren. De spanning kroop in mijn lijf. Ik voelde dat slapen een kansloze missie werd. Ik stond op, dronk wat, keek een beetje tv en ging weer liggen met het licht uit, maar het werd alleen maar erger. Met wijd open ogen staarde ik de duisternis in. Ik keek op mijn telefoon. Het was al bijna 04.00 uur.

Die nacht heb ik voor het eerst Erik Reep gebeld. Ook al hadden we hem formeel als mental coach aan het Nederlands elftal toegevoegd, zijn aanwezigheid had uiteindelijk vooral met mij te maken. Reep is om halfvijf 's ochtends naar mijn kamer gekomen en toen hebben we gepraat. Hij heeft geprobeerd mij te helpen ontspannen en alsnog in slaap te vallen. Ik heb uiteindelijk nog een paar uur geslapen, maar het bleef een slechte nacht.

Ik heb daarna wel redelijk normaal en goed kunnen functioneren en alles kunnen doen wat ik moest doen. Maar het was wel al een signaal: dit is niet goed, zo gaat het niet. Ik had toen het idee: oké, het was de eerste keer, en voor iemand met een nieuwe baan is het logisch dat die in het begin wat spanning voelt. Het is allemaal nog nieuw. Op een gegeven moment zakt dat wel weg.

Die slapeloze nachten voor een wedstrijd bleven echter. Omdat je per halfjaar maar vier à vijf keer bij elkaar komt, valt daar nog wel mee te leven. Elke maand één keer tot aan de winterstop. Dan heb je soms drie intense dagen of een volle week wanneer je twee interlands achter elkaar hebt.

Tussendoor kon ik telkens wel weer redelijk goed herstellen. Tien dagen samen, daarna drie weken rustig. Dan herstelde ik mentaal altijd wel weer en had ik ook de tijd om de boel rustig te evalueren.

Maar telkens wanneer de wedstrijd weer dichterbij kwam, nam de spanning toe. Totdat de bal rolde, zeg maar. Ik had best wel wat aan Erik Reep, zeker die eerste maanden. Hij was er formeel bijgehaald voor het team. Dus bij de eerste grote bespreking in september in Huis ter Duin was hij er ook. We hadden tegen hem gezegd: 'Houd je een beetje op de achtergrond. Observeer vooral. Later kun je dan misschien eens een keer individueel iets tegen een speler zeggen.' Toen wij echter op die bewuste dag in Noordwijk aankwamen, stond hij daar in een indianenoutfit bij de ingang van de zaal waar alle spelers naar binnen moesten. Compleet met rieten rokje, een enorme verentooi en zo'n bijl in zijn hand. Het was een bizar beeld. Wij verschoten, want dit was niet bepaald wat je noemt 'op de achtergrond blijven'. Hij heeft iedereen persoonlijk welkom geheten in die outfit. Later die middag heeft-ie overigens in zijn gewone kloffie nog best een goede en nuttige presentatie gegeven, maar niet lang daarna hebben we de samenwerking met Erik beëindigd omdat die niet had gebracht wat we ervan verwacht hadden. No hard feelings.

COACH (3)

Slag om Neurenberg

WK 2006

Ik had het totaal niet verwacht, maar toen de toon eenmaal gezet was, was er geen houden meer aan. We hadden pech met scheidsrechter Ivanov, die erg nerveus was en de wedstrijd totaal niet aankon. De coach van Portugal, Felipe Scolari, hielp ook niet mee. Die gooide continu olie op het vuur door de scheidsrechter te bewerken en zijn spelers op te jutten. Portugezen zijn soms wat slimmer en gewiekster dan wij in het uitlokken van overtredingen, het manipuleren van de scheidsrechter of het aansmeren van een kaart. Zo staan ze bekend. Getructer. Portugal en Nederland zijn ook altijd al aan elkaar gewaagd geweest, misschien omdat ze allebei te klein zijn om bij de grote landen te horen en te groot zijn voor de kleintjes.

Onze voorbereiding was hetzelfde zoals altijd. Vaste tactiek en duidelijke opdrachten aan de spelers. Wij hadden ook jongens als Wesley, Robin, Arjen, Mark en Gio. Geen domme gasten, die het *gogme* van de straat hebben.

Het ging echter mis toen Khalid Boulahrouz na zeven minuten zijn noppen vol in het bovenbeen van Cristiano Ronaldo plantte. Een tamelijk onbesuisde actie. Ronaldo ging er met tranen vanaf, Khalid kwam goed weg met geel. Maar de toon was gezet. Vanaf dat moment had alleen de Russische scheidsrechter de wedstrijd nog binnen de perken kunnen houden, maar Ivanov had zijn dag niet. Totaal niet zelfs. Dat was akelig snel duidelijk. Het duel ontaarde in wat later 'de Slag om Neurenberg' werd gedoopt. FIFA-baas Sepp Blatter zou na het duel zeggen dat Ivanov zichzelf een gele kaart had moeten geven, zo slecht had hij gefloten. Je kunt met gemak een heel boek schrijven over alleen deze wedstrijd.

Na drieëntwintig minuten scoorde Portugal. Maniche. Een bekeken schot na een slimme combinatie door het centrum, de sliding van Cocu kwam net te laat. Buiten bereik van Van der Sar vloog die bal de goal in: 0-1. Tien minuten later, bij het andere doel, gooide Robin van Persie er een dubbele samba uit aan de rechterkant. Weergaloze actie. Hij kwam daardoor met de bal plots vrij, zes meter rechts van het Portugese doel. Hij had verschillende opties. Een beslissend moment. Dit zou Nederland in de race kunnen houden.

Robin was een belangrijke speler voor Oranje geworden. Ons eerste contact ging ver terug.

Op 15 april 2004 speelde Van Persie met Jong Feyenoord tegen Jong Ajax op De Toekomst, het jeugdcomplex van Ajax. Robin was door Bert van Marwijk, hoofdtrainer bij Feyenoord, tijdelijk teruggezet naar Jong Feyenoord, omdat ze mot hadden.

Ik was met John van 't Schip nog coach van Jong Ajax. Er was die avond heel veel publiek op De Toekomst. Robin kreeg van alles naar zijn hoofd, maar hij hield zich staande en gaf zelfs de assist voor de gelijkmaker.

Meteen na afloop bestormde een opgefokt deel van de fanatieke Ajax-fans het veld en belaagden ze Feyenoord-spelers en -coaches. In no-time werden alle tv-camera's onklaar gemaakt. Verschillende Feyenoord-spelers kregen klappen. Feyenoord-coach Mario Been moest een sprint trekken omdat er iemand achter hem aan kwam. Robin van Persie was het belangrijkste mikpunt van de relschoppers. John en ik probeerden ertussen te springen om die Feyenoord-spelers te beschermen. Ook Ajax-speler Daniël de Ridder hielp Robin. Mede door onze hulp kon hij uiteindelijk ontkomen naar de kleedkamer, maar het was verschrikkelijk. Robin vertelde dat hij echt bang was geweest. Een paar raddraaiers hebben nog wel taakstraffen gekregen, maar alles wat Ajax een warm hart toedroeg, schaamde zich kapot. Later hoorde ik van Robin dat de hoofdscout van Arsenal er die avond ook was, en dat hij na dat duel tegen Arsenal-coach Arsène Wenger heeft gezegd: 'Halen, die Van Persie. Die is uit het goede hout gesneden.'

Een paar maanden later werd ik bondscoach en ging Robin naar Arsenal. Hij was er alleen in augustus tegen Zweden even bij, maar kreeg van mij geen speeltijd. Hij had dat jaar nodig om bij Arsenal een basisplaats te verwerven. Daarna heb ik hem eind mei van dat seizoen weer geselecteerd. Hij had in de tussentijd bij Arsenal onder Arsène Wenger goed gepresteerd. Tegen Roemenië maakte hij zijn debuut. Een paar dagen later, tegen Finland uit, viel Robin geweldig in en scoorde. Het was overduidelijk dat hij een grote belofte voor Oranje was. Een natuurtalent, goud voor Nederland en zijn club. Dat voelde ik in Finland, waar we 4-0 wonnen. Hij begon te settelen bij Arsenal. Ik had ook prima contact met Wenger, die hem rustig wilde klaarstomen voor het hoogste niveau.

Ook tijdens het WK in Duitsland was Robin voor ons van grote waarde gebleken. Al in de eerste wedstrijd tegen Servië en Montenegro was hij beslissend geweest door een dieptebal op Arjen Robben te geven die de 1-0 maakte.

In de tweede wedstrijd tegen Ivoorkust, brak Robin de wedstrijd open met een vrije trap die zo precies en zo hard was, dat de Ivoriaanse keeper niet meer wist waar hij het moest zoeken. Robin was los, schreeuwde het uit aan de zijlijn. Een oerschreeuw, van heel diep.

Ik begreep die schreeuw heel goed. Een band tussen spelers, of tussen een coach en een speler, kan sterker worden als er wrijving is geweest, als je samen iets hebt meegemaakt of als je elkaar een keer goed de waarheid hebt gezegd. Je kwetsbaar hebt getoond. Wat gebeurde tussen Mauro Tassotti en mij of tussen Cruijff en mij bijvoorbeeld.

Met Robin had ik een goede band. Maar hij bracht ons na zijn weergaloze actie tegen Portugal, de samba, niet terug in de wedstrijd. Hij miste. Het geeft aan dat je als coach altijd maar een beperkte invloed hebt. Dat bleek nog veel sterker in het verdere verloop van het duel in Neurenberg. Want vlak voor rust gebeurde er iets cruciaals. De Portugees Costinha kreeg een tweede gele kaart voor opzettelijk hands. Portugal raakte een speler kwijt. Het was dus rust met elf tegen tien in ons voordeel, maar met een 1-0 achterstand. De scheidsrechter had toen al overduidelijk geen grip meer op de wedstrijd. In de rust hebben we duidelijk tegen de spelers gezegd: 'Pas nou op. Die Portugezen zijn link. Laat je geen tweede geel aansmeren. Wees alert. Gebruik je hoofd.'

Tien minuten na rust wisselden we aanvallend, want we stonden nog steeds 0-1 achter met elf tegen tien. Rafael kwam erin voor Joris Mathijsen. Nu hadden we dus nog drie verdedigers over. Acht minuten later, je gelooft het niet, gaat Luis Figo voor onze dug-out met veel theater naar de grond, nadat Boulahrouz een arm uitsteekt in een duel. Tweede geel, dus rood voor Boulahrouz.

Maar ik had nog een probleem, want nu had ik nog maar twee verdedigers in het veld staan. Ik moest meteen weer wisselen. Vier minuten later haalde ik Mark van Bommel naar de kant en bracht ik John Heitinga erin. Daar was Mark niet blij mee, maar ik moest wel. Ook Mark en ik hadden voor dit WK samen al het nodige meegemaakt, al waren dat geen ervaringen die de band versterkten, zoals met Robin. Andersom gold dat voor Mark waarschijnlijk net zo.

Op 4 juni 2005 speelden we met het Nederlands elftal in Rotterdam tegen Roemenië. Een cruciale kwalificatiewedstrijd.

Mark zou – dat was vooraf afgesproken – bij balverlies niet doordekken. Maar nadat de Roemeense nummer 8, Dorinel Munteanu voor gevaar zorgde met splijtende passes, besloten wij onze tactiek om te zetten. Vanaf dat moment moest Mark wel doordekken. Vanaf de kant zeiden we voor rust meerdere malen tegen hem dat hij die nummer 8, Munteanu, moest doordekken. Maar dat deed hij maar niet.

We hebben gewacht tot de rust en nog een keer, buiten de hectiek van een vol stadion, benadrukt tegen Mark: 'Blijf nou bij die nummer 8, want als we de bal verliezen, zorgt hij steeds voor veel gevaar. Het is jouw taak om dat te voorkomen.'

De tweede helft was koud vijf minuten onderweg, toen een volledig vrije Munteanu alweer twee splijtende passes richting hun spitsen had afgeleverd. Dat zorgde wederom voor veel gevaar in onze verdediging. In de buurt van Munteanu was Mark in geen velden of wegen te bekennen. Oké, blijkbaar nog niet duidelijk genoeg geweest... Wisselen.

Toch heb ik hem er in aanloop naar het WK weer bijgehaald. In het voorjaar, dus pas na de kwalificatie. De oefenwedstrijden speelde hij wel en op het WK heb ik hem ook weer opgesteld, in een meer aanvallende rol. Maar de sfeer werd nooit meer echt goed tussen ons. Het lukte mij niet om hem te bereiken, er kwam geen goed gesprek en daarom is de lucht nooit geklaard. Dat lag ook aan mij. Het vertrouwen was weg. Na dat WK in Duitsland heeft hij toen gezegd dat hij nooit meer onder mij wilde spelen. Dat hij bedankte voor Oranje. Eerlijk gezegd neem ik mezelf daar verder niet zoveel in kwalijk.

Maar goed, Mark belandde dus in die WK-wedstrijd tegen Portugal op de bank. Het was tien tegen tien met nog twintig minuten te spelen. Een paar minuten later kwam Dirk Kuijt vrij en ging hij alleen op de Portugese keeper Ricardo af. Het was de grootste kans tot dan toe in de wedstrijd, naast de bal op de lat van Cocu. Maar Dirk schoot tegen de keeper. Kans verkeken.

Vlak voor tijd brachten we Jan Vennegoor of Hesselink nog binnen de lijnen, als pinchhitter, maar ook hij scoorde niet. Ook Deco en Giovanni van Bronkhorst werden door Ivanov nog uit het veld gestuurd, na hun tweede gele kaart. Dus toen was het negen tegen negen. Maar gescoord werd er niet meer.

En toen was het over. Portugal naar de kwartfinale. Nederland naar huis. Tranen bij Edwin van der Sar na het laatste fluitsignaal, die wist dat zijn laatste WK voorbij was.

Als je later de kansenverhouding ziet, tweeëntwintig tegen negen, voor ons, krab je je toch nog eens achter de oren. Het lukte ons niet uit die tweeëntwintig kansen ook maar één keer te scoren, hoezeer die wedstrijd ook uit de hand liep. Ruud van Nistelrooij had al die tijd naast mij op de bank gezeten, negentig minuten lang. Hij was de spits die het meeste had gescoord in mijn periode als bondscoach, vijftien keer. Het feit dat Ruud er niet inkwam had met het bizarre verloop van de wedstrijd te maken, maar dat hij niet in de basis begon, had een andere reden.

In aanloop naar en tijdens het WK waren John en ik niet helemaal tevreden over zijn spel. Daarom wisselden we hem in de eerste drie poulewedstrijden steeds. Tijdens de training een dag voor de wedstrijd tegen Portugal ontplofte Ruud. Hij schold John uit en trapte een bal weg, terwijl iedereen het hoorde en zag. Voor mij was het meteen duidelijk. Dat is zo'n moment dat je als coach je geloofwaardigheid direct kwijt bent als je niet ingrijpt. Wat hij deed, kon echt niet, vond ik. Ik heb hem meteen weggestuurd.

Direct na de training was er een persconferentie waar ik heb gezegd dat Ruud de volgende wedstrijd niet zou starten als gevolg van zijn optreden die ochtend. De pers wist dus eerder dan Ruud zelf dat hij niet zou spelen. Dat was niet slim van me. Met als resultaat dat hij alleen maar kwader werd en ik moest starten met mijn beste spits op de bank.

Een halfjaar later, in december 2006, is uiteindelijk de lucht tussen Ruud en mij geklaard. In eerste instantie had hij ook even schoon genoeg van Oranje onder mijn leiding. Edwin van der Sar had er als aanvoerder bij mij na het WK op aangedrongen om een keer met hem te gaan praten. Toen ben ik naar Madrid gevlogen en heeft Ruud me zijn kant van het verhaal verteld. Eigenlijk hebben we toen voor het eerst een goed en open gesprek gehad over de hele periode 2004-2006, maar vooral over het WK in Duitsland.

Pas in Madrid hoorde ik dat ons gemopper op zijn spel en de wisselbeurten zijn zelfvertrouwen hadden aangetast. Dat zijn spel daaronder was gaan lijden. En omdat hij als doelpuntenmaker zich ook wilde richten op de topscoorderslijst, was het voor hem vreselijk om gewisseld te worden. Hij liep dus rond met een enorme frustratie in zijn lijf en tijdens de training een dag voor de wedstrijd tegen Portugal kwam die naar buiten.

Wat ik ook niet wist, is dat hij heel erg tegen mij opkeek, omdat ik zijn jeugdidool was geweest. Vergelijkbaar met zoals ik naar Johan keek. Ik pakte hem ook hard aan, net zoals Johan mij had aangepakt. Alleen wist ik niet wat er precies in hem omging. En hij niet wat er in mij omging. We hadden nog geen band gesmeed. Daardoor ging het mis. Als we die band tijdens het WK in Duitsland wél hadden gehad, was het anders gegaan. Dat weet ik zeker. Ik heb hem inmiddels beter leren kennen en ben hem als mens zeer gaan waarderen. Hij is een heel gepassioneerde, open, eerlijke vent. Echt een leuke kerel.

Later, tijdens mijn cursus NLP, heb ik veel over communicatie geleerd. Over non-verbale communicatie, maar ook over een helicopterview, die je kunt gebruiken om even uit je emotie te stappen. Dan kun je erboven gaan hangen en de situatie van een afstandje observeren. Dan kun je als coach zeggen: we zijn allebei boos, maar wat is hier aan de hand? Beide standpunten aanhoren. Kunnen we dit ook anders oplossen? Dat was, achteraf gezien, natuurlijk veel beter geweest.

Toen ik met Ruud uitgepraat was in Madrid, en hij zich weer beschikbaar stelde voor Oranje, was ik heel blij. Vooral ook omdat de kou uit de lucht was. Uiteindelijk hebben we samen nog een mooie tijd gehad bij Oranje. Nadat we klaar waren met dat gesprek in de spelerslounge van Ciudad Real Madrid, kwam ineens David Beckham naar ons toe. Hij had op een afstandje een kwartier rustig zitten wachten, omdat hij een praatje met me wilde maken en een handtekening van me wilde. Ik was verrast. Zo'n grote en bekende speler.

Nog altijd heeft 'de Slag om Neurenberg' de eer om het twijfelachtige record van zestien gele en vier rode kaarten in een WK-wedstrijd te hebben. Dat de wedstrijd zo ontspoorde was voor mij als coach echt een totale verrassing, een bizar verloop. Het eindigde met negen tegen negen en werd uiteindelijk een wedstrijd waarvoor je je eerlijk gezegd een beetje schaamt als je hem terugziet. Maar als je coacht, probeer je hem vooral winnend af te sluiten. Maar we konden dus naar huis. Daarna kwamen Oranje en ik, na een vlekkeloze kwalificatieperiode met alleen maar complimenten, flink onder vuur te liggen.

DE KERSTREDE

December 2006

Ik rij met mijn auto het parkeerdek op van Hotel Huis ter Duin in Noordwijk voor de jaarlijkse kerstborrel met alle journalisten die het Nederlands elftal volgen. Een mannetje of vijfentwintig, dertig, van alle belangrijke media. Ze krijgen een hapje, een drankje en een toespraak van de bondscoach in een 'informele setting'.

Ik heb er totaal geen zin in. En dat komt niet alleen door wat er de laatste maanden, sinds die wedstrijd tegen Portugal, rond het Nederlands elftal is gebeurd. De andere sfeer, de venijnige artikelen. Nee, er is iets anders wat me al dagen bezighoudt. En eerlijk gezegd zit de schrik er goed in. Alleen kan ik daar vanavond hier tijdens de kerstborrel niemand over vertellen. Ik moet het voor mezelf houden.

De stemming rond Oranje is na het WK helemaal omgeslagen, alsof die verloren wedstrijd tegen Portugal het startsein was voor veel journalisten om hun lezers en kijkers eens haarfijn uit te leggen wat er allemaal niet aan deugt en wat er eigenlijk al twee jaar niet goed gaat. De toon is veranderd en hun pijlen richten zich op de man die daarvoor verantwoordelijk is. De bondscoach is de kop van Jut. Dat weet ik. Zo werkt het. De winnaar heeft altijd gelijk, bij de verliezer is van alles mis. Er deugt weinig meer van.

Ik sluit de autodeur en loop naar de ingang. Normaal word ik hier opgewacht door journalisten. Nu niet, nu zijn ze zelf te gast en worden ze gefêteerd. Sommigen doen er speciaal een net jasje voor aan boven hun spijkerbroek. De man in kostuum bij de ingang groet me met een hoofdknik. Ik moet mezelf inprenten even twee uurtjes niet aan die brief uit Italië te denken, al weet ik dat dat lastig wordt.

In de pers wordt gesuggereerd, nu twee spelers met een PSV-achtergrond, Van Bommel en Van Nistelrooij, hebben bedankt, dat er in de staf te veel Ajacieden zitten en dat we daarom niet objectief spelers kunnen beoordelen. Onzin. Dat vind ik echt gelul van een dronken aardbei. Wat ook niet hielp in de beeldvorming, was de ingezonden brief van Edgar Davids in *Voetbal International* kort na het WK. Hij reageerde op een uitspraak van mij bij de slotpersconferentie. Er werd gevraagd waarom ik hem eigenlijk niet had meegenomen naar het WK. Nou, hij was er al anderhalf jaar niet meer bij, om goede redenen, vonden wij. 'Ik selecteer Jan Wouters toch ook niet meer?' zei ik nog gepikeerd.

Dat viel verkeerd bij Edgar en daarom klom hij vervolgens in de pen. Ik snap achteraf best dat-ie dat niet leuk vond, dat-ie daar zelfs boos om was. Het was ook niet zo heel sympathiek van mij om dat zo te zeggen, maar tegelijkertijd vond ik het ook wat overdreven van hem om er een hele brief over te schrijven. Waar ging het nou helemaal over? We hadden hem in het najaar van 2005 een keer of vijf aan het werk gezien, en hij wist ons toen niet te overtuigen.

Clarence Seedorf was er ook al twee jaar niet bij. Opeens was dat ook een issue. Ik werd er een beetje naar van, al die commentaren. Het liefst lees je die ook niet en kijk je die programma's niet. Maar het hoort bij je werk, je moet toch enigszins op de hoogte blijven van de meningen en emoties die leven. En dan kan het negatieve toch aan je blijven kleven.

Vanavond gaan we dus 'gezellig' samen 'het jaar afsluiten in een informele setting'. Het liefst zou ik hier niet zijn. Maar goed. Het nieuws dat Perry twee dagen geleden kreeg helpt ook niet mee. Meteen nadat hij dat telefoontje had gekregen was hij naar ons huis in Badhoevedorp gereden om het slechte nieuws te brengen. Hij zei toen we aan de keukentafel zaten: 'We dachten dat we het ergste gehad hadden, qua financiële ellende. Maar ik vrees dat het toch nog erger kan.'

Ik houd wat afstand tot de journalisten en loop meteen naar John en Rob, die met Kees Jansma en Anja van Ginhoven staan te praten. Kees en Anja zijn goud waard, die houden de pers rustig en op gepaste afstand. Kees geeft me een klap op mijn schouder, grijnst zijn brede grijns, kijkt me met zijn olijke oogjes aan en zegt: 'Zo, Mandela. Klaar voor de grote toespraak?' Ik mompel iets onverstaanbaars terug, want ik voel de stress even door mijn lijf schieten.

Ik ben van nature niet zo'n prater, meer een luisteraar. Ik kan het wel, maar dan vooral in antwoorden op vragen. Een soort interview. Presenteren is heel andere koek. Maar het hoort bij m'n takenpakket, dus er zit niets anders op. Vaak, als ik moet praten, zakt de spanning na twee zinnen wel uit mijn lijf. Gelukkig heb ik met Anja de speech in elkaar gezet en besloten dat ik toch ook mijn verbazing zal uitspreken over de omgeslagen stemming in het afgelopen halfjaar. Ik krijg een espresso aangereikt van een serveerster. Ik doe er suiker in, leun rustig op de statafel naast Kees en Anja.

Kees neemt even het woord. Losjes en toch serieus, zoals hij dat kan. Hij kondigt mij aan. Ik loop naar de katheder, trek mijn grijze jasje recht, haal het A4'tje uit m'n binnenzak, neem een slok water, en hoor dat het stil wordt. De pers, een paar KNVB-mensen en de staf van Oranje staan aan de andere kant. De journalisten zijn ruim in de meerderheid.

Goedenavond allemaal.

Vorig jaar stond ik hier ook. Toen, net na de loting voor het WK 2006. Ingedeeld in de 'poule des doods', was de algemene opinie. Wat was de sfeer toen anders!
Vol goede moed en met veel zelfvertrouwen telden we allemaal – spelers en staf, maar ook supporters, collega's en pers – de dagen tot het WK in Duitsland af. Er was geloof in de kwaliteiten van de spelers en de technische staf. De ervaringen, opgedaan tijdens de goede kwalificatiereeks, waar we ons ten koste van Roemenië en Tsjechië ongeslagen plaatsten voor de eindronde, deden ons – spelers en staf, maar ook supporters, collega's en journalisten – geloven dat we tot veel in staat zouden zijn in Duitsland.
De voorbereiding op het WK verliep soepel. De resultaten hielden gelijke tred met de hoge verwachtingen van spelers, staf, supporters, collega's en de media.
En toen het WK. Eindelijk.

En zo was het ook. De sfeer was uitstekend geweest, want we wonnen bijna alles ondanks de enorme verbouwing van het Nederlands elftal nadat vele vaste krachten waren gestopt. We verbraken zelfs het oude record van Rinus Michels, werd mij later verteld, die zijn eerste negen duels als bondscoach ongeslagen was gebleven. Bij ons bleef de teller op vijftien pas staan. Er was dus geen vuiltje aan de lucht.

We moesten en gingen verder met een nieuwe generatie. De namen van spelers die nog wel door konden en wilden, maar die we niet selecteerden, las je bijna nergens. We begonnen ook goed. Na het dramatische EK in Portugal was de stemming rond Oranje slecht. We hadden de steun van Cruijff, en daarmee van een aantal prominente media.

Er was blijkbaar toch ook een drempel geweest om mij persoonlijk aan te pakken. Op basis van een soort status die mij was toegedicht na mijn spelersperiode. Die misschien alleen maar sterker werd toen ik de jaren erna totaal van de radar was. Het 'San Marco'-predicaat, waar ik zelf nooit om gevraagd had, was een soort extra bescherming voor mij, als beginnend bondscoach. Maar die tijd is sinds het WK in Duitsland definitief voorbij. Als je er op een WK uitvliegt met zo'n onvoorspelbare idiote wedstrijd, kan dat gebeuren. Maar daar dacht de pers dus heel anders over. En het publiek gaat daar uiteindelijk ook in mee. Je hoort mij niet zeggen dat het voetbal geweldig was, hoor. Of dat ik een geweldige coach was. De resultaten waren op zich prima, tot die idiote wedstrijd met die dramatische scheidsrechter.

Winst in de eerste twee groepswedstrijden tegen Servië en Ivoorkust. Weliswaar met hard werken en weinig schoonheid, maar toch, er werd gewonnen. En we hadden ons na twee wedstrijden al geplaatst voor de volgende ronde. Wie had dat gedacht? Een prima prestatie in een groep die door velen bestempeld was als de 'poule des doods'. En tegen Argentinië, wedstrijd nummer drie, volgde een verdienstelijk gelijkspel, met veel invallers aan beide kanten. So far, so good.
Maar dan. Zondag 25 juni 2006. Tweede ronde WK. Portugal-Nederland. Wat volgt is een bizarre wedstrijd. Meer kansen voor ons dan voor de Portugezen. Maar ook zestien gele en vier rode kaarten!! Een scheidsrechter met een offday. Enfin, de afloop is bekend.
De droom is over. Verliezen doet pijn. Bij ons allemaal. Spelers en staf, supporters, collega's en journalisten. Maar hoe ga je hiermee om? Zoek je de confrontatie op? Ga je om je heen slaan? Of probeer je de teleurstelling op een goede manier te verwerken en ervan te leren?

Ja, ik weet het. Ik kon me er niet toe zetten een kulpraatje te houden. Ik hou de journalisten hiermee een spiegel voor. Dat klopt. Mag het? Of moet ik al die shit over me heen laten komen? Kijk, ik snap best dat sommige mensen gniffelen als iemand met een hoge positie omlaag dondert. Dat is menselijk. Dat begrijp ik, maar ik mag daar dan toch ook wel menselijk op reageren?

Niemand in deze zaal weet wat er aan de hand is op dit moment. Dat er een enorme financiële claim uit Italië boven mijn hoofd hangt. Dat Berlusconi lang buiten schot bleef bij de operatie 'Schone Handen', omdat hij premier was. Maar dat hij sinds hij zijn politieke onschendbaarheid kwijt is, de onderzoeksrechters ook in zijn financiële verleden gedoken zijn, zoals eerder al in die van alle grote zakenfiguren in Italië. En nu blijkt het in de Milan-tijd toch niet allemaal zuiver te zijn geweest. Veel spelers hadden ogenschijnlijk lucratieve portretrecht-contracten gekregen. Ik dus ook. Mijn salaris was in die tijd volgens mij het hoogst van allemaal, dus ik ben flink de klos simpel gezegd. De claim van de Italiaanse fiscus aan mij persoonlijk is 33,6 miljoen euro. Nog hoger dan de Nederlandse aanslag waar ik net mee klaar ben. Jezus. Wat een ongelooflijke klotezooi. En nu sta ik hier een mooi praatje te houden. Ze moesten eens weten allemaal.

De tactiek was een drama. De wissels waren desastreus.
De 'affaire' Van Nistelrooij onverstandig en niet slim.
Boulahrouz onbegrijpelijk en Van der Vaart onvergeeflijk.
Sneijder onvoorstelbaar. En ga zo maar door. Geen stijl.
Geen beleid. Geen aanvallend voetbal. De technische staf te onervaren. Adviseur Cruijff niet te volgen. Directeur Henk Kesler, die ons contract wilde openbreken, in de war.
Is het nu allemaal echt zo slecht als ons – spelers en staf, maar ook supporters en collega's – steeds maar door een aantal journalisten in de media wordt voorgehouden?
We zijn tweeënhalf jaar geleden begonnen aan een lastige klus. We wilden weer herkenbaar Nederlands voetbal spelen.

Er moesten veel nieuwe spelers worden ingepast en ondanks dat hebben we goede resultaten behaald. Oké, nog te weinig met goed en aantrekkelijk voetbal, maar dat blijft onze aandacht houden.

Ik ben trouwens blij dat we niet met Italië in een poule zitten, want Perry vertelde dat ik voorlopig niet naar Italië kan reizen. Met zo'n hoge claim is het risico op een arrestatie reëel. Het is *serious business.*

Hij heeft het simpel uitgelegd. Met mijn eerste contract in Milaan was niks aan de hand. Met mijn tweede contract van drie jaar, en de verlenging daar weer van met nog eens drie jaar, is het verkeerd gegaan. Althans: toen dachten ze heel inventief te zijn. Ik kreeg vanaf dat tweede contract ongeveer 10 miljoen gulden per jaar waarvan één miljoen als salaris. Daar betaalde ik ook gewoon mijn inkomstenbelasting over in Italië. Die andere 9 miljoen werd opgespaard en zou later betaald worden. Dat was dan officieel de vergoeding voor mijn portretrechten. Na mijn tijd bij Milan zou die 9 miljoen per jaar op de rekening van mijn portretrechten-bv gestort worden. Die zou gevestigd zijn in een land waar je over dat soort inkomsten geen belasting hoeft te betalen, zoals bijvoorbeeld in Monaco, waardoor die hele vergoeding voor mijn bv netto zou zijn.

Omdat ik het uiteindelijk redelijk en fatsoenlijk vond, vanwege mijn voortslepende blessure, om Milan het geld van het laatste contractjaar niet te laten betalen, hebben we het in totaal dus over een bedrag van 45 miljoen gulden. Vijf jaar lang 9 miljoen gulden. Dat geld werd toen aan mij betaald door een bedrijf dat mijn portretrechten exploiteerde. En daar zijn ze vervolgens bij onderzoeken op gestuit.

Het probleem was echter niet de herkomst van het geld, maar de verhouding tussen het bedrag aan salaris en de vergoeding voor de portretrechten. Dat was nogal uit de pas. Je salaris zou veel hoger moeten zijn dan de inkomsten uit die portretrechten. Tenzij je nauwelijks speelt, maar wel continue ingezet wordt voor televisiereclames en andere commerciële werkzaamheden. Maar dat was in mijn geval niet zo. Later beseften we dat het veel veiliger zou zijn geweest als die verhouding andersom was geweest. Het was eigenlijk vragen om problemen.

Ze hebben er meer dan zes maanden aan gewerkt met elkaar. En met zoveel financieel experts, de bedenkers van de constructie, en de advocaten zou je ervan uit mogen gaan dat er goede en veilige contracten worden opgesteld. Zij hebben mij begeleid bij het aangaan en afsluiten van deze contracten en hebben er kennelijk toen verder geen of weinig problemen of gevaren achter gezocht. Misschien ook wel, maar het heeft ze toen niet weerhouden mij die contracten te laten aangaan. Ik heb alle contracten uiteindelijk blind getekend, dat zal je niet meer verbazen.

Nu dit met 'Operatie Schone Handen' aan het licht is gekomen, zijn ze ook achter de misschien wel grootste vis aangegaan. De heer M. van Basten te Badhoevedorp. Want niemand verdiende zoveel als ik in die jaren bij Milan. Waarschijnlijk was ik toen zelfs de best betaalde voetballer ter wereld. De achterstallige loonbelasting over die 45 miljoen gulden met rente en een fikse boete maken samen dus die 33,6 miljoen euro. Binnen zes maanden te betalen.

En nu. We staan er wederom goed voor in de kwalificatiereeks voor het EK 2008. Feitelijk is de situatie vergelijkbaar met die van het najaar 2004. Oranje is nog steeds ongeslagen en heeft plaatsing voor de eindronde in eigen hand. We hebben een goede selectie. Een groep met veel spelers van 23 of jonger.
Verder is de samenwerking met de staf en spelers zeer prettig

en professioneel. De sfeer intern is uitstekend. Maar wij – spelers en staf – beseffen ook dat er vooral in de uitvoering nog wel het een en ander te verbeteren valt.
Met dit in ons achterhoofd kunnen wij met vertrouwen naar de toekomst kijken. Een toekomst, waarin wij de weg blijven volgen, die we twee jaar geleden zijn ingeslagen. Ongestoord en onverstoorbaar. Met het streven goede resultaten te behalen, door aantrekkelijk en dominant voetbal te spelen. Met dezelfde werkwijze en keuzes, dezelfde instelling en dezelfde overtuiging als bij de start van ons avontuur.
Er wachten ons mooie jaren. Ondanks het feit dat de sfeer, bij een deel van de buitenwacht, compleet anders is dan een jaar geleden, toen ik hier ook stond.

Een plichtmatig applausje volgt. Je hoort ze denken: het zal wel. Men heeft dorst en keert zich weer om naar zijn eigen statafel, waar de drankjes staan en ieder zijn eigen gesprekspartner heeft. Prima. Ik loop naar de tafel waar nu een spa blauw wordt neergezet. Kees zegt: 'Prima, Marco. Je hebt ze toch even een spiegel voorgehouden.'

Ook Henk Kesler komt er even bij staan, en zegt: 'Keurig hoor. Het hoeft niet altijd zo braaf, toch?'

Twee maanden geleden heb ik definitief afscheid genomen van mijn advocate. Na het beleggingsdebacle en de toestand met de Nederlandse belastingdienst rond de eeuwwisseling, was ze nog wel actief gebleven, maar na het WK 2006, toen mijn contract met de KNVB geëvalueerd werd, liep de communicatie tussen Perry, haar en de KNVB wederom zo onhandig, dat Perry zei: 'Zo kan ik niet werken, Marco. Zo kan en wil ik jouw belangen niet behartigen.'

Daarmee dwong hij me te kiezen tussen hem en haar. Daar was ik snel uit, al kostte het afscheid nemen – ze deed mijn zaken immers al sinds 1989 – mij toch moeite, menselijk gezien. Het is een lange tijd, en je hebt samen veel meegemaakt. We waren vrienden geworden. Maar de beslissing was helder. Dat was nota bene in september, drie maanden geleden. En nu gebeurt dit.

Perry zei dat mijn belastingadviseur was gebeld door een hoge ambtenaar van de Nederlandse Belastingdienst die vertelde dat hij met de aanslag in zijn maag zat. Niet alleen vanwege de hoogte, maar ook vanwege het feit dat er een belastingverdrag is met Italië, waardoor hij verplicht is de aanslag te innen bij de Nederlandse ingezetene die het betreft: de Heer M. van Basten te Badhoevedorp. Ik, zei de gek.

Na twee spaatjes blauw en wat verplicht gebabbel, geef ik iedereen aan mijn tafel een hand, wens ze vast prettige kerstdagen en loop naar de voordeur voordat een journalist me nog even snel kan aanklampen. Wegwezen hier.

DE BOLHOED VAN MENEER SEEDORF

17 november 2007

Ik was blij dat perschef Kees Jansma erbij was, anders zou niemand me hebben geloofd. Het was na de nipt met 1-0 gewonnen wedstrijd Nederland-Luxemburg op 17 november in De Kuip. We hadden ons daardoor definitief gekwalificeerd voor het EK 2008.

Na het EK in Portugal in 2004 had ik een nieuwe start moeten maken met Oranje. Er kwam een nieuwe talentvolle lichting aan met Van der Vaart, Sneijder en Robben, maar dat waren vooral aanvallend ingestelde spelers. Van de 'oudjes' ging slechts een enkeling door.

Clarence Seedorf had ik in mijn eerste twee jaar als bondscoach helemaal niet geselecteerd, maar toen hij bij AC Milan steeds beter ging spelen in het seizoen '06-'07, heb ik hem erbij gehaald. Ik wilde hem toch weleens van dichtbij meemaken, op trainingen en in wedstrijden, ook al hadden eerdere bondscoaches moeite gehad hem in te passen in Oranje. Mede omdat jongens als Sneijder en Van der Vaart fysiek nog weleens problemen hadden, gaf ik hem uiteindelijk een kans.

In vriendschappelijke wedstrijden heb ik Seedorf vanaf het moment dat hij er weer bijkwam drie keer mee laten spelen, in september tegen Bulgarije gaf ik hem een nog wat langere invalbeurt en uiteindelijk heb ik hem in drie kwalificatiewedstrijden in de basis laten beginnen: Roemenië uit, Slovenië thuis en Luxemburg thuis, in oktober en november 2007.

Roemenië uit was de eerste wedstrijd in de campagne naar het EK die we verloren. Niet dat ik hem dat meteen in de schoenen wil schuiven, maar het hielp ook niet mee. John en ik hebben het er in die tijd veel over gehad. We vonden uiteindelijk dat we betere opties hadden op het middenveld, nadat we hem een periode op de trainingen en in de wedstrijden hadden gezien. Daarom was hij niet onze eerste keus op de aanvallende middenveldposities, maar kozen we meestal voor Wesley en Rafael. Maar goed, door de omstandigheden en zijn goede spel bij Milan kreeg Clarence in die drie duels in de herfst van 2007 een basisplek. Hij kreeg dus de kans die hij heel graag wilde en waarvan hij vond dat hij er aanspraak op kon maken.

Na zijn derde duel, de 1-0 in Rotterdam tegen Luxemburg op 17 november, met nog één kwalificatieduel te gaan, vroeg Clarence meteen na afloop om een gesprek met mij. Hij wilde die avond nog praten.

Kees Jansma regelde een zaaltje en bleef uiteindelijk ook bij het gesprek. Vier dagen later zou de laatste kwalificatiewedstrijd zijn, Wit-Rusland uit. In Minsk. Voor hem, nu hij kansen kreeg, een mooie gelegenheid zich nogmaals te laten zien, ondanks het feit dat we al geplaatst waren. Een mogelijkheid voor hem om in de definitieve EK-selectie te komen.

Tot mijn verbazing begon Clarence met de mededeling dat hij zich afmeldde voor die laatste wedstrijd, omdat hij zich wilde concentreren op aanstaande belangrijke wedstrijden met Milan. Daarna volgde een heel betoog. Hij had het vóór die drie laatste duels in de basis voornamelijk met invalbeurten moeten doen en vond het ongelooflijk dat ik hem niet altijd opstelde. Hij vond dat hij een grotere kans verdiende en was ervan overtuigd dat als ik hem die kans zou geven, we dan hoge ogen op het EK zouden gooien.

Ik weet niet meer hoe hij het precies zei, maar het kwam erop neer: 'Als je mij laat spelen, gaan we het goed doen in Oostenrijk en Zwitserland. Dan wordt het elftal beter. Dat gebeurt bij Milan ook, omdat ik daar ook altijd speel.'. Hij haalde er van alles bij om mij duidelijk te maken dat we met hem in de basis op het EK een grote kans maakten om Europees kampioen te worden.

Ik was echt met stomheid geslagen. Ik was serieus bezig om hem een kans te geven zich in het elftal te spelen. Tot op dat moment was hij verre van overtuigend geweest. Verloren van Roemenië, met matig spel van Slovenië gewonnen en 1-0 thuis tegen Luxemburg was geen indrukwekkende prestatie. Dus tegen de Wit-Russen uit was voor hem nog een extra mogelijkheid om mij, ons, te overtuigen.

Nou, volgens hem had hij zich al bewezen. Hij was beter dan de spelers die wel een basisplaats hadden in dit elftal, hij speelde met Milan in de Champions League en de Serie A. 'Moet ik me nu nog bewijzen?' Dat vond hij dus echt belachelijk, hij hoorde als eerste op het bord te staan.

Ik was echt heel verbaasd en heb geantwoord dat ik hem nu juist een kans aan het geven was, drie keer op rij. En dat het feit dat hij zich nu afmeldde voor die laatste wedstrijd op mij geen gretige indruk maakte.

Kees en ik hadden met open mond naar hem zitten luisteren. Wat mij opviel was dat hij zich meer gedroeg als een zakenman dan als een 'voetballer'. Meneer Seedorf had een volledig driedelig kostuum aan en aan het einde van het gesprek liep hij meteen naar buiten, waar een Mercedes met draaiende motor op hem stond te wachten. Een chauffeur achter het stuur die hem meteen naar het vliegveld moest brengen om met een privéjet waarschijnlijk naar Milaan te vliegen. Hij had een aktetas onder zijn arm en een paraplu in zijn hand. Alleen aan zijn sporttas kon je nog zien dat hij voetbalde. Toen hij naar die auto liep en Kees en ik hem nastaarden, dacht ik: hij heeft nog net geen bolhoedje op, maar het zou niet misstaan.

Toen de Mercedes uit het zicht verdwenen was, zei Kees tegen me: 'Het is goed dat ik erbij ben geweest, want ik heb nooit willen geloven dat mensen zo over zichzelf durven te praten.' Hij wist niet wat hij hoorde. En ik was uiteindelijk extra blij dat Kees erbij was geweest, want anders zou niemand mij geloven als ik het zou vertellen.

Maar hoe Meneer Seedorf of Clarence er ook uitzag: wat hij presteerde op het veld, daar ging het mij om. En daar maakte hij het elftal echt niet beter. Hij zei dat de hele tijd wel, maar dat was in onze ogen echt niet zo.

Als bondscoach moet je keuzes maken. En ik heb de keuzes altijd gemaakt op voetbaltechnisch en tactische basis. Al het andere speelt voor mij geen enkele rol. Als mensen daar allerlei andere conclusies op nahouden, het zij zo.

EENZAAM IN MINSK

22 november 2007

Het was donderdagochtend. Ik zat in de vertrekhal op het vliegveld van Minsk voor de terugvlucht naar Nederland. Op de ochtend na de nederlaag tegen Wit-Rusland. Dramatisch was dat: sneeuw langs het veld, min zes, geen hond op de tribune. Totaal geen ambiance, en bovendien – dat is nog het ergste – een van de slechtste wedstrijden als bondscoach.

Ik had de krantenkoppen al doorgestuurd gekregen. Daar werd ik niet vrolijk van. Ik was maar even apart gaan zitten in een hoek van de vertrekhal. Even weg van de rest van de staf. Weg van de spelers. Ik zag Oranjesupporters hun bagage op de band leggen. Ik voelde me gewoon slecht. John en Rob Witschge vonden dat ik niet zo moest zeuren, omdat we ons vier dagen daarvoor 'gewoon' hadden geplaatst voor het EK in Zwitserland en Oostenrijk. Die waren in een prima stemming, nederlaag of niet, maar ik zit anders in elkaar.

Verliezen vind ik verschrikkelijk. Ik voel de verantwoordelijkheid volledig op mijn schouders rusten en praat mezelf volledig naar beneden: ik ben niet creatief genoeg, niet slim genoeg, niet voorbereid genoeg, gewoon niet goed genoeg. Ik had gefaald. Verloren van de Wit-Russen, onder bizarre omstandigheden. Dat soort gedachten hadden me ook die nacht wakker gehouden, dus ik voelde me brak.

Eigenlijk was het al anderhalf jaar gezeik met het Nederlands elftal. Al sinds die bizarre wedstrijd op het WK tegen Portugal was er weinig meer goed aan Oranje. Er was veel kritiek, een hoop chagrijn en de stemming in de kranten en op tv was inmiddels duidelijk overgeslagen op het publiek. Voor het eerst werd er zelfs hier en daar geroepen dat ik weg moest. Werd het niet eens tijd voor een andere bondscoach?

De cijfers van de kwalificatie waren al met al helemaal niet slecht. Acht keer winst, twee keer gelijk, twee keer verloren, maar dat maakte weinig uit. Er was veel kritiek op het spel, op de vele wisselingen. Daar hoorde een verhaal bij, maar dat maakte niet veel meer uit. Sinds het WK in Duitsland was het vrij schieten op Oranje.

Daarom was deze nederlaag in Minsk ook weer zo'n pijnlijk moment dat ik als bondscoach moest ondergaan. Alsof de critici alsnog gelijk kregen. Ik hoefde even niemand om me heen die geforceerd vrolijk ging lopen doen. Ik voelde me eenzaam. Het rare was dat het net leek alsof iedereen op dat vliegveld me vermeed. Alsof ik besmet was. Opeens herkende ik de situatie, uit m'n tijd als speler. Als de trainer een moeilijke fase had. Dat je wat afstand van hem hield.

Plots besefte ik hoe dat was. Wat Sacchi moet hebben gevoeld, toen in 1991 zijn dagen bij Milan geteld waren. Of wat Beenhakker moet hebben gevoeld op het WK '90. Of Aad de Mos bij Ajax, in de bus terug na die nederlaag bij Haarlem. Nu was ik het. En dat voelde knap beroerd.

De wedstrijd bleef die nacht maar door mijn hoofd spoken, terwijl er niks meer op het spel stond. Voor ons niet. En voor hen niet. Wat maakte het eigenlijk uit? Maar het maakte dus wel uit.

Het was geen sprankelende herfst met Oranje geweest, maar het was ook niet slecht. Voor het eggie begon het in september 2007 prima tegen Bulgarije. Ruud van Nistelrooij was weer terug, en scoorde meteen. Vier dagen later hadden we het knap moeilijk gehad in Tirana tegen Albanië, maar Ruud redde ons in de laatste minuut: 0-1.

De pers had meteen scherpe woorden klaar. En dat sloeg over

op het publiek. Dus toen we in de oktober-cyclus in Roemenië met 1-0 verloren, waren de rapen gaar. Het was de eerste nederlaag in negen duels, we hadden alles nog in eigen hand, maar als je eenmaal de kop van Jut bent, kan het snel gaan.

Een paar dagen later, thuis tegen Slovenië op 17 oktober, kwamen we al snel op 1-0, maar daarna kwam het spel totaal niet op gang. Het was niet sprankelend. Geen feest. Het publiek in Eindhoven begon te sputteren en voor het eerst richtten de spreekkoren zich ook op mij. Er werd om Foppe de Haan geroepen, die met Jong Oranje net het EK had gewonnen.

We maakten vlak voor tijd nog 2-0, de zevende overwinning na tien kwalificatieduels, maar het kwam die avond niet meer goed met het publiek, dat morrend naar huis ging.

Na afloop bij de persconferentie had ik het afgedaan met een paar zinnen. Dat het spel niet goed was, en dat was het ook niet, maar tegelijk waren we ook nog maar één zege verwijderd van plaatsing voor het EK. Tegen Luxemburg. En dat was dus vier dagen voor Minsk gelukt.

Niks aan de hand, zeiden John en Rob. We gaan toch naar het EK? Maar voor mij voelde dat anders. Ik kan best tegen kritiek, ook als het slecht gaat. Maar als het in de ogen van de pers, en dan ook vaak in die van het publiek, veel slechter gaat dan reëel is, kan het op een gegeven moment onredelijk worden. En dan wordt er op de man gespeeld. Daar had ik moeite mee. Dat verteerde ik slecht.

Je wordt door het slijk gehaald. Iedereen mag het allemaal maar zeggen. Hendrik Jan de Tuinman en weet ik veel wie. Het is alsof je bij het grofvuil wordt gezet. Je krijgt alleen maar stront over je heen. Het is een soort schavot. De schandpaal, zoals vroeger op het dorpsplein.

Ik wist wel dat het eigenlijk iets leuks moest zijn, naar een EK gaan met een getalenteerde groep. Maar het voelde op dat moment als een pot ellende.

Marco met Wereldbeker, Tokio, 1989

Johan Cruijff met Marco tijdens zijn revalidatie, februari 1988

(© VOETBAL INTERNATIONAL)

Frank Rijkaard (Bronzen Bal), Marco (Gouden Bal) en Ruud Gullit (Zilveren Bal), 1989 (© HOLLANDSE HOOGTE, PRESSE SPORTS)

AC Milan viert de overwinning op Steaua Boekarest na de Europa Cup-finale op 24 mei 1989 (© GETTY IMAGES)

Marco en Liesbeth, Antibes 1990

Marco tijdens de werreldbeker in Tokio, 1989

Marco net na zijn operatie in het Prinsengrachtziekenhuis, 1987

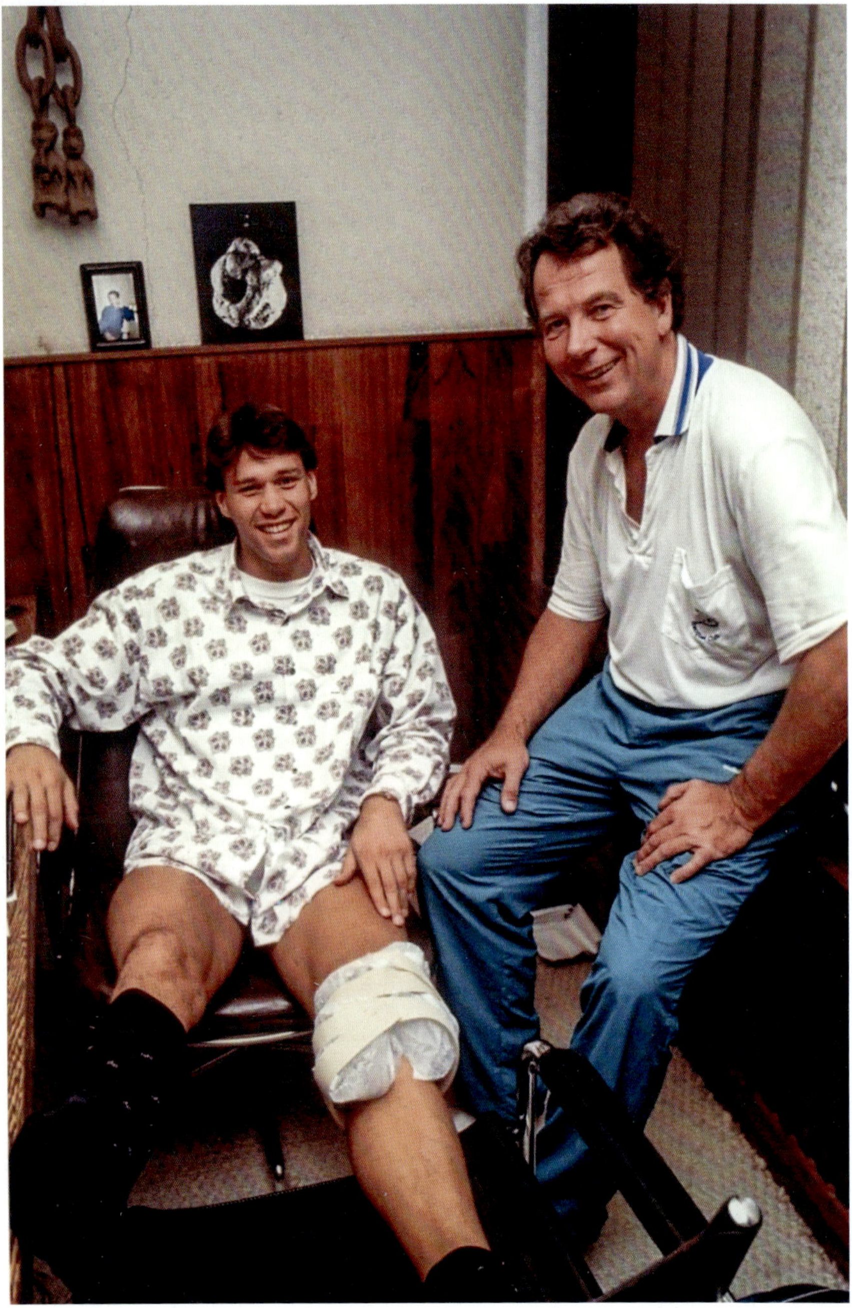

Marco en Ted Troost, omstreeks 1990

Marco, Liesbeth, Rebecca en Angela op Marco's 30ste verjaardag, 1994

Bruiloft Marco en Liesbeth, 21 juni 1993
(© FOTOPERSUREAU PETER SMULDERS)

Marco, Liesbeth en Silvio Berlusconi

Marco's ouders op de trouwdag in 1993

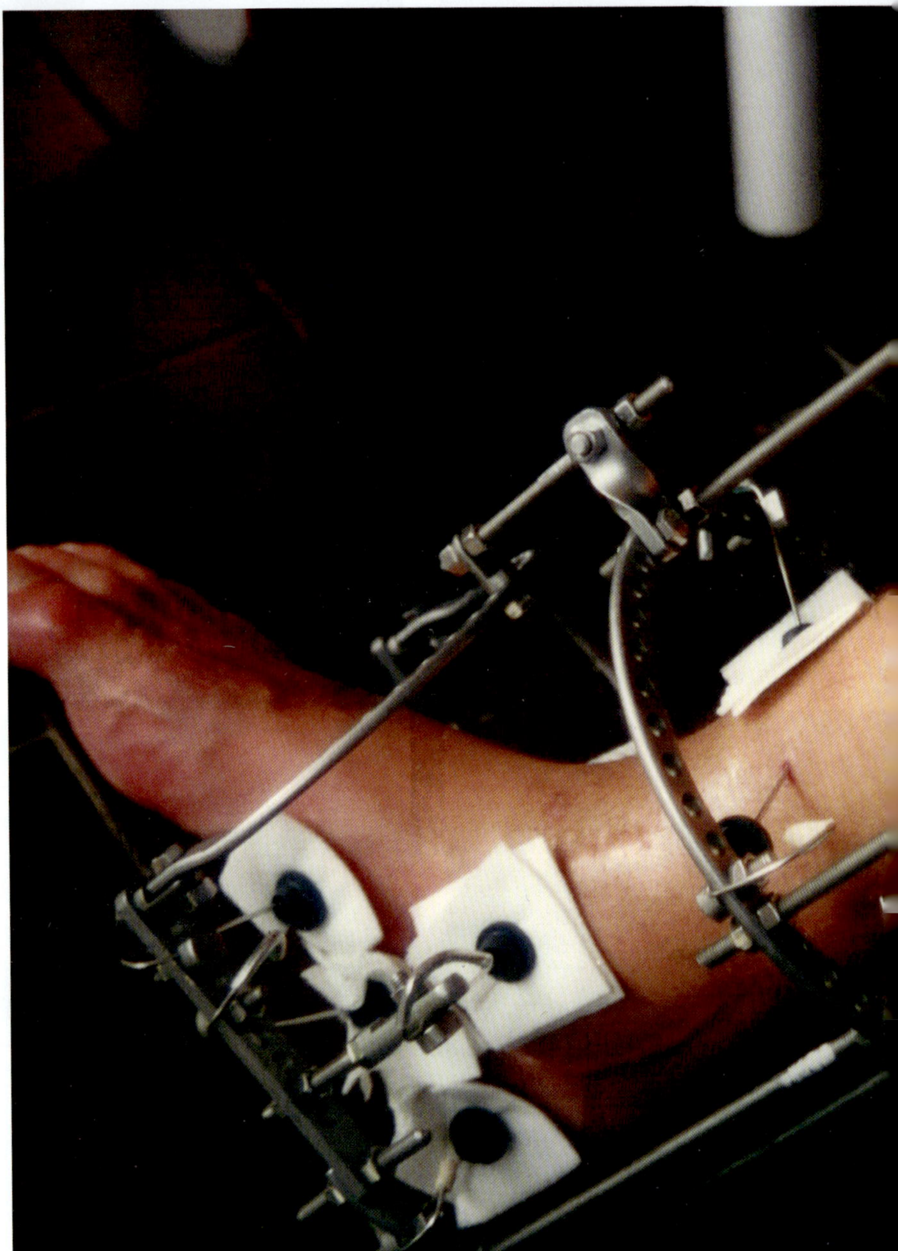

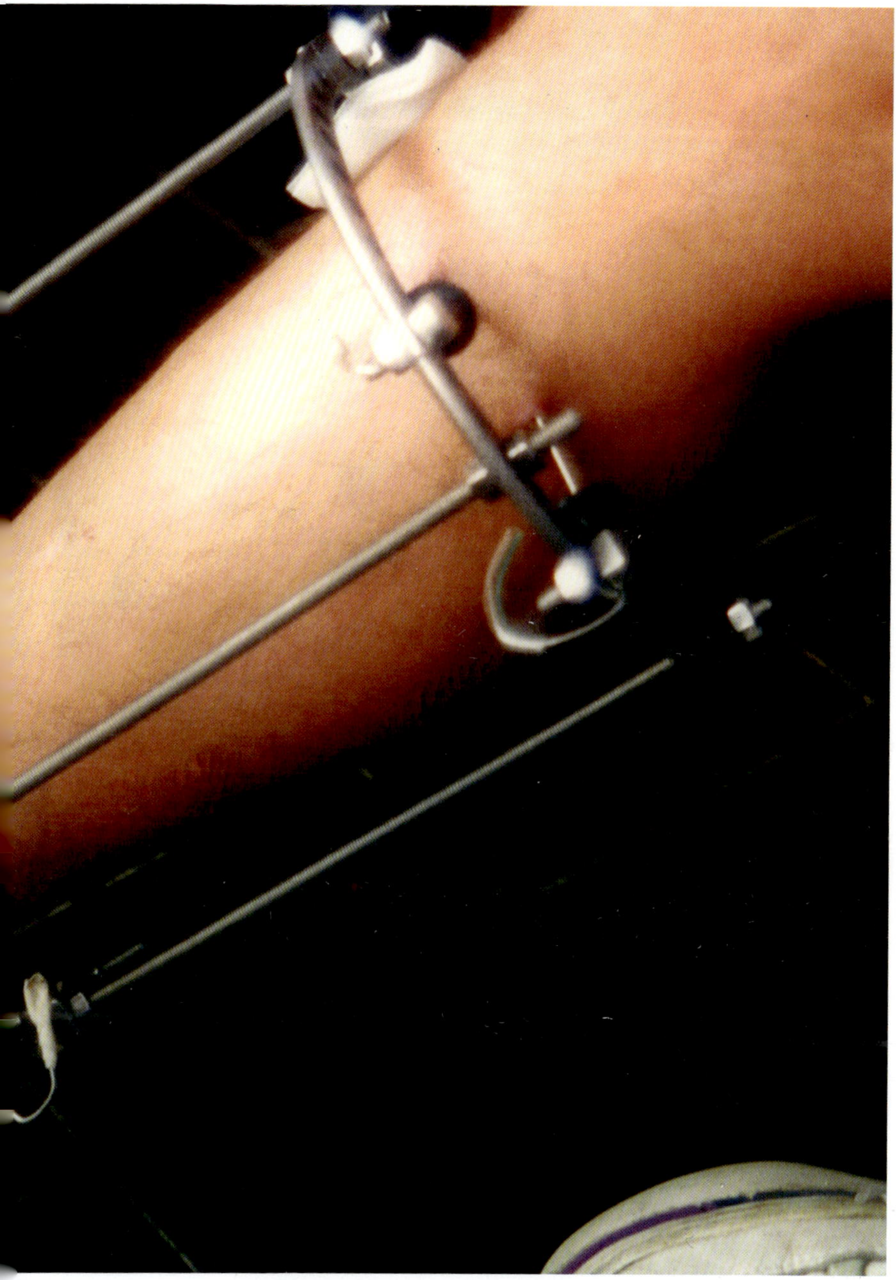

Ilizarov om de enkel van Marco, 1994

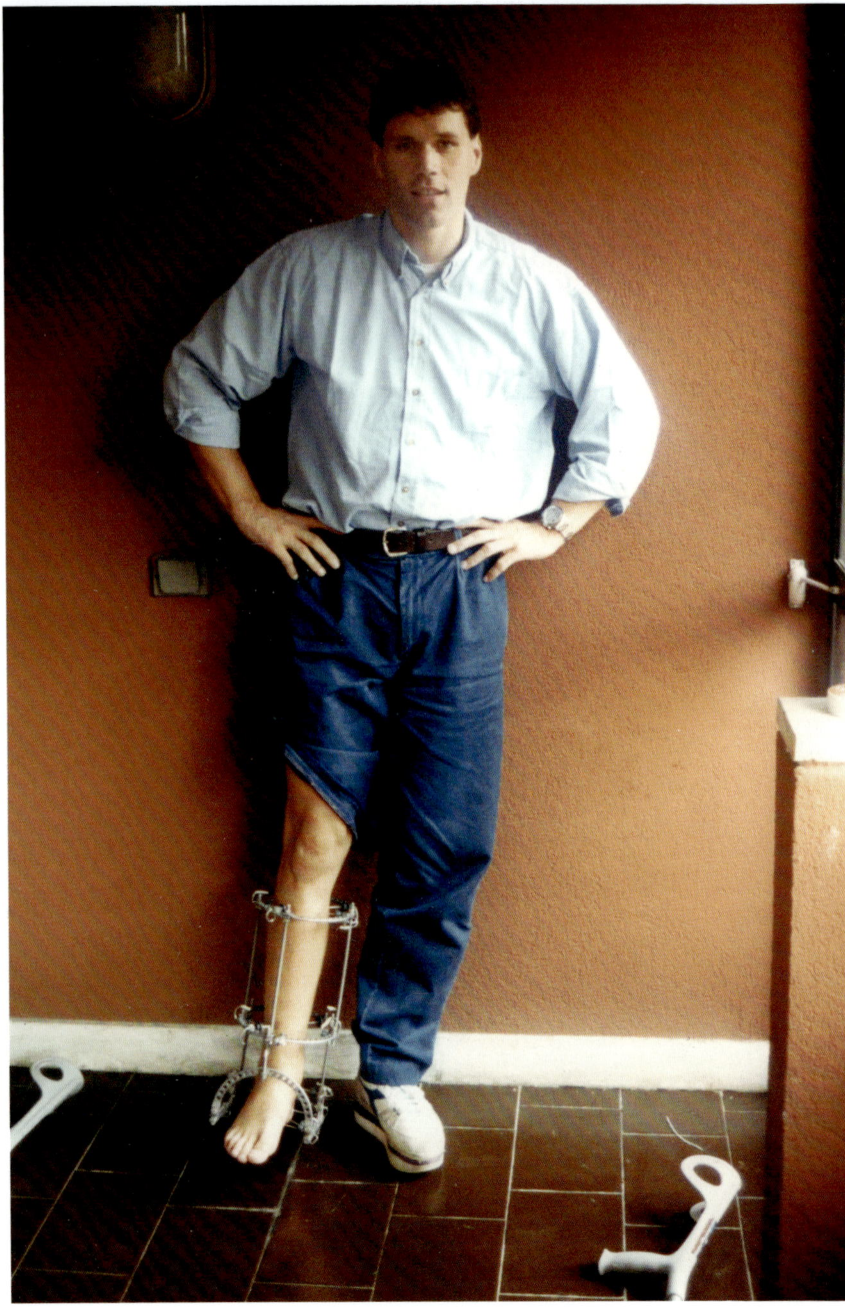

Marco met Ilizarov, 1994

Marco met dokter Martens, 1994

Het afscheid in San Siro, 1995

Marco en John van't Schip als bondscoach van Oranje

Cruijff, John van 't Schip en Marco (© MARCEL VAN DEN BERGH)

Groepsfoto na golftoernooi in Italië, met o.a. Fillippo Galli, Mauro Tassotti, Perry Overeem en Dennis Heijn

Marco met zijn vrienden, vlnr Ruud van Boom, Henri Relyveld en André van Vliet

Marco met de kinderen, Monaco 1997

Familiefoto uit 2016

En dat terwijl het grootste probleem van het jaar net was opgelost. De Italiaanse belastingzaak. Perry had zich er vol op gestort. Hij was een keertje of zes naar Italië gevlogen om te overleggen met de belastingdienst, met Milan en met onze Italiaanse advocaten. Hij had daarna scherpe analyses laten maken, zowel door hen als door onze fiscalisten in Nederland.

Op een gegeven moment had hij helder hoe de vork in de steel zat. We konden de juridische strijd met de Italiaanse belastingdienst aangaan, met volgens de advocaten daar een kans van ongeveer 75 procent dat we zouden winnen. Die zaak zou wel jaren gaan duren en daardoor zeker nog tonnen euro's extra gaan kosten, maar als we zouden winnen, dan zou alles kwijtgescholden kunnen worden.

Maar er was dus ook een kans van 25 procent dat we wel zouden verliezen. Dan zouden we de volledige 33,6 miljoen plus de extra gemaakte advocatenkosten alsnog moeten betalen. Ik had van de 25 miljoen waarmee ik tien jaar geleden naar Nederland kwam nog 13 over. Dus dat ging simpelweg niet. Dan zou ik een levenslang faillissement riskeren.

Perry was dus in gesprek gegaan met de Italiaanse belastingdienst. Hij had alles uit de kast getrokken. Hij pleitte voor een zekere onwetendheid en onbekwaamheid van mijn kant toen ik mijn contracten bij Milan tekende. Dat de adviseurs en advocaten deze constructie hadden opgetuigd en mij hadden begeleid, dat ik een voetballer was van in de twintig die met geen mogelijkheid verantwoordelijk kon worden gehouden voor deze ellende, dat ik te goeder trouw had gehandeld, zelfs bijna blind mijn handtekening had gezet.

Toen we al met ze in gesprek waren en het arrestatiegevaar eenmaal was geweken, was ik uiteindelijk ook zelf nog een keer met Perry meegegaan naar Rome om ook persoonlijk met de Italiaanse belastingdienst te praten. We zijn daarnaast met AC Milan in gesprek gegaan over de dreigende consequenties. Uiteindelijk was iedereen het erover eens dat een schikking met de Italiaanse belastingdienst voor mij de beste optie was. Aan het eind van de rit zijn we uitgekomen op een schikking van 7,5 miljoen euro. Natuurlijk nog steeds een enorm bedrag, maar wel een bedrag dat voor mij uiteindelijk te overleven viel.

Van het uitgebreid bedanken ben ik niet zo, maar hij voelde het wel. We wisten allebei dat ik er zonder Perry's inspanningen en expertise heel anders bij had gezeten. In elk geval aanzienlijk armlastiger. Hoe beroerd ik me ook voelde over die nederlaag en de kritieken, dat andere was goud waard.

Tussen al deze zaken door had Ajax nog een balletje opgegooid bij Perry om te praten over het hoofdtrainerschap. Kort na 'Minsk' zouden we een avondje 'vrijblijvend praten' met John Jaakke namens de Raad van Commissarissen en Maarten Fontein namens de directie van Ajax.

Het idee sprak me wel aan om dagelijks met spelers te kunnen werken in plaats van zeven keer per jaar, zoals bij Oranje. Ik was benieuwd wat Ajax te zeggen zou hebben. Maar was ook van plan eerst eens voor mezelf op te schrijven hoe ik dat zou willen, trainer van Ajax zijn. Wat ervoor nodig zou zijn om daar een succes van te maken. Aan de pers moest ik maar even niet denken. Die zou er bij Ajax ook weer bovenop zitten.

Van een afstandje zag ik de spelers, de supporters, de staf. Het kon best zijn dat ik in Minsk extra gevoelig was, niet in de minste plaats omdat m'n moeder kort daarvoor was overleden.

MENEERTJE KOEKENPEERTJE

Oktober 2007

Helemaal in het begin zat ze echt eventjes in een gekkenhuis. Mijn moeder, die kort ervoor nog normaal was, tussen de gekken. Dat was echt erg. Een vreemde ervaring. Dan kijk je je ogen uit, wat voor een trieste gevallen daar allemaal rondlopen. Toen zat mijn moeder daar opeens tussen.

Maar later, ook in die verzorgingstehuizen, zie je allemaal mensen die het spoor bijster zijn. Die geen geheugen meer hebben, of aan het dementeren zijn of allebei. Dan zit je weer in een of ander tehuis en denk je: wat doe ik hier?

Ik heb haar in de jaren na haar eerste opname regelmatig bezocht, ook toen we al in Milaan woonden, maar dat ging wel moeizaam, omdat ze toen haar geheugen al kwijt was. Ze herkende me niet of nauwelijks. Soms een heel klein beetje nog. Dus ja, dat is een heel raar soort contact.

Ik ging met Liesbeth naar haar tehuis en dan zat ze daar maar met allemaal vreemden. Dan zei ik hallo en gaf haar drie zoenen, maar er was eigenlijk geen herkenning. Je zit daar. Een kwartier. Of een halfuur. De tijd gaat heel langzaam. Er is van die slappe koffie. Zo'n ouderwets tafelkleedje en plastic bloemen.

Mijn moeder was daar eigenlijk niet meer. Die was al weg. Dat is wel een les die ik geleerd heb. Dat het geestelijk contact dat je hebt, het wezenlijke, is wat ertoe doet. Alleen was dat toen weg. Ik was daar wel bij haar, maar het was alleen nog maar haar fysieke buitenkant. En die buitenkant was ook nog veranderd. Ze was aangekomen, zwaarder geworden door de medicijnen en door het stilzitten. Ze kon nog wel praten, maar dat ging eigenlijk nergens over. Ze vertelde meestal rare dingen en heel af en toe opeens nog iets over vroeger of zo.

Hoe gaat het, meneertje koekenpeertje? Dat zei ze tegen iedereen. Daar kun je iedereen mee aanspreken. Geeft niet als je een naam bent vergeten. Je zit nooit fout. En dat zei ze dus ook geregeld tegen mij. Meneertje koekenpeertje: 'Goeiedag, meneertje koekenpeertje.'

Mijn vader zei dan af en toe tegen haar: 'Je zoon is er. Marco is er.' En dan zei ze: 'O, ja.' En dat was het dan.

Het was een loos gesprek. Het had geen enkele zin. In die tijd bezocht ik haar vooral om mijn vader een plezier te doen, maar op den duur kreeg ik daar steeds meer problemen mee. Omdat ik daar voor mijn gevoel voor Jan Joker zat. Ik maakte mezelf er niet blij mee, ik maakte haar er niet blij mee en ik maakte mijn vader er een heel klein beetje blij mee. Ik ging daarom steeds minder.

Maar mijn vader was er daarentegen eigenlijk altijd. Die ging er al die jaren, drie keer per dag heen. 's Ochtends, 's middags en 's avonds. Vaste prik. Al herkende ze hem niet eens. Dat heeft hij volgehouden tot aan het einde, eind september 2007. Toen overleed ze. Ze had alles bij elkaar tweeëntwintig jaar in opvanghuizen gezeten na die noodlottige avond in 1985. Maar de vrouw die echt mijn moeder was geweest, was er al zo lang niet meer. En die miste ik. Ook als oma voor mijn kinderen, haar kleinkinderen.

Bij haar crematie kwam dat toch omhoog, dat gemis. Ik wilde die dag wat zeggen, mijn broer Stanley en mijn zus Carla allebei liever niet. Ook mijn vrienden waren erbij, al had ik van tevoren nog zoiets tegen ze gezegd als: 'Nou, van mij hoef je niet te komen hoor. Dat is echt niet nodig.' Vanuit het idee dat het al zo lang mijn moeder niet meer was. Dat ze er eigenlijk al vanaf 1987 niet meer was en dat ze haar toch amper hadden gekend.

Toch kwamen de emoties bij mij die dag omhoog toen ik een toespraakje hield, naast haar kist in zo'n sfeerloos zaaltje in Utrecht. Ik weet nog precies hoe ik begon, ik heb de speech bewaard.

'Lieve moeder, lange tijd hebben we hier toch rekening mee gehouden. Maar nu 't echt realiteit is, komt het hard aan. Harder dan ik had gedacht. Het is zo absoluut, zo definitief...'

Ik had een heel A4'tje voorbereid, maar na die eerste zinnen schoot ik vol. Ik begon ineens flink te snikken. Het kwam van diep. Dat gemis van al die jaren kwam plots omhoog.

Dat je als kind al die jaren je moeder hebt moeten missen. Ze was er wel, maar ook weer niet. Meer dan twintig jaar. En ook vanwege haar eigen ongeluk. Dat ze nooit meer heeft kunnen genieten van haar kinderen en kleinkinderen. En over hoe ongelukkig ze vroeger moet zijn geweest in het huwelijk met mijn vader. Waar ik het als tiener nog met haar over had. Alles kwam op dat moment omhoog. Ik stond daar als een klein kind te huilen, voor die zaal vol mensen. Ik keek naar mijn kinderen, die mij zagen worstelen en huilen om het overlijden van mijn moeder en die daar zelf ook heel erg verdrietig om werden, wat mijn verdriet ook weer versterkte. Het duurde uiteindelijk even voordat ik weer kalmeerde en grip kreeg op mezelf. Maar het was ook goed. Dat was wat ik voelde. Het verdriet was puur en oprecht.

Achteraf was ik toen toch wel erg blij dat ze er waren. Ik had ook niet verwacht dat het zoveel bij mij op zou roepen. Ik eindigde met de woorden die ze tegen me zei als er weleens harde woorden waren gevallen:

'Dan zei ze: "Later, jongen, later zul je nog weleens aan me denken. Als je zelf kinderen hebt." Ook daarin had je gelijk, ma. Alleen heb ik je dat helaas nooit zelf kunnen vertellen.'

HEKSEN IN NIEUWEGEIN

Voorjaar 2008

Ik zal eerlijk zijn: sinds ik bondscoach ben, voelt elke wedstrijd qua spanning voor mij als een finale. Bij Milan was ik gebaat bij Ted Troost, maar met hem heb ik al een tijdje geen contact meer en Erik Reep was al snel weer weg bij Oranje.

Ik ben eigenlijk nooit naar een reguliere psycholoog geweest voor die spanningen, maar af en toe naar Berna in Nieuwegein gaan helpt mij nu wel om het hanteerbaar te houden. Ik heb wat minder last dan in dat eerste halfjaar als bondscoach en daar gaat het tenslotte om. Berna zit op een bezem en ze gaat van dak tot dak, haha. Maar serieus, ze is een soort moederfiguur voor me, ze geeft me bij wijze van spreken een aai over mijn bol en spreekt me geruststellend toe. 'Ach, jongen.'

Ik heb altijd opengestaan voor het alternatieve circuit. Je kijkt of het werkt en voor mij werkt dit. Niet om bij te tanken, maar meer om in balans te blijven en wat inzichten te krijgen. Ik vind dat iedereen moet doen wat goed voor hem is. Ik doe dat soort dingen voor mijn eigen bestwil. En als je het idee hebt dat een alternatief iemand zou helpen, dan moet je dat doen. Dus dat deed ik. En dat doe ik nu nog steeds. Net zoals ik ooit bij een Chinees acupuncturist heb geprobeerd iets aan die enkelblessure te doen. Je probeert te kijken wat er is, open te staan voor allerlei methoden. Zonder dat je er zelf mesjokke van wordt. Ik ging met Johan bij Ajax al naar een magnetiseur. Met Ted Troost ben ik ook in zee gegaan, omdat ik het idee had dat het mij hielp. Ook al is er maar

1 procent kans dat het mij beter maakt, dat is het wel waard.

Het is ook interessant, vind ik, want uiteindelijk is het voor iedereen die ergens last van heeft weer anders. Iedereen heeft zijn eigen zoektocht, er is geen standaardaanpak die altijd werkt. Bij de een werkt een aspirientje, bij de ander een operatie, bij een derde een goed gesprek, bij weer een ander is het iets alternatiefs. Het is aan eenieder om die zoektocht zo goed mogelijk af te sluiten, er is geen handleiding of handboek voor. Het gaat erom dat je jezelf goed voelt, comfortabel in je vel zit. Eigenlijk vol met zelfvertrouwen, zonder dat dat weer te veel is.

Dat is ook wel weer grappig, want in het trainersvak word je als je verliest vaak als boksbal gebruikt, van alle kanten. Dat is hoe we het met zijn allen accepteren. Je staat op een hoog podium, je krijgt veel kritiek, maar daar krijg je ook veel voor betaald dus daar moet je maar tegen kunnen.

Trainers beschermen zichzelf tegen die kritiek. Ze pakken al het positieve gretig aan, zodat de klappen en de complimenten een beetje in balans komen. Sommigen schieten daarin juist weer door en roepen steeds hoe goed ze wel niet zijn. Dat is puur het compenseren van kritiek en de eigen onzekerheid. Dat is ook gek gedrag, maar dat komt voort uit het feit dat er zo vaak tegen je aan geschopt wordt. Dan krijg je dat soort reacties.

Er rust ook wel een taboe op, in het voetbal. Je kwetsbaarheid tonen. Het is niet stoer en niet sterk en je wilt wel altijd zo overkomen. En als je het wel toont, kan het consequenties hebben, want het maakt je kwetsbaar. Maar het kan ook juist positief werken, als je het uitspreekt, daar ben ik van overtuigd, want veel mensen worstelen met dit soort dingen.

Het gaat mij uiteindelijk, ook in dit boek, om de eerlijkheid. Wat heeft het voor zin om hier niet eerlijk over te zijn? Waarom zou ik dat moeten verbloemen? Ik hoef er niet beter van te worden, maar ik word er ook niet slechter van.

Berna heeft geen titel. Ze doet haar ding en intussen voer je een gesprek. Gewoon lullen over dingen. Daar is verder geen hocus pocus bij, hoor. Ze is een heel aardige, lieve vrouw. In de tijd dat Johan Cruijff last van zijn hart kreeg, zei Berna een keer tegen mij: 'Hij moet rozijnen eten. Dat is goed voor zijn hartspier.' Toen heb ik Johan aan de rozijnen gekregen. Hij reageerde meteen positief. 'Waarom zou ik het niet doen?' zei hij.

RUSSEN EN ROUWBANDEN

EK 2008

Nu ik er bijna twaalf jaar na dato aan terugdenk verbaast het me nog steeds. Het is toch bizar dat er tijdens een EK een te vroeg geboren kindje van een van je spelers overlijdt? En dat zoiets triests dan ook nog gebeurt in een ziekenhuis op een paar kilometer van het spelershotel, drie dagen voor de beslissende wedstrijd op datzelfde EK, waar je met zijn allen al twee jaar naartoe werkt?

Het maakte het helemaal schrijnend en pijnlijk omdat de spelers, bijna allemaal jonge vaders, een paar dagen eerder de onverwachte overwinningen op de wereldkampioen en de vice-wereldkampioen, waar niemand op rekende na de negatieve sfeer rond Oranje, hadden gevierd met hun eigen kroost op de arm, voor de uitzinnige Oranje-fans. Stuk voor stuk liepen ze daar met hun jonge kindjes op de schouders, bij de hand of op de arm, nadat Italië en Frankrijk waren verslagen. Feest te vieren voor het oog van de wereld. Ook de derde wedstrijd tegen Roemenië werd gewonnen en gevierd. De sfeer in het team en bij de fans in Zwitserland kon na die drie EK-duels eigenlijk niet beter. Het was alleen nog afwachten wie we in de kwartfinale zouden treffen.

Precies toen ik op woensdagavond 18 juni met John de wedstrijd tussen Zweden-Rusland aan het bekijken was om de volgende tegenstander in kaart te brengen, werd ik aan het einde van de eerste helft gebeld door Edwin van der Sar, mijn aanvoerder. Hij belde uit het ziekenhuis in Lausanne. De vrouw van Khalid Boulahrouz was onverwachts bevallen van een dochtertje, drie maanden te vroeg. Het kindje was kort daarop overleden.

We hadden de spelers die week toestemming gegeven hun vrouw of vriendin een dagje te zien, na de goede groepsfase, dus de meeste aanhang was in de stad, in een ander hotel. De vrouw van Khalid was die middag plots opgenomen, vertelde Edwin. Zodra Khalid dat hoorde was hij naar het ziekenhuis gegaan om daar zijn vrouw bij te staan, maar uiteindelijk had hun dochtertje het helaas niet gered. Edwin drong er bij mij op aan dat ik meteen naar het ziekenhuis moest komen om mijn medeleven te betuigen.

Het was een gek moment. Je bent de hoofdverantwoordelijke voor het nationale team en je bent op een eindtoernooi. Je bent hard aan het werk en daarop gefocust, maar tegelijkertijd is er een menselijk drama rondom een van je spelers. Dus ja, er was bij mij wel even een moment van twijfel. Dat zeg ik eerlijk. Er zijn ook geen handboeken voor dit soort dingen.

Ik ben in een taxi gestapt en naar het ziekenhuis gereden om mijn condoleances over te brengen, Khalid en zijn vrouw sterkte te wensen en even bij hen te zijn. Als bondscoach en als mens. Dat werd duidelijk gewaardeerd. In het ziekenhuis bleken ook al een aantal andere spelers te zijn, daar had ik nog geen weet van. Naast Edwin van der Sar, waren ook Robin van Persie, Ruud van Nistelrooij en Nigel de Jong bij de familie Boulahrouz. Ze hadden privé een goede band met Khalid.

Later is me hier van alles over gevraagd. Had je wel moeten toestaan dat die spelers naar het ziekenhuis gingen? Was het wel goed om een deel van het team tijdens een eindtoernooi aan zoveel verdriet bloot te stellen?

Het antwoord is heel simpel: dat weet ik niet. Dat wist ik toen niet en dat weet ik nu, bijna twaalf jaar later, nog niet. Het *NRC* maakte er eind 2008 een goede reconstructie over, waarin deze kwesties ook voorbijkomen. Had ik die spelers dat moeten verbieden? Ze wilden Khalid op dat moment steunen. Moest ik daar dan voor gaan liggen?

Ik heb er op dat moment geen probleem van gemaakt. Ik heb Khalid ook proberen te steunen, maar na ongeveer een uur in het ziekenhuis, voelde ik dat ik de knop langzaam weer moest omzetten. Dat ik me, naast mijn betrokkenheid bij het drama, weer moest gaan richten op mijn hoofdtaak in Zwitserland: het Nederlands elftal voorbereiden op een EK-kwartfinale. Toen ik het ziekenhuis verliet was intussen duidelijk geworden dat Rusland onze tegenstander zou zijn, drie dagen later in Basel.

De volgende dag sprak Khalid de ploeg toe nadat hij mij eerst om toestemming had gevraagd. Hij vertelde dat hij het verlies moest verwerken, dat hij dat ook deed. Hij benadrukte ook dat hij op een normale manier de voorbereiding op de volgende wedstrijd kon doen en dat iedereen vooral normaal moest doen. Ook gewoon grappen moest kunnen blijven maken.

Na de training had ik een gesprek met hem, een-op-een. Ik vroeg hem of hij niet liever naar huis wilde om bij zijn vrouw te zijn en samen het verdriet te kunnen verwerken. Hij zei dat hij per se wilde blijven, dat hij dit ook al met zijn vrouw had besproken en dat zij ook wilde dat hij bij het team bleef. Ik vond hem sterk overkomen en heb toen in overleg met John besloten dat hij bij de groep kon blijven, de voorbereiding op Rusland zou meemaken en dat hij in de basis zou beginnen, als rechtsback.

Tot onze schrik liep Arjen Robben tijdens de training op vrijdagmiddag ineens te trekkenbenen. Blessure. We waren die weken al supervoorzichtig met hem. Hij had niet gespeeld tegen Italië, tegen Frankrijk was hij ingevallen in het laatste kwartier en tegen Roemenië had hij een uur gespeeld zonder problemen. We hadden dus de verwachting dat Arjen lang mee zou kunnen spelen tegen Rusland – hij was een van onze beste spelers, die ook beslissend kon zijn – maar daar kon op de ochtend van de wedstrijd resoluut een streep doorheen. Zijn lies doorstond ook een laatste test op zaterdagochtend niet.

Robin van Persie was ook aan het terugkomen van een blessure. Ook hij was ingevallen tegen Frankrijk, had wel de hele wedstrijd tegen Roemenië gespeeld, en gescoord, de 2-0 in de zevenentachtigste minuut, maar miste nog ritme voor weer een hele wedstrijd.

Dus ik was aan het puzzelen. Uiteindelijk heb ik in die vier jaar dat ik bondscoach was jammer genoeg zelden een fit kwartet aan de aftrap gehad van wat men later 'de grote vier' is gaan noemen: Robben, Sneijder, Van der Vaart en Van Persie. Er was er altijd wel eentje geblesseerd. Of meerdere. Zo ook nu.

Ik boog mij met John over de puzzel nu Robben moest afhaken: de tegenstander, de analyse en de opstelling. De spelers waren in die dagen toch veel bezig met wat Khalid was overkomen. Er werd veel over gepraat, al hebben we een groepsgesprek niet overwogen. We hebben iedereen vrijgelaten om het op zijn eigen manier te verwerken. Wat wel speelde in de groep was de discussie of er een minuut stilte gehouden moest worden. Daar hebben de spelers zich sterk voor gemaakt, maar de KNVB was daar niet voor. Uiteindelijk werd besloten rouwbanden te dragen tegen Rusland. Daar hadden de meeste spelers wel vrede mee, volgens mij. Khalid zeker.

De invloed van een coach wordt vaak overschat. Dat kwam ook pijnlijk aan het licht in de kwartfinale die zaterdagavond in Basel. Er gingen voor ons een paar dingen mis. Wij hadden moeite met het opbouwen van achteruit. En daarin speelde Boulahrouz een belangrijke rol. Want de Russen lieten hem steeds vrij, waardoor hij veel aan de bal kwam en de opbouw moest verzorgen.

Door onze opbouw te verstoren, zorgde Rusland ervoor dat onze sterke middenvelders en aanvallers weinig bespeelbare ballen kregen. En als gevolg daarvan weinig gevaar konden stichten. Die Russische aanpak werkte goed. Boulahrouz heb ik uit voorzorg vervangen door John Heitinga nadat Khalid een gele kaart had gekregen.

We probeerden Ruslands beste speler, Andrej Arsjavin uit te schakelen, eerst met Boulahrouz en later met Heitinga. Maar dat lukte niet. Arsjavin speelde de wedstrijd van zijn leven, was continu dreigend. Hij bood zich slim aan tussen de linies. Dat was lastig voor onze verdedigers. Die kregen weinig vat op hem. Moeten we hem blijven dekken, of in onze posities blijven? Lastige keuzes. Met Arsjavin hadden we de hele wedstrijd grote problemen.

Dat onze eigen Arsjavin, Arjen Robben, niet meedeed had ook veel invloed op het verloop van de wedstrijd. Dus wij misten zo'n onvoorspelbare dribbelaar die in z'n eentje het verschil zou kunnen maken.

In de zesenvijftigste minuut kwamen we ook nog eens op achterstand. Omdat het een knock-outwedstrijd was, moesten we meer gaan aanvallen, terwijl juist onze opbouw slecht liep. We hebben daarom aanvallend gewisseld, door Ibrahim Afellay in te brengen voor Orlando Engelaar. En uiteindelijk, vlak voor tijd, maakten we toen de 1-1. Weer Ruud van Nistelrooij. Daarmee sleepten we alsnog een verlenging uit het vuur. Nadeel was dat ik al drie wissels gebruikt had. In de rust had ik Kuijt voor Van Persie gewisseld. Dat had ik liever willen voorkomen, maar ik moest wel aanvallend wisselen vanwege de achterstand.

Ik denk dat die noodzakelijke vroege wissels, dat jagen op die tegengoal en de spanning, misschien ook vanwege die toestand met Boulahrouz, uiteindelijk hun tol eisten. Want in de verlenging kregen Rafael en Ruud kramp. Dat was voelbaar in het veld. Die extra dertig minuten, met een frisse Ruud en een frisse Rafael, zouden we gewonnen hebben. Daar ben ik van overtuigd.

Maar het meest bizarre moment was vlak voor het einde van de reguliere speeltijd. Wesley Sneijder kreeg een schop van een Russische speler, Dennis Kolodin, bij de Russische achterlijn. Het was op dat moment 1-1. En hij kreeg terecht een gele kaart. Maar Kolodin had al eerder geel gehad. Het was zijn tweede gele kaart, en dus rood. Hij moest het veld uit. Dan zouden we de verlenging ingaan met 11 tegen 10. Dat was een groot voordeel.

Maar meteen daarna gebeurde er iets heel raars. Er ontstond een hoop tumult. En de scheidsrechter, de ervaren Slowaak Lubos Michel, riep iets over buitenspel en trok toen plotseling die gele kaart weer in. Uit het niets.

Ik stond perplex. Het schoot even door mijn hoofd: moeten we nu het veld in lopen? Uit protest. Ik dacht echt: hoe kan dat? Dat kan helemaal niet.

Want als je iemand een stomp voor z'n harses geeft, heeft dat niets met voetbal te maken. Dan is het gewoon geel. Buitenspel of niet. Dat maakt niet uit. Want het mag niet. Klaar. En dit was een rotschop. Sneijder werd omver gekegeld. Dus buitenspel deed er niet toe. Dit was fysiek geweld. Zijn tweede geel dus. Van dat moment heb ik achteraf nog het meest wakker gelegen.

De UEFA heeft later verklaard dat de gele kaart zou zijn teruggedraaid omdat de bal de achterlijn al zou zijn gepasseerd toen Sneijder een schop kreeg. Maar uit de beelden blijkt dat dat niet klopt. Het maakt niet uit waar de bal is. De regels zijn dat een rotschop een gele kaart is, klaar. Het hoofd van de scheidsrechtercommissie van de UEFA heeft later gezegd dat dit een grote fout was. Maar daar kocht ik toen niets meer voor.

DE ROL VAN DE COACH

Het lijkt wel alsof de rol van de coach steeds belangrijker wordt. Onnatuurlijk belangrijk, denk ik. Hij wordt enorm opgeblazen. Vroeger ging het veel meer over spelers. Daar keek je naar, daar had je het over. Hoe spelers een wedstrijd beslisten, deden kantelen, naar hun hand zetten. En trainers, ja, die moesten dat faciliteren. Dat vooral. Meer niet.

Ook rond het EK van 2008 kwam dit weer aan het licht. Onze kwalificatiereeks was helemaal niet zo geweldig geweest, maar na de overwinningen in de groepsfase, tegen de wereldkampioen en de vicewereldkampioen, was alles en iedereen in één keer weer heel positief. Dat vond ik ook weer overdreven, die euforie ineens.

Ik denk dat de trainer heel belangrijk is in de rust van een wedstrijd. En op hectische momenten tijdens een wedstrijd. Kijk, training geven, leiding geven, daar heb ik inmiddels wel ervaring mee. Maar exact de juiste dingen doen op die paar heikele, cruciale momenten, die beslissend kunnen zijn in een wedstrijd, dat blijft heel specifiek.

Zoiets op dat moment kunnen, dat heb je of dat heb je niet. Over het algemeen vond ik niet dat ik daarin uitblonk. Daarvoor is werken met een goede assistent zeer belangrijk. Hij moet aanvullen, waar jij je tekortkomingen voelt. Tactisch had ik John naast me.

Samen maak je elkaar dan sterk. Net zoals je in het veld complementair moet zijn. Elkaars sterke punten uitbuiten en elkaars zwakke punten compenseren.

Als voetballer had ik dat wél. Ik wist waar we naartoe moesten. Ik wist ook precies hoe het moest. Ik wist precies wanneer het moest. En als trainer had ik dat gevoel beduidend minder.

Dus ik had uiteindelijk wel wat meer grip willen hebben als coach. Tuurlijk geeft het voldoening als je op zo'n EK de wereldkampioen overtuigend verslaat met 3-0. Je wint en je maakt veel mensen blij. Maar om mijn aandeel daarin nou te benoemen, vind ik moeilijk. Juist omdat winnen of verliezen zoveel met toeval te maken heeft. Het was niet zo dat ik op dat EK het brein was achter allerlei ingewikkelde, bijzondere dingen. Het was gewoon hard werken, consequent zijn, goed met mensen omgaan, geen domme dingen doen.

Terugkijkend heb ik in die vier jaar als bondscoach veel geleerd. Met een flinke dosis ironie zou je zelfs kunnen zeggen: het was een goedbetaalde stage. Maar serieus, ik had veel opgestoken en vond dat het tijd was om de volgende stap te zetten, aan de slag te gaan als hoofdtrainer van een club.

ALSJEBLIEFT, DE SLEUTELS VAN AJAX

Voorjaar 2008

Ik maakte mijn officiële debuut als hoofdtrainer van Ajax tegen Willem II uit, op 30 augustus 2008. Je kon rustig zeggen dat het een achtbaan was geweest sinds ik in december voor het eerst met de mensen van Ajax sprak. Na een telefoontje in november, zat ik een maand later opeens in de villa van algemeen directeur Maarten Fontein, een prachtige plek aan de Kagerplassen. Ook John Jaakke, toen de voorzitter van de RvC, was erbij. Het was een positief gesprek, ze wilden heel graag. Er was duidelijk de bereidheid om mij alle ruimte te geven om het bij Ajax op mijn manier in te gaan vullen, veel meer ruimte dan je een hoofdtrainer normaliter zou geven. We waren er snel uit, ik tekende voor vier jaar, te beginnen na het EK 2008. En natuurlijk gingen Rob en John met mij mee.

In het voorjaar kwam echter het rapport Coronel uit, met daarin allerlei kritiekpunten op de organisatie. Noodgedwongen vertrokken toen binnen enkele weken, en met het nodige tumult, technisch directeur Van Geel en algemeen directeur Fontein én de RvC-voorzitter Jaakke. Toen stonden we daar ineens alleen, met dien verstande dat Coronel, de schrijver van dat rapport, RvC-voorzitter werd, Jeroen Slob aanbleef als financieel directeur en Henri van der Aat werd aangesteld als interim algemeen directeur. Hij was duidelijk niet echt een voetbalman, maar we zijn met elkaar aan de slag gegaan. Perry nam op mijn verzoek als tijdelijk technisch directeur mijn honneurs waar, tot aan het moment dat Coronel onze wens inwilligde om Danny Blind aan te stellen als Technisch

Manager. Dat gebeurde uiteindelijk in juni, maar tot die tijd moesten we min of meer zelf maar een goede selectie samenstellen voor het nieuwe seizoen. Best bizar, ook omdat ik met het Nederlands elftal in de voorbereiding op het EK zat.

Op 29 maart zat ik in het Abe Lenstra-stadion bij Heerenveen-Ajax. Het was een wonder dat Ajax met 2-4 won, want Sulejmani dolde de hele Ajax-defensie. Het was puur aan paal, lat en Ajax-keeper Stekelenburg te danken dat hij maar één keer scoorde. Ik was overtuigd.

Ajax had net Ryan Babel voor 19 miljoen aan Liverpool verkocht en John Heitinga aan Atletico Madrid voor 9 miljoen. We hadden in februari, toen ik een contract voor vier jaar tekende – twee jaar, met een optie voor nog twee jaar – te horen gekregen dat we voor rond de 30 miljoen euro konden besteden aan nieuwe spelers. Ik vond Sulejmani toen een zeer goede vervanger voor Babel. Hij was pas negentien jaar, maar had een enorme potentie en werd later dat jaar ook verkozen tot het grootste talent van de eredivisie. Iedereen kon zijn belofte zien. Na die wedstrijd tegen Heerenveen zei ik tegen Perry: 'Die moeten we hebben.'

Sulejmani werd vertegenwoordigd door Servische makelaars en ook zijn vorige agent had nog een deel van de transfersom bedongen. Het was complex en de voorzitter van Heerenveen stond sterk, maar uiteindelijk is de deal toch rondgemaakt voor 17 miljoen. Ik wilde Sulejmani per se hebben.

Daarnaast waren ook aanvaller Darío Cvitanich en verdediger Oleguer gekomen. Ik had hen, doordat ik bondscoach was, helaas niet zelf kunnen bekijken. Later konden we ook Ismaïl Aissati van PSV overnemen voor een prikkie en verder hadden we sterke spelers als Luis Suárez, Klaas Jan Huntelaar, Jan Vertonghen en Thomas Vermaelen. Met die nieuwe aankopen erbij moest ik een goed elftal kunnen opstellen.

Wat ons in dat voorjaar van 2008 ook overviel was een plan van Cruijff. Hij was sinds het najaar van 2007 als onbezoldigd adviseur aan Ajax verbonden en lichtte de club door, zoals alleen hij dat kon. Zijn aanstelling stond overigens helemaal los van de gesprekken die Ajax met mij voerde. Opeens kwam hij naar mij toe met het dwingende advies om alle twintig jeugdtrainers te ontslaan. De hele jeugdopleiding moest op de schop. Iedereen moest weg en ik moest dat doen.

Maar ik stond nog onder contract bij de KNVB, was nog niet eens officieel bij Ajax in dienst. Ik wilde best een keer praten, maar Johan zei: 'Nee, we doen het gewoon. Iedereen eruit. Dan ook maar eventueel de goeie jeugdtrainers. Want dan loop je in ieder geval niet het risico dat er een of twee slechte blijven zitten.'

Dat was in februari, het EK moest nog gespeeld worden. John, Rob en ik zaten midden in de voorbereidingen. Het is logisch dat je je voorbereid op een volgend seizoen, maar wij waren op dat moment niet de aangewezen personen om alle jeugdtrainers weg te sturen. Dat ging veel te ver. Die kun je toch niet zomaar op straat zetten? Ik had ze op dat moment nog niet eens ontmoet! Dat heb ik Johan toen ook gezegd. Dus er werd niemand de laan uitgestuurd.

Een van de dingen die ik wel meteen heb ingevoerd zodra het kon, was een prestatiebeloning. Zoals Berlusconi het ook deed bij Milan. Een vast salaris en premies zijn normaal in het voetbal, maar het verschilt per club waar je een premie voor krijgt. Bij Ajax was de regel dat je bij elk behaald punt wat extra's kreeg. Zelfs bij een gelijkspel thuis tegen Heracles leverde dat al een premie op. Ik vond dat onzin. Alleen bij een kampioenschap kregen de spelers daarna nog een premie. Een forse premie, dat wel, maar alleen als we de titel pakten, anders niet.

Ik heb geprobeerd om ervoor te zorgen dat er in alle rust getraind kon worden, zonder pottenkijkers. Dat was in veel landen al heel lang normaal, maar in Nederland vonden wij het gezellig, en lullig voor die paar mensen die soms kwamen kijken. Dan kan er ook een keer iets gebeuren zonder dat het meteen in de krant staat. Het duurde even voordat dat besloten trainen geregeld kon worden, pas na mijn vertrek is dat uiteindelijk gelukt en zijn de trainingen verplaatst naar het jeugdcomplex, de Toekomst. Dus wij trainden in die tijd nog gewoon bij de ArenA, naast het supportershome. Wat ik verre van ideaal vond.

Ik weet nog goed dat we in de voorbereiding een partijtje deden. We wilden de situatie en mentaliteit van de straat nabootsen. Er werd ouderwets gepoot en je mocht je eigen team samenstellen. Vurnon Anita mocht als eerste en koos Kenneth Vermeer, de keeper. Suárez, Huntelaar en Vertonghen liet hij staan. Als tweede koos Vurnon wederom een vriendje. Daar begreep ik niets van. Als vriendschap je motief is, wat overduidelijk het geval was, dan ben je volgens mij niet bezig met winnen. Als ik iets heb meegenomen uit mijn spelerstijd, was dat het wel: je moet een klimaat scheppen waarin winnen voorop staat. Je kiest geen vrienden. Je kiest de beste spelers, omdat je wilt winnen.

IK LIG OP MIJN RUG

6 mei 2009

Ik lig op mijn rug en staar naar het plafond, volg de lijnen met mijn ogen. Er zit een systeem in. De rechte lijnen maken me rustig. Ik haal opnieuw diep adem en blaas de lucht heel langzaam uit. Het klinkt als een langgerekte zucht.

Ik lig hier nu best lang. Misschien al wel een uur. In een hoek van dit kantoor, tegen een wand zonder ramen, achter een vergadertafel met mijn rug op de vloerbedekking. Dat voelt veilig. Niemand kan me hier zien. En Miel Brinkhuis, de perschef, let niet op me. Die heeft vandaag genoeg te doen.

Ik haal opnieuw diep adem. Met elke zucht lijkt het alsof een beetje spanning mijn lichaam verlaat. Alsof ik van de enorme stapel dekens die me bedekt er telkens eentje afgooi. Af en toe hoor ik een schreeuw van het trainingsveld beneden. Ze zijn nu bezig zonder mij.

Het hoeft niet meer. Ik ben ervanaf. Het lijkt alsof ik kilo's lichter ben geworden sinds ik het Liesbeth vanmorgen heb verteld.

Er heeft nog niemand bij Miel aangeklopt, het kan me ook geen zak schelen. Waarom zou ik hier niet op de vloer kunnen liggen? Ik ben nu toch geen trainer van Ajax meer. Nou ja, nog een persbericht eruit en vanmiddag een persconferentie. Daarna ben ik er echt vanaf.

Ik begin er gek genoeg bijna zin in te krijgen, in die persconferentie. Om uit te leggen dat ik niet geschikt ben voor dit vak, dat ik vind dat ik gefaald heb, dat ik er alles aan heb gedaan, maar dat het me niet gelukt is om dit elftal te laten voetballen zoals ik wil. Dat ik het blijkbaar niet in de vingers heb en dat het dus beter is voor Ajax als ik vertrek.

Miel begon nog over verzachtende omstandigheden. Nee, het zat soms niet mee. Heracles thuis, Groningen uit. Scheidsrechters. Pech. De selectie was ook niet overmatig goed en bestuurlijk was er flink wat gerommel. Het rapport-Coronel, Van Geel weg, Jaakke weg en door RvC-leden op de tribune werd soms luidkeels kritiek geuit op mijn opstelling. Allemaal niet geweldig.

Nee, ook Sulejmani kwam niet uit de verf. 17 miljoen. De duurste aankoop van Ajax tot dit seizoen en misschien toch niet bestand tegen de druk van een topclub. We hebben er alles aan gedaan, John en ik. Psychologen en al. Het mocht niet baten.

Soms was het zo erg dat ik niet meer wist wat ik moest zeggen. Ik herinner me de bekerwedstrijd in Volendam, in november. Regenachtige avond. We verloren op De Dijk met 1-0, na verlenging. Het was gewoon dramatisch slecht, ver door de ondergrens.

Na een wedstrijd kwamen we altijd even bij elkaar om met de perschef de lijn te bepalen voor de persconferentie. Maar wat moest je zeggen? Het was bedroevend. Ajax verliest bij Volendam. Het was gewoon zo slecht.

Tijdens de persconferentie wilde Frans Adelaar, de coach van Volendam, dolgraag de aanwezige journalisten te woord staan, maar hij kreeg geen enkele vraag. Ik wilde dolgraag zwijgen, maar kreeg een spervuur aan vragen. Kolderieke situatie, als het niet zo pijnlijk was.

Terwijl ik in de kamer van Miel lig, die het persbericht schrijft dat ik per direct opstap als hoofdcoach van Ajax, gaan de gedachten als vanzelf naar vorige week. Eén wedstrijd voor het einde. Eén potje. Eentje nog maar. Tuurlijk begon John daar meteen over, die ene kun je toch nog wel doen? Dan is het seizoen af. Miel vroeg dat ook. En Rik van den Boog.

Maar voor mij is het klaar. Over en uit. Na die 4-0 tegen Sparta eergisteren ging bij mij het licht uit. Ik stond daar voor de camera nog een stoer verhaal te houden, maar inwendig was het op. Totaal donker. Een zwart gat. Hoe kun je als Ajax nou met 4-0 klop krijgen bij Sparta uit? Dat kan niet.

Dat was echt het breekpunt. Dat past niet in mijn werkelijkheid. Het vreet aan me. Ik heb de hele nacht wakker gelegen. Weer een nacht zonder slaap. Steeds als we verliezen, of als we niet winnen, zoals dat hoort bij Ajax, slaap ik niet. Of nagenoeg niet.

Daar word je niet vrolijk van, kan ik je vertellen. Liesbeth wist wat ik voelde na die 4-0 tegen Sparta. Ze was nog vol bewondering geweest over mijn ogenschijnlijk zekere verhaal voor de camera. Zij zei dat ik weer een Oscar had verdiend voor mijn acteerprestatie, er was niets van spanning of onthutsing aan me te zien geweest, maar ze wist dat het aan me vrat. Dat het spook me 's nachts weer had bezocht. Het angstspook.

Dat spook houdt me na zo'n nederlaag in zijn greep, vooral in de eerste nacht. Die is vreselijk. De eerste twee dagen na een nederlaag voel ik me zo slecht. In de dagen erna krabbel ik weer op, elke nacht gaat het dan iets beter, maar pas als ik weer win, laat het me los. Maar het ligt altijd op de loer. De laatste maanden is het spook zelfs sterker geworden, omdat de resultaten vaak slecht waren. Ik verloor steeds meer mijn kracht, dat merkte ik aan van alles. Slaaptekort is slecht voor een mens. Je hebt minder power om mensen te overtuigen.

Winnen of verliezen is zo bepalend voor mij. Voor alles. Als ik weer hersteld was, kon ik de spelers weer bereiken en mijn werk naar behoren doen. Ik richtte me dus steeds weer op, liet me niet kisten, maar die nederlagen werkten door. Elke keer krijg je een tik op een gevoelige plek. Zoals een bokser die een klap op zijn nieren krijgt. Telkens doet het even pijn, maar gaat hij toch weer vol het gevecht in. De pijn in die nieren neemt bij elke tik toe, die verbijt je, maar uiteindelijk is het te veel. Dat was voor mij de 4-0 tegen Sparta vorige week. Ik kan niet meer en ik wil niet meer.

Nog een wedstrijdje wachten is voor mij dus geen optie. Nog een nachtelijke worsteling met het spook trek ik niet meer. John mag het afmaken. Dat kan hij prima. Niets aan de hand.

Ik wil ook geen geld mee. Niets van 'in goed onderling overleg uit elkaar'. Nee. Ik heb gefaald. Al die spanning die ik het hele seizoen plus voorbereiding heb opgebouwd, kan nu eindelijk mijn lijf verlaten. En dan ligt het eigenlijk best goed zo op die kale vloerbedekking, starend naar het plafond. Ik hoor geen geschreeuw meer. Zou de training inmiddels al afgelopen zijn? Ik hoor Miel aan de andere kant van de ruimte een telefoontje plegen. Mijn naam valt, maar het dringt niet tot me door. Totaal niet.

Ik heb hier alles gegeven. Alle dagen. Ik kwam als eerste en ik ging als laatste. Ik heb alles wat ik had erin gestopt. En dat ga ik vanmiddag tijdens die persconferentie weer zeggen: 'Ik heb mijn uiterste best gedaan.' Gebrek aan inzet kunnen ze me niet verwijten. Dan blijft maar één conclusie over: ik ben niet geschikt voor dit vak. Klaar.

Ik moet zeggen dat ik al eerder grote twijfels had of ik er wel mee door moest gaan. Ik moet ook toegeven dat ik al twee keer eerder bij voorzitter Rik van den Boog heb gezeten, omdat ik ermee wilde kappen. Twee keer wist hij me te overtuigen om toch door te gaan. Twee keer heb ik mijn tanden op elkaar gezet en bén ik doorgegaan.

Pannenkoek. Opeens schiet dat woord door mijn hoofd, het zal voor mij nooit meer hetzelfde klinken. We verloren die dag van Heerenveen in de ArenA. Het was eind februari en al het derde slechte resultaat op rij. Maar het was niet eens die nederlaag zelf, die het zo pijnlijk maakte. Het was die gast die na afloop vanaf de hoofdtribune 'pannenkoek' tegen mij riep. Je zou zeggen: pannenkoek, hoe erg is dat? Een onschuldig, bijna ludiek woordje. Maar op de een of andere manier trof hij me met dat woord.

Ik hield even in, keek omhoog en riep nog wat naar die gast. Een moment van niets eigenlijk, als je het terugziet. Het is zo weer voorbij. Maar toen was het kwaad al geschied. De camera's liepen, het kwam op televisie. Het hele land kon zien dat ik uitgemaakt werd voor pannenkoek en dat het me raakte.

Na afloop bij de persconferentie deed ik er nonchalant over. Dat kon ik goed, maar eigenlijk had geen woord me op dat moment harder kunnen raken dan 'pannenkoek'. Juist omdat het zo onschuldig is, zo gewoon. Omdat het zo'n lullig woord is. En dat maakte het uitermate pijnlijk: die vent had geen ongelijk. Het was een voltreffer van die jongen. Ik voelde me aangesproken.

En dan voel je je machteloos. Dus was ik boos op Ajax toen ik naar huis reed. Dat ze die man daar hadden laten komen, op de hoofdtribune. En ik was boos op de NOS, dat die cameraman dat filmde en dat ze het hebben uitgezonden. Ik weet dat dat onzin is, maar op dat moment voelde ik me zo machteloos, zo overgeleverd aan de roofdieren. Vogelvrij. Of je nou verstand van voetbal had of niet. Of je nou drie Europa Cups en drie Gouden Ballen had gewonnen of niet. Het maakte niets meer uit. Pannenkoek. Erger kon iets me op dat moment niet raken. Ik voelde me ook echt een pannenkoek.

Opeens hoor ik duidelijk de stem van Miel. 'Marco, het persbericht is de deur uit. Zullen we zo de persconferentie even doorspreken? Het is al over een uurtje.'

DEEL V

DE CRUIJFF-REVOLUTIE, HET ANGSTSPOOK EN DE FIFA

2009-2019

DE CRUIJFF-REVOLUTIE

2011

1. AAN DE KEUKENTAFEL

Het was op een maandagavond in september en het begon al wat te schemeren. We zaten bij mij thuis in de keuken aan een grote tafel waar je makkelijk met acht man aan kunt schuiven. Als je aan het hoofdeind zit, waar Johan die avond zat, kijk je zo het Vondelpark in.

Hij was komen lopen vanuit zijn appartement in de Waldeck Pyrmontstraat, driehonderd meter verderop, samen met Dennis Bergkamp en Wim Jonk. Frank de Boer, toen de hoofdtrainer van Ajax, kwam vijf minuten later. Ook Dennis Heijn was erbij. Johan vond dat we elkaar moesten ontmoeten, aangezien we binnenkort zouden gaan samenwerken om van Ajax weer Ajax te maken.

Terwijl Liesbeth nog aan iedereen vroeg wat ze wilden drinken, begon Johan al te praten. Hij had niks bij zich, geen tasje, geen papiertje, niets. Hij deed alles uit zijn hoofd. Hij legde uit dat hij met Dennis, Wim en Frank al drie voetballers in de organisatie had gezet, en dat ik de boel compleet moest maken als directeur voetbalzaken, algemeen directeur. Voetballers aan de macht. Dat was, kort gezegd, zijn plan.

Ik was voorbereid. Ongeveer een halfjaar eerder had hij me ook al benaderd voor die baan, maar dat gebeurde toen zo terloops dat het voelde als een losse flodder. 'Dat is niks voor mij,' zei ik toen meteen. Het leek mij geen functie die mij op het lijf geschreven was. Bovendien had Johan zelf ook nog helemaal geen functie bij Ajax op dat moment. Ik vond het allemaal te vaag, liet het los en volgde het nieuws over Ajax van een afstandje. Ik wist wel dat Johan in september 2010 met een column in *De Telegraaf* de boel in gang had gezet. Hij vond dat alles anders moest. Sindsdien was er ook al veel gebeurd, maar ik bemoeide me nergens mee.

Tot ik in de zomer ineens benaderd werd door Steven ten Have, de nieuwe voorzitter van de Raad van Commissarissen van Ajax, met de vraag of we een keer een kop koffie konden drinken. Deze man wist waar hij het over had, merkte ik toen al snel. Gepokt en gemazeld in bedrijfsbesturen en met een duidelijke visie op wat er nodig was. Hij maakte een uitstekende indruk. Integer en voortvarend.

Hij wilde heel graag een voetbalkopstuk aan het hoofd van 'het nieuwe Ajax'. Iemand met een sterk Ajax-DNA die ook de lijn-Cruijff aanhing. Maar dat hoefde niet per se iemand te zijn die meteen alles zelf kon, hij zou ondersteund kunnen worden door een sterke commerciële man, iemand die thuis was in communicatie met de media, en door een ervaren lid van de RvC, zoals bij elk beursgenoteerd bedrijf. 'Ik schets het plaatje,' zei hij. 'Zo kan het ook. Denk er maar eens over na. Het heeft geen haast.'

Het gekke was dat na mijn aanvankelijke scepsis mijn interesse nu gewekt was. Ook omdat Steven heel duidelijk had gezegd dat ik dan mijn eigen mensen mee kon nemen. Ik denk dat we binnen enkele weken een keer of vier, vijf gesproken hebben. Het werd steeds serieuzer. Na een week werd ik nog wel een keer nerveus wakker van de gedachte dat ik directeur van Ajax zou worden, maar die aanvankelijke twijfel zakte gedurende de gesprekken gelukkig steeds verder weg. Het begon te schuiven. Ik raakte echt geïnteresseerd en kwam ook met namen voor het eventuele directieteam. Dennis Heijn, een vriend, was mijn kandidaat om commercieel directeur te worden. Miel Brinkhuis, de toenmalige perschef, zou de directeur communicatie worden. En Perry zou mij op de achtergrond kunnen blijven ondersteunen.

Het verhaal van Ten Have, dat hij ook met de andere leden van de RvC besprak, klonk goed, gedegen en professioneel. Ik begon steeds meer voordelen te zien. Ik kon in Amsterdam blijven wonen en zou als directeur, misschien een beetje naïef, minder in de spotlights staan dan als trainer. Het voelde allemaal wel even anders dan toen Johan het een paar maanden daarvoor terloops had gevraagd.

Op het moment dat Ten Have wilde overgaan tot formaliteiten ben ik nog wel even op de rem gaan staan. Ik wilde de functie alleen serieus overwegen als Johan volledig op de hoogte was en mij ook voor de volle honderd procent zou steunen. Ik wist dat zonder zijn steun elk plan voor Ajax gedoemd zou zijn te mislukken. Hij was bepalend. In alles. Bovendien was hij het geweest die mij in een eerder stadium als eerste benaderd had.

Ik heb Johan toen zelf gebeld en precies uitgelegd wat er was gebeurd sinds ons laatste contact. Hij was aanvankelijk verbaasd dat ik tegen hem eerst 'nee' had gezegd, om vervolgens een aantal maanden later wél serieus op het voorstel van Ten Have in te gaan om verder te praten. Het boterde volgens mij toen ook al niet zo tussen hem en de rest van de RvC. Maar ik heb hem rustig uitgelegd dat ik aan het idee had moeten wennen. Dat ik professionals om me heen zou krijgen en dat het feit dat ik mijn eigen directie mocht samenstellen een belangrijk aspect voor mij was. Dan pas kun je een club eventueel naar je hand zetten.

Uiteindelijk werd Johan tijdens dat gesprek opnieuw enthousiast over het idee dat oorspronkelijk toch van hemzelf was. 'Ik wil wel dat je eerst Frank de Boer, Dennis Bergkamp en Wim Jonk ontmoet,' zei hij tot slot. 'En daar wil ik zelf ook bij zijn. Dan kunnen we ideeën uitwisselen. En dan wil ik ook meteen Dennis Heijn ontmoeten, jouw beoogde commerciële man. Dan kijken we of we op één lijn kunnen komen.'

Daarom zaten we op deze septemberavond bij mij aan de keukentafel en praatte Johan honderduit over zijn plannen met Ajax. De sfeer was uitstekend. Voetballers onder elkaar met hetzelfde idee over de toekomst van de club. We waren het er allemaal over eens dat er bij Ajax een frisse wind moest waaien die door voetbal was ingegeven.

Ze kwamen niet eens toe aan een tweede kop koffie. Toen Liesbeth beneden kwam, had ik de mannen al uitgelaten. Het gesprek had nauwelijks een uur geduurd, maar ik was opgelucht omdat Johan het ook zag zitten. Dat was een absolute voorwaarde voor mij.

Drie dagen later kwam hij spontaan weer langs aan het begin van de middag, deze keer alleen. We praatten over de toekomst van de club en over de vraag hoe het nieuwe directieteam eruit zou moeten zien. Hij werd duidelijk steeds enthousiaster en zag het helder voor zich, met mij en Dennis als de nieuwe algemeen en commercieel directeur van Ajax. Hij was nog steeds sceptisch over de andere leden van de RvC, maar wist ook dat ons plan hun goedkeuring al had dus eigenlijk stond er niets meer in de weg.

Toen Johan vertelde dat hij die avond nog met Danny naar Barcelona zou vliegen, bood ik spontaan aan om hen zelf naar Schiphol te brengen. In mijn auto reden we samen naar hun appartement, waar Danny al klaar stond met hun handbagage. Zij zat achterin, en zei niet veel.

Johan zat naast me en was merkbaar tevreden dat het na al die maanden praten allemaal wat concreter leek te worden. En dat ik aan boord was. Het plan was kristalhelder. We namen hartelijk afscheid op het vliegveld en gingen als vrienden uit elkaar.

Een dag later belde ik Ten Have om te zeggen dat Johan

had ingestemd. Hij reageerde zeer verheugd en zei dat hij snel de contracten voor mij, Dennis en Miel in orde zou gaan maken. Die zouden we dan zeer binnenkort op zijn kantoor in Utrecht kunnen ondertekenen.

2. DE DRAAI VAN JOHAN

Een week later ging op donderdagavond de telefoon. Johan. Hij had ineens een heel andere toon. Hij zei dat hij van gedachten was veranderd en dat hij me wilde beschermen, omdat ik nog onervaren was als directeur. Hij wilde een soort van adviesraad boven mij plaatsen, zogenaamd om mij niet voor de leeuwen te gooien. Daarin wilde hij mensen als Tscheu La Ling, Maarten Fontein, Leo van Wijk en Guus Hiddink plaats laten nemen.

Toen ik die namen hoorde was ik stomverbaasd. Er lag al een plan om mij te helpen in die functie, daar hadden we uitgebreid over gesproken aan de keukentafel. Nog geen week geleden had hij er volledig mee ingestemd. En nu moest er ineens een adviesraad tussen geplaatst worden die moest instemmen met belangrijke beslissingen, om mij voor fouten te behoeden? Ik kende hem al wat langer, maar dit klonk niet oprecht, het klonk niet als Johan. Waar was de eensgezindheid en daadkracht van een week geleden? De overeenstemming die we hadden tijdens de rit naar Schiphol? Wat was dit voor een verhaal?

Het voelde voor mij niet goed. Hij had plots een enorme draai gemaakt. Een verrassende, vreemde draai. Wat zou er precies gebeurd zijn in die week waardoor het hele plan in de prullenbak was verdwenen? Het leek er sterk op dat Johan beïnvloed was door de mensen om hem heen, mensen met eigenbelang. Mensen die invloed wilden over zijn rug heen. Anders kon ik het niet verklaren.

De Telegraaf-journalist Jaap de Groot had dagelijks contact met Johan. Hij was ook werkzaam bij de Cruyff Foundation.

En Tscheu La Ling, met wie Cruijff als voetballer eerder een slechte band had, was een goede vriend en zakenpartner van De Groot. Waarom dook ineens zijn naam op? Wilden anderen meeprofiteren van de veranderingen bij Ajax? Zagen zij een bedreiging in mij en het feit dat ik mijn eigen commercieel directeur en communicatiedirecteur meenam?

Die week verschenen meteen artikelen op de *Telesport*-pagina's van de hand van De Groot waarin Johans draai werd uitgelegd en recht werd gepraat op een manier die stuitend was. Johan wilde zogenaamd 'zijn oogappel' beschermen. Er stonden ook gewoonweg leugens in over een bedrijfje dat Perry, Dennis en ik wilden opzetten, maar dat idee hadden we juist afgeblazen omdat de gesprekken met Ajax serieus werden. De Groot stelde nu zwart op wit dat die plannen door mij waren verzwegen en dat Johan daar niet blij mee was. Ook stelde de krant dat het toch bedenkelijk was dat ik mijn 'vriendjes' Dennis en Perry mee wilde nemen naar Ajax.

Ik vond het zwaar overdreven en enorm doorzichtig, als je wist hoe het echt zat. Maar dat wisten de lezers van *De Telegraaf* niet. Die kregen deze 'feiten' als 'de waarheid' voorgeschoteld. Ik vond het ver beneden de maat. Ik was opeens in een machtsspel beland waar ik geen deel van uit wilde maken.

Tegelijkertijd had ik een persoonlijke band met Johan, daar wilde ik geen journalist of krant tussen laten komen. Een dag nadat het artikel verscheen, ben ik daarom naar hem toe gegaan om hem persoonlijk te spreken en om mogelijke misverstanden de wereld uit te helpen. Elkaar in de ogen te kunnen kijken. Ik hoopte dat we er dan alsnog uit zouden komen.

3. WEGGESTUURD DOOR DANNY

Ik belde aan bij zijn huis aan de Waldeck Pyrmontlaan. De deur zoemde open en ik nam de lift naar tweehoog. Toen ik uitstapte deed Danny de deur open en liet me binnen. 'Johan is er niet,' zei ze en vroeg er meteen achteraan: 'Klopt het wat ik gelezen heb, dat jij de plannen van die Ten Have steunt? Dat jij die man z'n verhalen gelooft?'

Ik was totaal verrast door die vraag, maar ik antwoordde eerlijk: 'Ja, dat klopt. Dat heb ik gezegd. Ik vind het geen onzin, nee.'

'Wat is dat nou?' zei Danny meteen. 'Dat kan toch helemaal niet.'

Ik legde uit dat ik vond dat de bestuurlijke knowhow van Ten Have en de voetbal-knowhow van Johan samen tot iets moois zouden kunnen leiden bij Ajax. 'Zo zie ik het.'

'Dus je staat er nog steeds achter met je volle verstand?'

'Ja.'

Toen zei Danny: 'Nou, als jij daar zo van overtuigd bent, ben je hier niet meer welkom. Dan kun je beter gaan.'

Ik heb een moment getwijfeld. Moet ik hier nu enorm ruzie gaan staan maken? Maar tegelijkertijd dacht ik: als zij me wegstuurt, dan ga ik niet moeilijk doen. Dus toen ben ik de deur uit gelopen, heb de lift genomen en ben weggegaan.

Ik ben meteen op zoek gegaan naar Johan. Ik hoopte dat hij bij het Olympisch Stadion zou zijn, bij de Cruyff Foundation. Daar vond ik hem gelukkig snel. Ik zei tegen hem: 'Danny heeft me net jullie huis uit gezet. Dat vond ik nogal grof. Ik weet niet of dat normaal is?' Maar Johan ging daar eigenlijk niet echt op in. Die negeerde dat volledig.

'Luister, ik wil je dit persoonlijk vertellen,' zei ik. 'Ik vind het verhaal van Ten Have en de RvC niet slecht. En ik vind jullie verhaal ook niet slecht. Ik denk dat beide partijen niet al te ver uit elkaar liggen, dat die nog wel verenigd kunnen worden. Dat zou het mooiste zijn. Dan bundel je de krachten, en dat is het beste voor Ajax.'

'Daar kan ik niks mee,' reageerde Johan vrij stellig. 'Als jij die mensen ook steunt. Ze hebben geen idee. Weten niets van voetbal. Jij kunt niet met elk been in een ander kamp staan. Je moet kiezen. Voor de voetballers of niet.'

Ik had ook uren met Ten Have gesproken. En ik wist dat Johan veel verstand van voetbal had, maar dat een groot bedrijf runnen echt wat anders is. 'Ik hoor een redelijk verhaal bij beide partijen,' zei ik. 'Ik vind Ten Have een heel goede en redelijke vent en hij lijkt mij een goede bestuurder. Dus het is in mijn ogen niet allemaal zo zwart-wit.'

Toen zei Johan: 'Dan houdt het wat mij betreft op. Je kunt geen twee kampen steunen. Je moet kiezen. Als je dat niet kunt...'

'Als dat echt is hoe jij het ziet, dan kap ik ermee,' zei ik. 'Dan moet je op zoek naar een ander. Hier doe ik niet aan mee.'

Ik ben weggegaan, voor mij was het vanaf dat moment wel echt klaar. Ik was niet eens boos, maar ik realiseerde me meteen dat dit niet ging werken. Ik voelde dat hij niet bereid was te luisteren naar een ander verhaal en ik was niet bereid om redelijke en professionele mensen, die het goed voor hadden met de club, zomaar terzijde te schuiven.

Hoe het ook zij, tien dagen na het keukentafelgesprek verdween het hele toekomstplan voor Ajax, waar zowel Cruijff, de RvC, de hoofdtrainer als het technisch hart akkoord mee was, rigoureus en definitief van tafel.

De volgende dag heb ik Steven ten Have gebeld en gezegd dat ik me terugtrok als kandidaat algemeen directeur van Ajax. Met deze opstelling van Cruijff was dat voor mij geen optie meer. De contracten konden de papierversnipperaar in. Ten Have was verrast en zeer teleurgesteld.

Ik werd in de weken en maanden erna alleen maar gesterkt in mijn beslissing. De rest van de hele zaak is alleen maar vervelender en gênanter geworden. Ten Have moet snel gehandeld hebben, want nog geen twee weken na mijn telefoontje kwam de RvC plotseling met Louis van Gaal als beoogd algemeen directeur. Overbodig om te zeggen dat Johan Cruijff daarin niet gekend was.

4. FABELTJESKRANT

Ik heb me een paar jaar later ook nog kritisch uitgelaten over de 'fluwelen revolutie'. Dat was in 2015. Inmiddels had toen iedereen met iedereen ruzie bij Ajax en was de jeugdopleiding één groot tranendal. Alleen de titels die Frank de Boer desondanks wist binnen te halen verbloemden de boel. Ik heb toen gezegd dat het plan-Cruijff 'één grote komedie' was en het geheel bestempeld als *De Fabeltjeskrant*. Los van het politieke gekonkel, de onrust en de machtsspelletjes, vond en vind ik het niet logisch en realistisch wat Johan wilde bij Ajax. Hij had zonder twijfel goed werk gedaan bij Barcelona, maar Barcelona is nou eenmaal niet te vergelijken met Ajax. In de voedselketen van het voetbal is Barcelona de jager en Ajax een prooi, internationaal dan. Ajax zit midden in de keten.

Hij heeft naar eigen zeggen de jeugdopleiding van Ajax verbeterd, maar bij AZ wordt eigenlijk net zo goed getraind als bij Ajax. Bij Heerenveen ook. Bij Feyenoord, bij PSV. Allemaal goeie mensen en allemaal goede opleidingen. Alleen heeft Ajax de aantrekkingskracht waardoor zij de betere spelers krijgen en kunnen halen. Daardoor lijkt het alsof de jeugdopleiding van Ajax het beste is, maar dat is veel te kort door de bocht. Bij Ajax stroomt gewoon meer kwaliteit in. Als die 'goeden' met elkaar trainen, komen daar betere spelers uit. Dat is het hele eiereneten. Er zijn geen andere trainingen, er zijn geen andere visies. Het gaat er gewoon om: goed en goed maakt beter. Punt. Je kunt niet zomaar zeggen: 'Wij gaan even de opleiding intensiveren.' Dat is veel te kortzichtig.

Frenkie de Jong is nu bijvoorbeeld heel erg goed. Die komt uit Tilburg, maar ging daarna naar Ajax en heeft dus nu zogenaamd de opleiding van Ajax gedaan. Onzin. Ik kom zelf uit

Utrecht en stroomde pas bij Ajax in toen ik zestien was. Ja, Johan Cruijff komt bij Ajax vandaan, maar denk je dat als hij bij Feyenoord had gezeten, hij geen goeie voetballer was geworden?

Barcelona, Bayern München en Manchester City en meer van dat soort grote clubs, die vormen het einde van de voedselketen in het voetbal. Dat zijn de grootste en de rijkste clubs. Die kopen om beter te worden en verkopen spelers omdat ze – plat gezegd – 'overbodig' zijn. Ajax moet hopen dat ze potentiële sterren krijgen. Dan kunnen ze spelers verkopen om geld te verdienen, maar niet om als club beter te worden.

Zo was het tenminste tot voor kort. Maar wat Ajax nu doet is dat systeem een beetje doorbreken, want als je niet meedoet met de clubs met de grotere budgetten, blijf je altijd een overlever. Een prooi. Eigenlijk doet Ajax nu wat Cruijff niet wilde. Die predikte Ajax-spelers, eigen opleiding en geen dure aankopen. Die aanpak heeft het niet gered, tot Overmars namens Ajax, twee, drie jaar geleden, zei: 'We gaan het anders doen.'

Natuurlijk heeft Johan die hele revolutie ook ontketend om Ajax te helpen. Had hij het goed voor met de club. Dat geloof ik wel. Maar als je redelijk intelligent bent, en dat was Johan, dan zie je dat het verhaal dat hij losliet op Ajax eigenlijk bij een club als Barcelona thuishoort.

Op een gegeven moment kwam ook het plan om de jeugdelftallen geen vaste trainer meer te geven, maar deze te laten rouleren. Elke maand een ander. Dat is binnen een halfjaar teruggedraaid. Hij probeerde te verkopen, wat niet te verkopen was. Daarom zei ik: *De Fabeltjeskrant*.

Maar hij is ook afhankelijk van de mensen die zijn ideeën moeten uitvoeren, hij weet ook niet alles van tevoren. Maar hij dacht vast: als het niet werkt, los ik het wel op. Op voetbalgebied is hij een intellectueel – hij ziet en weet alles –, maar een organisatie neerzetten is toch echt wat anders.

Ik dacht echt 'bekijk het maar'. Nadat Danny me weggestuurd had en Johan opeens die draai maakte en duidelijk niet meer voor mij koos, maar voor andere belangen, was ik er klaar mee. Ik vond ook echt dat het niet aan mij was om na deze gebeurtenissen de eerste stap te zetten, en zelf weer contact op te nemen. Maar er kwam na die bewuste herfst van 2011 geen initiatief van Johan. En ook niet van Danny. Ik heb het toen gelaten.

Ik heb Johan nog twee keer gezien, bij Ajax, toen ik met Heerenveen in de ArenA speelde. Maar alleen van een afstandje, terwijl ik een interview gaf. Daarna nooit meer. Liesbeth en ik hebben nog wel iets gestuurd toen hij ziek werd, maar uiteindelijk is hij vrij plotseling overleden. Daar was ik toch wel stil van, dat heeft me echt geraakt.

Eigenlijk was het al met al een heel trieste zaak. Het voelde dubbel: enerzijds was hij mijn idool, mijn voetbalvader en later een dierbare vriend, anderzijds had hij me ook laten vallen. En dat allemaal door die idiote revolutie en de machtsspelletjes rond een topclub als Ajax. Doodzonde.

TERUG NAAR HEERENVEEN

13 augustus 2012

Ik rij over de A6 door de Noordoostpolder. Lege vlaktes om me heen, nu ik het Tjeukemeer gepasseerd ben. Het is nog vroeg. Ik ben op weg naar Amsterdam op de ochtend na de eerste wedstrijd met Heerenveen, mijn nieuwe club. We hebben gistermiddag verloren van NEC. Met 2-0 thuis nog wel. Ik ben er kapot van. Ik rij niet hard, doe rustig aan, maar mijn kop is te onrustig. Ik heb ook maar een paar uur geslapen in mijn appartement in Heerenveen. Eigenlijk moet ik straks de uitlooptraining doen, maar mijn besluit staat vast...

Eindelijk weer ergens hoofdtrainer, na drie jaar sabbatical, dacht ik de laatste weken. Het gaf me rust, het idee in Heerenveen aan de slag te gaan. Er waren de nodige aanbiedingen voorbijgekomen in de tussenliggende jaren, maar die waren telkens afgeketst. Te ver van huis. Te veel spanning. Maar in de luwte bij Heerenveen op een behapbare afstand van Amsterdam, dat voelde anders. Dat moest te doen zijn. En het idee niet meer onder een vergrootglas, zoals bij een topclub, te hoeven werken, hielp ook mee.

Alle voorbereidingen waren soepel gegaan. We verloren geen oefenduels, behalve FC Köln uit, maar nu, meteen na de eerste competitiewedstrijd, schiet de stress toch weer door m'n hoofd. Als ik nu al niet meer slaap. Dat is toch niet normaal? Als ik straks thuis ben bel ik de voorzitter, om hem te vertellen dat ik ermee stop.

Ik was die stress al bijna vergeten. Na mijn vertrek bij Ajax leek het compleet verdwenen, ook omdat ik de last en spanning van het hoofdtrainerschap naast me neer had gelegd. Ik wist toen dat ik aan mezelf moest werken, aan mijn faalangst. Ik heb een opleiding NLP gedaan, neurolinguïstisch programmeren, een methode waarbij je je vaste denkpatronen bewust probeert aan te passen, zodat je buiten het gebaande pad gaat denken.

Ik was geïnspireerd geraakt door Bouke de Boer, met wie ik veel sprak. Hij was een van de NLP-trainers en had het instituut opgericht. Ik ben begonnen met een korte cursus, maar kreeg al snel de smaak te pakken. En omdat ik nou eenmaal niets half doe, ben ik er helemaal ingedoken en heb een opleiding van twee jaar gedaan. Met allemaal modules. Ik heb vooral veel opgestoken van de communicatie-cursussen.

Daardoor ging ik anders kijken naar hoe ik als trainer van Oranje en Ajax met spelers was omgegaan. Het belang van non-verbale communicatie, wat iemand uitstraalt tegen wie je praat en bijvoorbeeld welk moment je kiest om een slechte boodschap over te brengen. Dat was allemaal enorm leerzaam. Ik heb zelfs een cursus gedaan bij dat instituut om met mijn faalangst om te leren gaan. Dat was ook heel interessant, maar om nou te zeggen dat ik daarna begreep waarom het bij mij steeds misging? Nee, eigenlijk niet. Ik moest soms aan mijn moeder denken. Die heeft wel twintig keer geprobeerd om haar rijbewijs te halen, maar ze zakte elke keer. Ook faalangst, zenuwen op het moment suprême. Heel herkenbaar.

Eigenlijk moet ik hem persoonlijk vertellen dat ik stop. Dat kan ik niet afdoen met een telefoontje. Ik neem afrit 15, Emmeloord. Ik zet de auto aan de kant en laat het even bezinken. Dan sla ik meteen twee keer linksaf, en rij meteen de A6 weer op, rechtsomkeert. Terug naar Heerenveen. Op zoek naar de voorzitter. Deze spanning wil ik gewoon niet meer. Het ligt zeker niet aan de club. Het zijn allemaal warme mensen. De ontvangst was ook prima. Het is die spanning, maar vooral dat nare gevoel na een nederlaag. Maar met de wetenschap dat ik er straks gelukkig weer vanaf ben, voel ik me alweer iets beter.

In maart 2011 was het angstspook nog een nachtje bij mij op bezoek geweest. Een van de drie grote clubs uit Portugal, Sporting Lissabon, had voorzittersverkiezingen. Er waren drie kandidaten en ik werd uiteindelijk de troef van een van hen. Hij wilde mij als hoofdtrainer van Sporting vanaf die zomer. Na een paar gesprekken waren we eruit. Ik kreeg van hem de toezegging dat ik voor vele miljoenen aan spelers mocht kopen als het allemaal door zou gaan.

Verrassend genoeg had de tweede presidentskandidaat al eerder een akkoord gesloten met Frank Rijkaard als beoogd hoofdtrainer. Frank en ik waren dus in zekere zin elkaars concurrenten. Perry had een ingewikkelde rol, want hij was zowel zaakwaarnemer van Frank als van mij. Van tevoren had hij de kwestie met ons besproken. We gingen er alle drie mee akkoord, omdat het onze belangen niet schaadde.

Al vroeg in de ochtend na de verkiezingen belde Perry met de boodschap: 'Ik heb slecht nieuws. Die derde kandidaat heeft toch nog gewonnen. Ze hebben tussen vijf en zes uur vanochtend de laatste stemmen geteld...'

Ik was al gestopt met luisteren. Ik zou daar geen trainer worden. Meteen kwam de opluchting. Viel de spanning van me af. Ik was direct een stuk vrolijker.

Ik rij het stadionterrein op, naar mijn eigen parkeerplaats. Het ziet er rustig uit, maar ik voel me helemaal niet rustig. Ik ben hier om mijn baan op te zeggen. Na mijn eerste officiële wedstrijd nota bene. Ik loop het gebouw in en vraag aan de receptioniste of ze weet waar Robert Veenstra is. Die blijkt net vertrokken te zijn. Ze weet niet waarheen.

Ook in Spanje heb ik het een keer heftig gehad, niet veel later. In Madrid om precies te zijn. Perry had daar lang onderhandeld met een delegatie van de Chinese voetbalbond. Ze zochten een nieuwe bondscoach voor vier jaar. Het was juni 2011. Jorge Mendes, de Portugese zaakwaarnemer van onder anderen Mourinho en Ronaldo, had namens de Chinezen contact met ons gelegd.

Perry belde mij die middag: 'Ze zijn echt serieus. En de voorwaarden zijn goed. Ik denk dat je nu het beste ook zelf naar Madrid kunt komen.' Twee uur later zat ik in het vliegtuig.

Die avond hebben we tot een uur of elf gedineerd en gepraat. De Chinezen waren erg serieus en het gevoel was meteen goed, van twee kanten. Alle details waren besproken en akkoord bevonden. Ik mocht de assistenten meenemen die ik wilde en kreeg carte blanche om dingen bij de bond naar mijn hand te zetten. Geld was het probleem al helemaal niet. De deal was beklonken. Mondeling. Iedereen was tevreden en de sfeer was goed.

De Chinese delegatie is de volgende ochtend vroeg opgetogen in een vliegtuig terug naar Peking gestapt. Zodra ze daar waren zouden ze de contracten uitwerken en naar ons toe sturen. Een week of twee later zou ik in Peking gepresenteerd worden.

Na een laatste drankje gingen Perry en ik allebei tevreden naar onze hotelkamer. Maar ik kon niet slapen. Het leek wel alsof het nu pas tot me doordrong: vier jaar China. Waar begon ik aan? Ik wist niets van dat land. Ik kreeg het vreselijk benauwd. Met veel moeite viel ik uiteindelijk pas laat in slaap.

Toen ik om halfzes alweer naar het plafond lag te staren, met pijn in mijn buik, kon ik me niet langer inhouden en heb ik Perry een lange sms gestuurd waarin ik zei dat ik het toch niet kon doen. Dat ik het niet wilde. Dat ik het benauwd kreeg bij de gedachte aan vier jaar China. Dat ik dat ook niet terecht en eerlijk vond. Zij moesten een coach krijgen die niet twijfelde. En dat hij de deal dus toch maar af moest blazen. Ik zag echt geen andere mogelijkheid. Sorry.

Hij klopte meteen op mijn kamerdeur en zag direct aan mij dat het menens was. En dan is hij ook een realist. Hij baalde, maar accepteerde ook meteen de situatie. Klaar. Hij belde die Chinezen zodra ze geland waren. Die waren not amused natuurlijk, maar Perry heeft de rommel voor me opgeruimd. Ik voelde me opgelucht toen we die middag terugvlogen naar Amsterdam.

Toen ik op het stadion was en Robert niet zag, maakten de spelers en trainers zich net klaar voor de uitlooptraining, en heb ik me toch maar omgekleed om erbij te zijn. Ik dacht: ik zie de voorzitter daarna wel. Maar zelfs na de training zag ik Robert nog steeds niet. Toen heb ik maar besloten naar huis te gaan. Vanaf het moment dat ik weer in de auto zit, voel ik me wat beter. Ik heb toch wel lekker gewerkt vandaag, misschien valt het allemaal nog wel mee. Ik voel de spanning steeds meer wegtrekken en geloof het verder wel even voor vandaag. Ik ga naar huis.

OPRUIMEN

21 juli 2014

Mijn vader is dood. Mijn broer is weer vertrokken, naar Curaçao. Het is maandagmiddag, drie dagen na de crematie en ik ga mijn vaders huis opruimen. Nu moet ik dus ook weer naar dat kamertje, mijn oude kinderkamer in het huis aan de Johan Wagenaarkade. Voor het eerst in jaren. Zelfs toen mijn vader hier nog woonde, voordat hij twee jaar terug naar dat tehuis ging, kwam ik er nooit. Wel bij hem, maar niet in dat kamertje.

Ik rij net voorbij het Olympisch Stadion de ring van Amsterdam op. Ik heb bijna zin om op te gaan ruimen. Dat klinkt misschien raar, want ik heb er ook veel herinneringen. Dat kamertje waar ik eindeloos tegen het muurtje heb staan trappen, en waar ik voor het eerst met Anne heb gezoend, mijn eerste meisje. En waar mijn vader vroeger voor het slapengaan altijd op de rand van mijn bed kwam zitten. Het kamertje dat ik achterliet na het ongeluk van mijn moeder, toen ik op mijn eenentwintigste met Liesbeth ging samenwonen. Op het bureaublad staan nog steeds die woorden gekrast: IK BEN DE BESTE (OP MIJ NA). Woorden die totaal onbedoeld mythische proporties hebben gekregen.

'We gaan gewoon door,' zei mijn vader tegen mij toen een arts had gezegd dat ik moest stoppen met voetballen, omdat ik een versleten heup zou hebben. Ik was vijftien, maar 'we' gingen door. Met veel succes. Dat zie je wel in dat kamertje, want nadat ik vertrokken was, was het een soort Marcomuseum geworden waar mijn vader zich totaal in vastgebeten had. Met al mijn bekers, vaantjes, shirtjes, VHS-banden en mapjes met notities over al mijn wedstrijden. Noem maar op. Dat was mooi voor hem, daar kon hij journalisten ontvangen, zijn verhaal vertellen. Dat wilde ik zelf toch niet. En het was toch ook zijn leven.

Hij vond dat heel erg leuk. Ik gunde hem dat. Net als dat Sportpark Marco van Basten. Dat wilde hij graag. Het had ook bij mijn oude club UVV kunnen komen, waar veel goede herinneringen liggen.

Dat kamertje is in die bijna dertig jaar sinds mijn vertrek verworden tot iets waar ik vanaf wil. Een soort grafzerk van een verdwenen voetballer. Een monument voor 'de spits die ooit was'. Iets van het verleden. Ik ben verdergegaan, heb een gezin, kinderen, andere prioriteiten. Maar hij is al die tijd in die periode blijven hangen. In mijn glorietijd als speler, wat ook zijn glorietijd was. Zelf had hij die successen als speler nooit meegemaakt.

Hij vertelde die journalisten soms ook net iets te veel, hoor ik nu af en toe. Dat hij spijt had van sommige dingen. Dat hij meer aandacht aan mijn moeder had moeten besteden toen ze nog 'goed' was. En dat hij meer aandacht had moeten geven aan mijn broer en zus, in plaats van alleen aan mij. Dat hij daar een 'hoge prijs' voor heeft betaald. Maar tegen mij heeft hij dat nooit gezegd en ik las die interviews nooit.

In Utrecht zelf is het wat drukker. De Spinozabrug over naar Oog in Al, en dan rechtsaf naar het Herderplein. Wel zei ik de laatste jaren nog bepaalde dingen tegen hem. Dat kon ik niet laten. Bijvoorbeeld dat het wel vreemd was dat hij mijn moeder dertig jaar lang bij wijze van spreken nooit een blik waardig had gegund, totdat ze het ongeluk kreeg. En nu bezocht hij haar drie keer per dag, terwijl ze hem niet eens meer herkende. Wat heeft dat voor zin? Hij zag zijn eigen kleinkinderen bijna nooit. Ik snapte dat niet.

Misschien was het een soort boetedoening, iets katholieks.

Maar waarom? Ik ben daar meerdere keren echt boos over geweest. 'Wat lul je nou?' zei ik dan, maar hij antwoordde alleen maar: 'Ik voel dat zo Marco. Dat ik dat moet doen.' Tja, dan ben je uitgepraat.

Zijn sociale wereldje werd kleiner en kleiner. Daar bleef niets van over. En mijn moeder heeft er bar weinig van gemerkt. Die zat weggestopt tussen de demente mensen. Natuurlijk heeft hij de dingen goed proberen te doen in zijn leven. Naar kunnen. Naar eer en geweten, dat geloof ik echt.

Ik ben mijn moeder de laatste jaren ook steeds meer gaan waarderen. Het gevoelige en creatieve heb ik van haar. Ze was ook veel socialer dan mijn vader. Vlak voor het ongeluk is ze nog bij Stanley in Canada geweest om zijn kinderen te zien. Als ze er nog was geweest had ze zeker een goede band met onze kinderen gehad. Daar ben ik van overtuigd.

Ik weet nog dat ze graag wilde dat ik piano leerde spelen. Ze kon dat zelf zo goed. Op gehoor. Ik had een tijdje les, maar dan keek ik altijd van achter de piano alweer naar buiten of het voetballen al begon.

Ik steek de sleutel in het slot aan de Johan Wagenaarkade. Het Amsterdam-Rijnkanaal glinstert in de glazen voordeur. In mijn hand heb ik een rol afvalzakken. Van die blauwe. Ik loop meteen door naar het kamertje. Naar al die prullaria. Wanneer ik de deur opendoe, ben ik vastberaden: ik flikker alles weg. Er ligt overal een dikke laag stof op. Met handen vol gaat alles die blauwe zakken in. Het zweet staat me op mijn rug. Ik doe een raam open.

Dan zie ik een vaantje van een jeugdtoernooi met UVV in Zuid-Frankrijk toen ik negen was. In Le Lavandou, waar we speelden op wit gravel. Palmbomen eromheen. Ongelooflijk was dat. We wonnen daar en ik werd speler van het toernooi. Jeugdtrainer Wim Haazer regelde dat allemaal. Echte UVV'er. Als winnaar werden we meteen weer uitgenodigd. Een jaar later wilde ineens iedereen wel mee naar de Côte d'Azur. Het werd een soort veredelde vakantie waarbij de jongens ook nog een toernooi speelden. Werden we dertiende, haha. Mooie tijd was dat.

Maar de rest gaat allemaal weg. Er zit ongelooflijk veel meuk bij. Wat hij allemaal bewaarde… De ene vuilniszak na de andere. Het leven gaat door. Een enorme opluchting overvalt me, terwijl ik drie zakken tegelijk naar de voordeur sjouw.

BEVRIJDINGSDAG

31 oktober 2014

Je kunt het zien op de foto's. Je ziet me zitten bij AZ met een grote taart voor mijn neus, waarop staat 50 JAAR. Ik heb een feestmutsje op. Het ziet er misschien potsierlijk uit, maar ik ben oprecht blij. Dat kun je zien. Ik waardeer het gebaar van mijn collega's. Ik vind het fijn als mensen op die manier met elkaar omgaan. Collegiaal. Warm.

Maar achter mijn glimlach zit meer. Daar zit ook opluchting in, want ik ben geen hoofdtrainer meer. Ik heb een paar weken geleden, met pijn in mijn buik, definitief de knoop doorgehakt. Ik ben nu assistent van hoofdtrainer John van den Brom. En vanaf dag één bevalt me dat. Er zijn nog meer foto's uit deze periode. Liesbeth en ik geven een feest omdat we allebei vijftig zijn geworden, samen honderd. Daar zie ik ook die vreugde, die opluchting. Een concert van de Toppers, met Dennis Haar, Van den Brom en een paar vrienden, hetzelfde beeld.

Het leek een goede stap. Na de aanvankelijke spanning heb ik bij Heerenveen toch twee fijne seizoenen gehad. Met hulp van Tieme Klompe en de clubleiding hebben we een aardig elftal kunnen opbouwen, maar daarna wilde ik dichter bij huis gaan werken. En misschien langzaam ook weer iets hoger op.

Het werd AZ. Een logische stap. De contracten waren goed geregeld en ik mocht een eigen assistent kiezen. Helaas kon Tieme niet met me mee. Bij Heerenveen heeft hij mij er echt doorheen getrokken. De gevolgen van zijn gemis bij AZ kon ik toen nog niet overzien. Maar ik had er gewoon zin in, zeker ook omdat de spanning in die twee seizoenen Heerenveen voor mij uiteindelijk hanteerbaarder was geworden.

De voorbereiding begon goed, tot na een paar weken mijn vader overleed. Mijn aandacht ging even volledig naar de crematie, de familie en het 'opruimen'. Toen ik daarna weer terugkwam bij AZ ging het helaas al wat minder, voelde ik me niet lekker. Maar toch wilde ik koste wat kost aan de competitie beginnen.

De eerste wedstrijd wonnen we bij Heracles met 3-0. Toen ging het nog wel. De tweede wedstrijd verloren we van Ajax met 1-3. Nou ja, dat kan gebeuren. Maar de derde wedstrijd verloren we kansloos van Willem II, met 3-0. Dat hakte erin. Ik kreeg weer last van die spanning en sliep slecht. Het angstspook kwam helaas toch weer tevoorschijn. Uiteindelijk heb ik in die week Perry gebeld en gezegd: 'Ik wil ermee stoppen. Dit gaat niet.'

AZ was er natuurlijk helemaal niet blij mee, maar ze hebben toch heel sympathiek en sportief gereageerd op mijn verzoek om assistent te worden. Op zich een aparte stap, maar daar was ik juist erg blij mee.

En die taart op m'n verjaardag, een maandje later, vond ik echt heel aardig. Ik had ze voor mijn gevoel toch in de steek gelaten, na al die moeite die ze hadden gedaan om mij aan te stellen en het me naar de zin te maken.

Wat ik wel wist, en weet, is dat ik nooit meer hoofdtrainer word. Dat hoofdstuk is afgesloten. Definitief. Later hoorde ik dat Liesbeth had gezegd: 'Als hij het nu toch weer een keer wil, ga ik er echt voor liggen.'

Gelijk heeft ze. Het is beter voor mij en mijn omgeving. Zij kennen inmiddels de routine. Opeens, een paar dagen na zo'n rigoureus besluit, weet ik het allemaal alweer heel goed.

Zodra de kogel door de kerk was, had ik praktisch meteen nergens last meer van, kreeg ik alweer praatjes, zoals Liesbeth het noemde. Dan kon ik het allemaal weer heel goed vertellen, en zelfs de hoofdcoach zeggen dat hij het verlies allemaal maar moest relativeren, dat hij zich alle commentaren niet zo moest aantrekken, dat bij de volgende overwinning pers en publiek deze nederlaag al snel weer vergeten waren. Trek het je niet zo aan, hoorde ik mezelf dan soms zeggen.

In plaats van ongemak over de bonte versiersels op mijn verjaardag, voelde die dag bij AZ voor mij als bevrijdingsdag. Vijftig jaar en nooit meer hoofdtrainer. Sinds het besluit ben ik weer ontspannen en heb ik enorm veel lol met de mensen om mij heen. Het gekke is, ik weet ook precies wat de hoofdcoach doormaakt, en ik kan hem van goede adviezen voorzien. En dus ook zeggen dat hij zich niet zo druk moet maken, haha.

Het duurde uiteindelijk ongeveer tien jaar voordat ik die knoop doorhakte en niet meer hoefde van mezelf, hoofdtrainer zijn. Uiteraard hielp het ook dat er financiële rust was gekomen. En ik wilde Liesbeth niet meer opschepen met een gestreste partner. Ik wilde de druk niet meer. Klaar. De laatste nacht met het spook was voorbij.

FIFA (I)

'Schaf buitenspel af'

2016-2017

'Ik geloof dat ik werkeloos ben.'

Toen ik de zin uitsprak, realiseerde ik me hoe idioot het voor Perry moest klinken aan de andere kant van de lijn. Ik stond op het gras naast het massieve gebouw met het FIFA-logo erop en had net een aanvaring gehad met Zvonimir Boban, mijn directe baas bij de FIFA, die net onder president Gianni Infantino werkte. We waren kwaad uit elkaar gegaan. Ik kende hem al wat langer, en als ik heel eerlijk was, wist ik ook wel dat mijn opmerking van zojuist bij hem zou binnenkomen, maar dat hij zo uit zijn dak zou gaan, had ik niet verwacht.

Ik besefte dat ik zijn eergevoel geraakt zou kunnen hebben toen ik tegen hem zei dat hij onbetrouwbaar was. Maar het ging mij eigenlijk om iets anders, om het gevoel serieus genomen te worden, want ik had het idee dat ik hier bij de FIFA op een zijspoor beland was. Het boterde al maanden niet meer zo tussen ons, terwijl mijn baan hier vol verwachting begon. Ze wilden me zo ontzettend graag hebben. Dat bleek uit alles. Maar nu werd ik bij sommige meetings, die over onderwerpen gingen die onder mijn verantwoordelijkheid vielen, niet eens meer uitgenodigd. Het was raar om daar te staan, naast het voetbalveld bij het hoofdkantoor, en me zo afzijdig te voelen van waar het echt om ging. Ik ging mijn spullen nog maar even ophalen in mijn eigen kamer. Een paar uur later zou ik toch al naar Amsterdam vliegen. Was ik gewoon iets eerder op het vliegveld.

In juni 2016 sprak ik voor het eerst met Gianni Infantino, Boban en Mattias Grafstrom, de rechterhand van Gianni. Ze zochten iemand die zich bezig ging houden met de ontwikkeling van het voetbal. Iemand die voorop wilde gaan in die ontwikkeling, die het denken daarover wilde stimuleren, ook omdat het allemaal moeizaam en stroperig was gegaan in het tijdperk-Blatter.

Infantino was een paar maanden eerder gekozen tot nieuwe FIFA-president, maar had het zwaar. Hij wilde afrekenen met het negatieve imago en zocht daar frisse gezichten bij. 'Marco van Basten' aan de FIFA koppelen was daarom een aantrekkelijk idee voor hem.

Precies op het voetbalveld waar ik stond bij te komen, organiseerde hij een dag na zijn aanstelling, in februari 2016, een voetbalwedstrijdje met allemaal oud-spelers. Publicitair gezien heel slim, om zich te omringen met oud-voetballers. Onbesmette namen, die weer aan voetbal deden denken. Hij wilde de boodschap uitdragen dat het na alle corruptie-ellende, de diverse internationale arrestaties in het Blatter-tijdperk, eindelijk weer om voetbal draaide bij de FIFA.

Ze wisten me echt te raken in die eerste gesprekken. Die gingen allemaal over voetbal en over de ontwikkeling van de sport. Ze hadden er duidelijk passie voor. Van Boban wist ik dat al wel, ik had met hem kort gespeeld bij Milan, Infantino en Grafstrom kende ik nog niet maar dat waren ook prima gasten.

Ze wilden een *tailormade job* voor me creëren. Ik mocht min of meer zelf zeggen waar ik me mee bezig wilde houden. Daar rolden toen drie dingen uit: de ontwikkeling van de spelregels, scheidsrechterszaken en de technologische ontwikkeling in het voetbal. Het voelde goed, omdat spelregels me altijd al hadden beziggehouden en het in die gesprekken echt ging om mijn persoonlijke visie en frisse ideeën. Ik voelde dat het niet alleen om mijn 'naam' ging. Dat was prettig.

Ik was op dat moment nog assistent van Danny Blind bij Oranje en de discussies die ik met hem en Kees Jansma had eindigden regelmatig gekscherend met de woorden: 'Dan moet je maar bij de FIFA gaan werken.' En nu klopte die FIFA opeens bij mij aan. Het was een mooie kans, al was de KNVB not amused.

In korte tijd vertrokken drie assistenten bij het Nederlands elftal, en dat terwijl Oranje ontbrak op het EK dat jaar. Ruud van Nistelrooij ging in mei naar PSV, zijn vervanger, Dick Advocaat, vertrok na twee maanden naar Fenerbahçe, en ik ging dus op dat aanbod van de FIFA in. Ik was nog wel bij de wedstrijden van Oranje in september en steunde Danny in het uitduel tegen Zweden, maar op 1 oktober 2016 begon ik vol energie en goede moed in Zürich.

Ik kreeg een kantoor naast dat van Boban, in de gang bij Infantino, en zat bij alle belangrijke besprekingen over 'mijn' onderwerpen. Doordeweeks woonde ik daar in mijn appartement, maar elk weekeinde ging ik naar huis, naar Amsterdam. Het was wennen. Ik had nog nooit een echte kantoorbaan gehad en had nu ineens veertig mensen onder me en een budget van grofweg veertig miljoen Zwitserse francs. Op de eerste dag kwam er iemand naar me toe om een vraag te stellen over zijn vakantiedagen. Ik had werkelijk geen idee. Dat waren nou juist van die dingen waar ik 'nul' ervaring mee had, maar daar zou ik in begeleid gaan worden.

De vergaderingen over de ontwikkeling van spelregels en nieuwe technologieën zoals de VAR vond ik heel interessant. Het leverde levendige discussies op waarin ik altijd zei wat ik vond. Na de FIFA Club World Cup van 2016 in Tokio, was het een optie om door te gaan met de VAR richting Confederations Cup en daarna misschien richting het WK. Ik had me er hard voor gemaakt dat dat proces niet vertraagd werd, dat we door zouden pakken. Alleen de scheidsrechters waren niet voor. Die vonden het ingewikkeld en bedreigend.

De eerste echte confrontatie had ik in januari 2017. Ik was net drie maanden in dienst. Infantino zag ik weinig, die reisde zo'n tweehonderdzestig dagen per jaar de hele wereld over en ook Boban bemoeide zich steeds minder met mij. Mijn kantoor was inmiddels ook al verplaatst naar de overkant van de gang. In een interview met *Bild* zou ik vertellen over mijn nieuwe functie als *Chief Officer for Technical Development*. Toen het blad een week later verscheen stond mijn telefoon ineens roodgloeiend. De kop boven het artikel: *FIFA-OFFICER VAN BASTEN: 'SCHAF BUITENSPEL AF!'*

Ik had meteen Infantino en Boban aan de lijn. Ze waren op zijn zachtst gezegd geschrokken, terwijl ik alleen maar over mijn ideeën had verteld. Het sloeg echt in als een bom, niet alleen bij de FIFA zelf, maar wereldwijd. Jürgen Klopp noemde het een idioot idee, Arsène Wenger zei er ook iets kritisch over en Infantino werd door zijn vertrouwelingen van over de hele wereld opgebeld: 'Wat is de FIFA van plan?' 'Is dit echt jullie idee?' Alleen maar onrust en verwarring.

Het onderscheid tussen mijn persoonlijke mening en het standpunt van de FIFA had ik wel uitgelegd aan *Bild*, maar dat werd door weinigen aangehaald. Ik was officieel 'Chief Officer for Technical Development' van de FIFA en als ik vanuit mijn functie zo'n balletje opgooide dan was het al bijna werkelijkheid. Zo werd het gezien. Het was naïef van me. Niet slim.

Toch ben ik vol goede moed doorgegaan, omdat ik achter de schermen wel kon werken aan de voortgang rondom de invoering van de VAR. En daar was ik een groot voorstander van, omdat die het voetbal gewoon eerlijker maakt.

Ik was steeds drie stappen verder en voelde me afgeremd in wat ik wilde. Tijdens de Confederations Cup was ik ook al bezig om te kijken naar *Effective Playing Time,* zuivere speeltijd. Ik heb veel wedstrijden met mijn telefoon in mijn hand zitten meten hoeveel minuten zuivere speeltijd er was. Dan kwam ik meestal rond de dertig minuten per helft uit, en soms nog minder.

Mijn ideeën waren gebaseerd op het tegengaan van vertragingen, van tijdrekken, van het stilleggen van het spel. Liefhebbers willen beweging zien, actie, doelpunten. Iedereen ergert zich dood aan tijdrekken.

Achter dat idee om buitenspel af te schaffen sta ik nog steeds. Althans, ik zou het interessant vinden om te testen wat de gevolgen zouden zijn van het afschaffen daarvan. Volgens mij kan dat het voetbal ten goede komen. Dat geloof ik echt. Maar uitgebreid testen is uiteraard nodig. Wel of geen buitenspel is toch vaak pinkenwerk. Echt op het randje wel of niet.

Na de Confederations Cup werd Pierluigi Collina binnengehaald door de FIFA. Hij nam scheidsrechterszaken van mij over. Dat kwam Infantino me nog wel persoonlijk vertellen. Gianni zei meteen tegen me: 'De *International Match Calender* wil ik je ervoor teruggeven. Daar is ook veel over te doen.' Wanneer zijn de internationale toernooien? Krijgen de spelers nog genoeg rust in een seizoen? Wanneer en hoe kun je een club-WK organiseren, zonder dat spelers meer wedstrijden voor de kiezen krijgen? Dat soort kwesties vond ik een uitdagende en leuke puzzel waarin ik me sindsdien ook heb vastgebeten.

Ik wist nog precies hoe ik me voelde toen ik net begon bij AC Milan na een zwaar voetbalseizoen. Dan had je minimaal vier weken nodig om alles te verwerken, de spanning eruit te zweten en je op te laden. Dus ik wilde me sterk maken voor vier weken rust voor de voetballers in de Match Calendar.

Dat gebeurde namelijk lang niet overal op dat moment en het was nodig. Zo'n pauze was trouwens ook gezond voor iedereen rond het voetbal. Even eruit. Dat je er weer zin in kreeg. Ook de fans, de pers en de scheidsrechters. Iedereen kon dat gebruiken. Even een maandje niks.

Toch bleef het nog altijd verdacht stil in mijn deel van de gang. Er werden weinig vragen gesteld over de voortgang van ons werk. Alleen bij de invoering van de VAR voor het WK was ik wel betrokken. Dat was een interessant proces. Daarover werd vaak fel gediscussieerd. Dat vond ik eigenlijk het leukste. Ik wist dat ze soms politiek correcte antwoorden van me verwachtten, maar ik heb nooit mijn mond gehouden.

Ik ging die dag dus eigenlijk naar Boban toe om hem te confronteren met mijn situatie. 'Wat willen jullie nou eigenlijk van mij?' vroeg ik. 'Jullie komen met niets, vragen me niets. Ik kan ook andere dingen gaan doen. Prima. Maar jullie wilden me zo graag hebben.'

Hij was even stil. Toen daarna de discussie in volle hevigheid losbarstte, noemde ik hem onbetrouwbaar. Ik weet ook wel dat het feit dat hij zich niet aan gemaakte afspraken had gehouden iets anders is dan onbetrouwbaar zijn, maar ik riep het om hem te provoceren. Ik zag in zijn ogen dat hij het als een dolksteek ervaarde. Toen stuurde hij mij weg.

Maar goed, ik liet het toen allemaal even rusten. Ik ging kerst vieren in Nederland en dan hoorde ik later wel of Boban en Infantino nog wilden dat ik in het nieuwe jaar terugkwam.

FIFA (2)

Op de koffie bij Vladimir Poetin

Juni-juli 2018

Echt alles leek wel antiek in het Kremlin. Toen we naar buiten liepen, terug naar onze auto's, had ik toch een wat onwerkelijk gevoel. Wie komt er nou in het Witte Huis? Wie komt er in het Kremlin? Het is toch bijzonder dat je op zo'n ongewone plek wordt uitgenodigd en dan zit je plotseling met meneer Poetin aan tafel.

Toen we arriveerden moesten we eerst twintig minuten wachten in een andere ruimte voordat we de officiële ontvangstruimte binnen mochten. We waren uitgenodigd omdat de FIFA het WK organiseerde dat dat jaar in Rusland plaatsvond. Onze delegatie bestond uit een man of tien: vier, vijf oud-voetballers en FIFA-officials. Boban en Infantino waren er natuurlijk ook bij. Zodra we zaten kregen we koffie en kleine Russische gebakjes, en werden er plateauschaaltjes met stukjes fruit neergezet. Heel keurig allemaal.

Poetin nam het woord. In het Russisch. Via zo'n oortje werd dat meteen voor ons vertaald. Aanvankelijk was er nog heel veel pers om het officiële deel van het programma vast te leggen. Ik denk dat Poetin zo'n kwartier aan het woord is geweest. Allemaal positieve dingen over het WK, maar ook af en toe een grapje.

Na het praatje van Poetin zei Lothar Matthäus nog dat hij Rusland een geweldig land vond. Daarna ging de pers weg, maakte Poetin een rondje langs de tafel en gaf iedereen

een hand. Dat ging ook voornamelijk in het Russisch, met een tolk, maar af en toe sprak hij een paar woorden Duits of Engels. Iedereen zei heel beleefd dat het een mooi WK was, maar ik probeerde een beetje een leuke draai te geven aan de verder nogal, formele en brave bijeenkomst. Ik zei: 'Ik weet niet of u nog boos op me bent, want in 1988 hebben we jullie in de finale verslagen.' Eerst kwam het grapje niet zo over, maar daarna kon hij er toch even om glimlachen. Misschien uit beleefdheid.

Ik zat tijdens het WK in het Radisson Hotel midden in Moskou. Ze wilden graag dat ik tijdens de wedstrijden op de FIFA-VIP-seats ging zitten tussen de officiële genodigden, maar ik liet die kaarten steeds voor wat ze waren. Ik zat liever op de perstribune. Dan werd je ook niet steeds aangeklampt en kon je de wedstrijd redelijk goed volgen. Maar het liefst keek ik in alle rust in mijn hotel.

Ik ben wel naar een paar wedstrijden in het Loezjniki-stadion geweest. Bij de openingswedstrijd moest ik me wel laten zien. En later nog IJsland-Argentinië en de kwartfinale Rusland-Kroatië. We hadden een appgroep waarin we discussieerden over wedstrijdsituaties en VAR-momenten die zich tijdens het toernooi voordeden.

Dat ging mis na de wedstrijd Zwitserland-Brazilië. Toen Zwitserland uit een corner tegen Brazilië de gelijkmaker scoorde, door een kopbal van Steven Zuber, reageerde ik in onze appgroep. Uit de herhaling bleek namelijk duidelijk, vanuit een bepaald camerastandpunt gezien, dat Zuber de Braziliaanse verdediger Miranda een duwtje in de rug gaf, daardoor vrij kwam te staan en van dichtbij vrijuit kon inkoppen. Het leek een overtreding en dus mocht het doelpunt eigenlijk niet worden goedgekeurd.

Juist voor dit soort momenten hadden we de VAR in het leven geroepen, maar die werd niet geraadpleegd, terwijl dat duwtje voor iedereen die wereldwijd tv zat te kijken duidelijk te zien was. Ik vond dat niet kunnen. De Brazilianen waren woest. Het bleef 1-1 waardoor ze twee punten verloren.

Het was bekend dat scheidsrechters veel moeite met de VAR hadden. Dat de VAR op dit moment niet ingreep was daarom extra pijnlijk, vond ik. Ook na afloop gaven ze niet toe dat het een fout was.

Ik heb toen meteen in onze appgroep mijn standpunt duidelijk gemaakt. Dat de FIFA geen goede beurt maakte, dat de hele wereld het in de herhaling duidelijk kon zien. Maar mijn opmerkingen werden niet gewaardeerd. Er werd niets mee gedaan.

Toen ik de volgende dag in het Radisson een Braziliaanse journalist tegenkwam, die mij ernaar vroeg, zei ik eerst: 'Daar ga ik niet over.' Ik verwees naar de scheidrechters. Maar hij bleef aandringen. 'Wat vind je er nou zelf van?' Uiteindelijk zei ik: 'Ik vond het geen gelukkig moment, de VAR had hier wel naar moeten kijken.'

Binnen een halfuur stond dat online en binnen een uur had ik Boban aan de telefoon. Wat ik aan het doen was. 'Jij gaat niet meer over scheidsrechterszaken, dus jij bent niet de woordvoerder, laat dat aan anderen over.'

Natuurlijk snap ik ook wel dat ik in dienst was van de FIFA en dat mijn woorden daardoor extra lading hadden, maar die situatie tijdens Brazilië-Zwitserland kon echt niet, vond ik. Uitgerekend Zwitserland had 'onreglementair' voordeel in dat duel, omdat de VAR niet ingreep. Extra pijnlijk omdat de FIFA in Zwitserland gehuisvest is en de president van de FIFA, die bij dit duel pontificaal op de eretribune zat, zelf ook een Zwitser is. Ik was hierdoor direct na het incident zeer ongerust over de beslissing van de scheidsrechter en voelde de bui al hangen. Ik heb me drukgemaakt over eventuele verwijten in de richting van de FIFA, Infantino en Zwitserland vanwege dit incident, maar mijn bezorgdheid werd blijkbaar niet op prijs gesteld door mijn collega's.

In januari was ik, na wat appverkeer heen en weer, naar Boban toe gegaan en had ik hem mijn excuses aangeboden voor mijn opmerking over zijn onbetrouwbaarheid. Dat stelde hij zeer op prijs. Hij was er nogal door gekrenkt. De lucht was daarmee gelukkig geklaard tussen ons. Maar mijn werkzaamheden veranderden daarna niet veel.

Al met al kun je wel zeggen dat ik tijdens het WK 2018 bij de FIFA langzaamaan op weg was naar de uitgang. Ik werkte nog aan een rapport over de 'VAR op het WK', maar ik was benieuwd of er überhaupt nog naar gevraagd zou worden na de zomer. Ik voelde me eigenlijk al een tijdje een soort Don Quichot in Zürich. In oktober 2018 ben ik definitief opgestapt bij de FIFA.

CRUIJFF IN TURIJN

2 september 2019

Ik was in Turijn bij het jaarlijkse golftoernooi van Gianluca Vialli en Massimo Mauro, altijd in september. Zestien jaar geleden kwam ik er voor het eerst. Het is voor een goed doel en bovendien zeer goed georganiseerd.

Je speelt in teams met een pro, een bekende voetballer en een amateur, of iemand die zich ingekocht heeft. Het goede doel is ALS, de spierziekte waar Fernando Ricksen recentelijk aan is overleden. Ook oud-collega-speler Stefano Borgonovo is eraan overleden. In 2013 al.

Johan Cruijff kwam hier ook altijd graag. Hij reed dan vaak met Danny en een paar vrienden met de auto vanuit Barcelona naar Turijn en maakte er echt een uitje van. Zelf was ik de laatste zeven jaar door omstandigheden niet geweest, maar in die jaren daarvoor zag ik hem daar altijd. Nu was Danny alleen. Ze golft zelf ook, maar deed niet mee.

We zagen elkaar op de ochtend van het toernooi in het clubhuis van de golfbaan en groetten elkaar even. Heel koel, kort en zakelijk. 's Avonds was er een diner. Na afloop merkte ik opeens dat ze vlak achter me stond. Ze draaide zich naar me toe en zei: 'Zo kunnen we niet uit elkaar gaan. Zo'n koud handje en zo afstandelijk. Dat is niet goed. Dat zou Johan ook niet gewild hebben.' Ze pakte mijn handen. 'Johan had twee oogappels, jij en Pep. Dus laten we alsjeblieft gewoon normaal tegen elkaar doen.'

Het raakte me dat ze dat zei. Ik kreeg er natte ogen van. Er veranderde ter plekke iets. Toen hebben we elkaar omhelsd, een kus op de wang gegeven en wat vriendelijkheden uitgewisseld.

De volgende ochtend troffen we elkaar weer bij het ontbijt. Meteen veel warmer. Ze vroeg of ik het naar mijn zin had in Amsterdam. Ik zei dat we daar met veel plezier woonden, de kinderen dichtbij hadden. Ik vroeg of zij het appartement nog had, bij mij om de hoek. Ze wilde het gaan verkopen, omdat ze er bijna niet is en het haar te veel aan Johan doet denken. Ik zei dat ik het moment dat ze me daar wegstuurde nog helder voor de geest had. Dat ik toen dacht: bekijk het maar. Dat kon ze zich wel voorstellen, maar ze had dat eigenlijk toch liever dan slijmjurken die maar achter Johan aan bleven lopen.

Ze vertelde over het nieuwe appartement dat ze in Barcelona had gekocht. Dat het gekke was, dat toen ze het behang van de muren haalden er een paar oude kranten tevoorschijn waren gekomen met foto's en artikelen over Johan. Dat vond ze heel frappant en het ontroerde haar. Het was voor haar een extra reden om in dat appartement te gaan wonen. Vlak voor het afscheid zei ze tegen me dat Johan van boven meekeek en dat hij het ook goed zou vinden als we weer normaal met elkaar om zouden gaan.

DEEL VI

NOTITIES OP ZOLDER

2019

PRINS VAN ORANJE

2019

Normaal gesproken gaan we met het vliegtuig, maar toen we afgelopen winter met de auto naar Oostenrijk reden, had ik een playlist gemaakt met muziek, voor een beetje vrolijkheid onderweg. Er zaten ook Nederlandstalige liedjes bij. Eentje was van Lange Frans, het gaat over Nederland. Ook over het EK, Johan Cruijff en Abe Lenstra. Toen dacht ik plots: eigenlijk is het best gek dat ik niet word genoemd, want als er naast Cruijff nog iemand is geweest die geschiedenis heeft geschreven met voetbal in Nederland, ben ik het toch wel. Ik heb met het Nederlands elftal een EK gewonnen en heb daar toch een belangrijk aandeel in gehad. Het is eigenlijk idioot, dacht ik. Ik moet gewoon de Prins van Oranje zijn, bij wijze van spreken op handen worden gedragen.

Tegelijkertijd besef ik dat het EK '88 een hartstikke mooie ervaring was en dat Ruud het gezicht was van het Nederlands elftal. Ik heb daar voetbaltechnisch gezien misschien een grote rol gespeeld, maar laten we die ook niet groter maken dan die was. Dat hele dubbele zit in mij. Enerzijds kan ik dus zeggen: 'Ik ben de beste.' En anderzijds: 'Ik heb een hartstikke mooie rol gehad, wees daar dankbaar voor.'

Die bescheidenheid heeft er ook mee te maken dat ik altijd kritisch op mijn eigen spel bleef. Het kon altijd beter. Ik ben erg goed in het relativeren van de successen. Daar kan ik ook kritisch naar blijven kijken. Op detailniveau zien wat er nog beter had gekund.

Maar als voetballer wil je prijzen winnen en de beste worden. En dat is gelukt. Dat is waar het me oorspronkelijk om ging. Ik was geen Johan Cruijff, maar gevoelsmatig ben ik wel dicht bij zijn niveau geweest.

Als je het van een andere kant bekijkt, heb ik pech gehad met die blessure. Zelfs in de jaren dat ik wel voetbalde was mijn enkel nooit honderd procent. Kun je je voorstellen wat ik met een goede enkel uiteindelijk allemaal had kunnen bereiken... Ik denk dat ik nog drie Europa Cup I-finales had kunnen winnen. Die in 1993 hadden we niet verloren van Marseille als ik fit was geweest en die tegen Ajax in 1995 had ik honderd procent zeker niet verloren, haha. En ik had er misschien nog wel een paar meer kunnen winnen. Dan had ik uiteindelijk ook Cristiano Ronaldo-achtige cijfers kunnen halen. Maar ja, zo is het niet gegaan.

Ik heb ook altijd een dubbel gevoel gehad bij de waardering van het publiek. Als ik zo'n spandoek zag met 'OP DE ACHTSTE DAG SCHIEP GOD MARCO' dan had ik de neiging om er een grapje over te maken, te zeggen dat ze allemaal niet zo moesten overdrijven. Ik hou niet van die borstklopperij. Doe maar normaal. Kijk vooral eens naar wat ik niet gewonnen heb. Of naar wat ik nog had kunnen winnen.

Tegelijkertijd vind ik het ook irritant als ik helemaal niet genoemd word, of word vergeten. Als er gedaan wordt alsof het allemaal heel normaal was. Dan heb ik de neiging om mijn vinger op te steken: 'Hé, ik ben er ook nog. Ik heb ook nog best iets gepresteerd.'

Ik heb wat dat betreft best een rare persoonlijkheid. Na de enkelepisode keek ik vooral naar wat ik allemaal niet had bereikt, maar recent ben ik meer gaan waarderen wat ik allemaal wel heb mogen bereiken.

Grote spelers, zoals Romario en Ronaldo, winnen al tussen hun negentiende en tweeëntwintigste prijzen. En daar hoor ik dus wel bij. Alleen heb ik nooit mogen afmaken waar ik aan begonnen was. Maar uiteindelijk zie ik steeds meer in dat ik het glas ook als halfvol kan zien, door bijvoorbeeld stil te staan bij die jongen op dat strand in Juan Les Pins. Dat lukt me gelukkig steeds vaker.

Als trainer is dat totaal anders geweest. Ik denk achteraf dat ik niet eens zo'n slechte trainer was, maar het kostte me veel te veel moeite, omdat ik zo veeleisend voor mezelf ben. Er zit een soort knik in mijn hele verhaal, door dat trainerschap. Zeker toen het voor het eerst minder ging. De heilige San Marco werd weer gewoon mens. Eigenlijk is dat ook wel mooi, dat ik ook die pijnlijke kant heb meegekregen. Ik ben toen verstoten, verketterd. Dat is een leerzame ervaring. Daarom kan ik nu ook wel lachen om het feit dat mijn kinderen net na dat 'pannenkoek'-incident een WhatsAppgroepje hadden aangemaakt onder de naam 'De poffertjes'.

Ik denk ook weleens na over de vraag hoe ik later herinnerd zou willen worden. Johan was bijvoorbeeld meer een missionaris. Dat ben ik niet. Ik heb een andere persoonlijkheid. Maar misschien komt het ook omdat ik uiteindelijk die status niet heb kunnen realiseren, omdat ik al op mijn achtentwintigste moest stoppen en niet twintig jaar ergens mijn stempel op heb kunnen drukken, zoals Johan dat wel heeft kunnen doen. En Messi, Ronaldo, maar ook Pele en Maradona.

Johan wilde altijd over voetbal praten en mensen beïnvloeden in hun denken daarover. Misschien had ik dat ook wel gehad als ik nog tien jaar door had gespeeld. Ik had een ander leven gehad, zonder al die enkelproblemen. Dan had ik met veel meer plezier gevoetbald, dan was het allemaal wat makkelijker en lichter geweest en had ik misschien ook wat meer dankbaarheid gevoeld voor datgene wat ik zou hebben bereikt. Nu heb ik me toch door veel woede en frustratie heen moeten knokken. Het is me niet aan komen waaien, ik heb er voor moeten vechten. Ik heb maar een kort deel van mijn carrière vrijuit kunnen voetballen, dat is ook het wrange. Op mijn tweeëntwintigste kreeg ik die enkelblessure al. Daarvoor heb ik drie jaar op hoog niveau gespeeld, daarna altijd ingetaped.

Ik was niet zo'n held als kind, of een heel stoer joch. Wat ik om me heen allemaal meemaakte op menselijk vlak was best heftig. Ik kom uit een gezin waar weinig warmte was, al had ik wel de warmte van mijn moeder. Maar ook zij kon humeurig zijn. Mijn broer en zus waren veel ouder dan ik, daar had ik weinig contact mee. En mijn vader was vooral aan het werk, om de eindjes aan elkaar te kunnen knopen. Verder was hij erg op voetbal en vooral op mijn carrière gericht. Weinig op het menselijke. Dus ik vond algauw de liefde voor de bal. Het voetbalveld voelde als een veilige plek. Daar kon ik mezelf zijn, daar kon ik vrij zijn. In het veld voelde ik me meestal goed. Het was de plek waar ik veilig was, thuis was. Waar ik kon uitblinken.

Dat prestatiegerichte van mij heeft denk ik een link met mijn gevoel van eigenwaarde. Ik denk dat mijn fanatisme soms wel ziekelijk is. Als ik verlies denk ik: wat ben ik in hemelsnaam aan het doen? Waarom ben ik hier? Maar als ik win is alles goed. Dat denk ik: jaaaa!

Ik weet niet of de manier waarop ik ben opgegroeid hierin meespeelt. Dat ik in een gezin ben opgegroeid waarin ik het eigenlijk allemaal zelf moest doen. Maar uiteindelijk ben ik wel zelf met die bal aan de gang gegaan. Ik wilde zelf de beste worden, prof worden, rijk worden. Dat kwam echt uit mezelf.

Galliani stuurde me deze week een filmpje van Berlusconi, die in een tv-interview zei dat de Europa Cup-winst in Barcelona in 1989 een van de mooiste dagen van zijn leven was. Dat vond ik geweldig om te horen. Moet je voorstellen, een man als Berlusconi, geslaagd zakenman, miljardair, premier van Italië, zegt dat het winnen van de Europa Cup I, een van de mooiste dagen van zijn leven is geweest. Hoe bijzonder en groot is de impact van het voetbal in Italië!

Ik ben, ondanks alles, ook echt heel erg blij met mijn behaalde successen. We hadden een heel mooie periode bij Milan, San Siro voelde als mijn thuis. Dat zijn allemaal heel positieve dingen. Maar soms besef je dat pas achteraf, want onderweg ga je maar door. Je wordt aangeschoten, je wordt een keer aangereden, je ontsnapt aan iets en je gaat weer verder. Steeds maar weer.

En nu ik op die stoel zit voor dit boek, ga ik pas echt kijken en me afvragen: 'Wat is er nou uiteindelijk met me gebeurd? En waaróm gebeurde dat eigenlijk?' Ik ga dus nu voor het eerst pas echt serieus over dingen van vroeger nadenken en op dingen reageren. Dat blijkt ook wel, want er komen allerlei emoties naar boven. Dat is een mooi proces. Je raakt daardoor meer uitgesproken over bepaalde dingen omdat ze duidelijker worden.

Bij mij was die boekenkast figuurlijk gezien wel gevuld, maar alles stond door elkaar. Maar door al die weken en maanden praten over mijn leven, ga je het allemaal ordenen, je gaat het bespreken, conclusies trekken, inzichten krijgen. Dus straks heb ik die boekenkast geordend, niet alleen op volgorde, maar ook op waarde. Je krijgt van de hoogtepunten en de dieptepunten van de afgelopen vijftig jaar een helderder beeld. Het is overzichtelijker en het juiste licht schijnt erop. Op de mooie dingen en op de schaduwkanten.

Ik kan nu bijvoorbeeld ook meer genieten van een bandje met mijn mooiste goals uit de Serie A. Toen ik er middenin zat was dat veel minder. Je bent altijd onderweg.

Je weet op je twintigste dat je een reis voor de boeg hebt. En die twintig jaar daarvoor moet je de reis voorbereiden. Je doet alles om goed op weg te gaan: goed inpakken, je moet de route weten, enzovoorts.

Vervolgens ben je onderweg en moet je adequaat reageren op elke nieuwe situatie, je moet overleven, goede beslissingen nemen, goed handelen en vechten om gezond en fit te blijven. Je bent continu bezig. Er is geen rustmoment. Ik ben nu in de fase van terugkijken en waarde aan dingen geven. En daar leer ik ook weer van. Dingen komen in een bepaald perspectief te staan. Dat is een pluspunt.

Ik ben blij dat ik Liesbeth heb ontmoet en dat we na al die jaren nog steeds gelukkig zijn samen. Er zijn niet heel veel mensen die dat kunnen zeggen na ruim dertig jaar. Dat is voor mij echt geluk. Ook, of misschien juist, omdat ik vroeger thuis niet het beste voorbeeld heb gehad. Ik zag vooral hoe het niet moest.

Je moet daar mazzel mee hebben en die heb ik met haar. Ik ben ontzettend blij dat we een fijn gezin hebben, met mijn dochters Rebecca en Angela en met mijn zoon Alexander. En dan word ik volgend jaar nog opa ook. Wat een rijkdom.

Uiteindelijk is het voor mensen die de voetballerij in gaan een uitdaging om daar ongeschonden uit te komen. Het succes heeft meestal een keerzijde, eigenlijk altijd. Het is vaak lang niet zo mooi als het aan de buitenkant lijkt. Je moet heel veel zelf doen, veel offers brengen, de discipline hebben om dingen niet te doen. En iedereen wil iets van je, als je succes hebt. Als het minder gaat, ben je meestal alleen.

Maar om er in de liefde ongeschonden uit te komen, zeker met zo'n voetbalcarrière, moet je een sterke en fijne partner hebben, hard werken en geluk hebben.

Ook in vriendschap is dat zo. Ik denk dat er weinig mensen zijn, afgezien van Liesbeth en mijn kinderen, die me beter kennen dan mijn paar beste vrienden. Met drie van hen trek ik al mijn hele leven op. We gaan nog steeds geregeld wat eten met elkaar en dan bespreken we alles. Dat vind ik een mooie traditie.

Uiteindelijk heb ik een hoop ellende meegemaakt met die enkel. En later ook problemen als coach. Maar ik was misschien wel een heel vervelende vent geworden, als ik mijn hele leven maar was blijven winnen en de beste was gebleven. Als ik die blessure nooit had gekregen.

Ik had in die tijd al wel iets arrogants over me. Dat zou wellicht alleen maar erger geworden zijn. Misschien moest ik even dimmen. Als je niet weet wat ongelukkig zijn is, dan weet je ook niet wat gelukkig zijn is.

ENKEL (9)

Notities op zolder

Juli 2019

Op zolder, op de hometrainer, kan ik mijn gedachten laten gaan. Niemand stoort mij hier. Het is een ritueel dat ik al bijna vijfentwintig jaar minstens drie keer per week doe. Eigenlijk sinds het apparaat van Ilizarov ervoor zorgde dat ik niet meer kon staan. Die hometrainer is een bijna prehistorisch wit model dat ik in 1994 van Techno gym heb gekregen. Een log en groot apparaat met zo'n breed zadel, alsof je op een oude brommer zit. Ik hoef ook niet per se de nieuwste versie. Dat maakt mij niks uit. Als dat ding het doet, is het goed. Ik ben niet iemand die snel dingen wegdoet als ze me bevallen. Ik ken elk geluidje en elke beweging.

Hij is eigenlijk de stille getuige van mijn leven sinds 1994. Hij is al die tijd met me meegereisd. In de zomer van 1996 naar Monaco, in 1998 naar Badhoevedorp en in 2010 naar Amsterdam. Overal stond hij op zolder. Hier, aan het Vondelpark, staat hij nu ook alweer bijna tien jaar. Hij heeft misschien niet lang meer te leven, maar het is een trouwe metgezel geweest.

Als je jaren op topniveau hebt gesport en je stopt plotseling omdat je niet meer normaal kunt lopen, dan moet je iets anders gaan doen. Voor je fitheid, maar ik moest ook mijn energie kwijt. Dat heb ik altijd nodig gehad anders werd ik chagrijnig. Heb ik nog steeds trouwens. Als ik te lang niet squash of fitness, merkt Liesbeth het meteen aan mij. Met golf is dat anders. Maar daar kan ik ook mijn ei in kwijt. Ze weet dat ik moet bewegen, liefst fanatiek en competitief.

Ik heb al die jaren ook altijd genoteerd wat ik presteerde op die fiets. Hele notitieblokken vol aantekeningen, keurig onder elkaar. De datum, de minuten, de weerstand, de hartslag, de afstand. Ik noteerde alles. In Badhoevedorp schreef ik mijn uitslagen met een stift op de zolderbalken. Ik weet nog dat een potentiële koper van dat huis mij bij de rondleiding vroeg wat dat betekende, al die keurige rijtjes op de zolderbalken.

Die notities gaven me rust. Alsof het pas echt is, als het genoteerd is. Ik heb ook van de laatste jaren, hier in Amsterdam, hele notitieblokken vol met mijn hometrainerresultaten. Niet dat ik er ooit nog in kijk, maar toch. Noem het logboeken van zelfdiscipline, een bewijs dat ik niet bij de pakken neer ben gaan zitten.

Maar dat is het niet alleen. Het was ook vóór de enkel al zo. Ik doe het eigenlijk al mijn hele leven lang, notities maken. Dingen vastleggen. Als puber schreef ik al mijn wedstrijden in multomapjes, van die gekleurde ringbandjes op A5-formaat. Elke week noteerde ik keurig de datum, de wedstrijd, de opstelling, de uitslag en hoeveel doelpunten ik zelf had gemaakt. En soms wat commentaar. Ik heb dat jaren volgehouden, zelfs toen ik al lang profvoetballer was. Zeker vier, vijf jaar nog.

Die mapjes of schriftjes, hoe je ze ook wilt noemen, lagen al die jaren in mijn oude jongenskamertje aan de Johan Wagenaarkade. In de kamer die mijn vader later was gaan inrichten als een soort Marco-museum. In die uitzending in 1997 met Hugo Borst over mijn carrière hebben we ze nog gebruikt. Daarna gingen ze weer terug naar Utrecht.

Na het overlijden van mijn vader heb ik die schriftjes meegenomen uit het kamertje. Ze liggen hier op zolder in een doos.

In mijn jongenshandschrift staat elke wedstrijd genoteerd. Een pagina per wedstrijd. De datum, de opstelling, de uitslag, soms zelfs de formatie waarin we speelden, de wissels, en hoe vaak ik scoorde.

Op 15 november 1983 staat er: *'Op 1 november 1983 wordt er geconstateerd dat ik de ziekte van Pfeiffer heb.'* En dan een lijst met gemiste wedstijden. En bij Ierland-Nederland in Dublin, 12 oktober 1983 staat: *'Eerste helft: 4-4-2; 2-0 achter; Tweede helft: 4-3-3; 2-3 gewonnen!'* En dan heel droog: *'gescoord 1x'*. En soms staat mijn handtekening eronder. Die oefende ik dan alvast. Haha.

Maar altijd staat er de uitslag en het aantal doelpunten dat ik maakte. Er ontbreekt geen wedstrijd. Best bijzonder dat je dat als jonge voetballer allemaal noteert. Toen was ik achttien jaar. Misschien had ik het afgekeken van mijn vader, die schreef elke zondagavond een soort verslag van het elftal dat hij trainde in zijn schrijfblok. Ik gluurde elke zondag mee over zijn schouder.

Opeens besefte ik, terwijl ik op mijn hometrainer zat, dat er nog zo'n mapje moest zijn. Een mapje met aantekeningen uit dat klotejaar dat ik niet meer kon lopen van de pijn, na dat apparaat van Ilizarov. Het duurde tien minuten voordat ik het gevonden had, bij de derde doos was het raak. Een donkerrood mapje van hetzelfde formaat. Met daarop mijn initialen. De notities van vijfentwintig jaar geleden. Toen ik niet meer wist waar ik het zoeken moest. Ik sloeg het open.

Badhoevedorp, 8 april 1995.
Vandaag lag ik bij de fysiotherapeut op de bank en hij vroeg mij: 'Denk jij daadwerkelijk dat je wat geleerd hebt als er nu iemand je enkel beet zou pakken en hem in 1 toverspreuk genezen zou hebben?' Ja, zei ik gelijk. Maar terwijl ik het zei, hoorde ik ook iets in mij wat zei dat ik het moest

opschrijven (...) want anders zou ik het waarschijnlijk snel vergeten en overgaan tot de orde van de dag. Vandaar dat ik vandaag maar eens wat op papier ben gaan schrijven. Het lijkt wel of ik een 'vastloper' heb, met m'n enkel. Ik ben de afgelopen tweeënhalf jaar met m'n herstel van mijn enkel bezig geweest, maar het heeft allemaal niet geleid tot verbetering of herstel. Sterker, het is nu veel slechter dan 'n jaar geleden.

Ik heb de volgende therapieën achter de rug:

1) haptonomie	*T. Troost*		
2) orthopedie	*R. Marti*	*(enkel) operatie*	*dec 86*
		(enkel) „	*dec 87*
		(enkel) „	*dec 92*
	Martens	*(knie) „*	*sept 89*
		(enkel) „	*juni 93*
		(Ilizarov!) „	*juni 94*
3) acupunctuur	*T. Zhang + Milan AC*		
4) fysiotherapie	*R. v Dantzig, Milan AC, Jos Wiewel*		
5) 'aura'-loog	*Bert v Driel*		
6) medium	*Yomanda (Liesbeth en Toon)*		
7) podoloog	*Milan ac (Zucchini)*		
	Schrijver (Utrecht)		
8) hypnotherapeut	*F. Gast*		
9) pranotherapie	*Roberto (Italië)*		

Ik ben misschien hier en daar wat vergeten, maar goed, het is meer om een indruk te krijgen. Verder heb ik nog een aantal injecties (Marti-Monti) in m'n enkel gehad. Kuren heb ik ook gedaan. (...) Verder veel brieven met allerlei adviezen op medisch, alternatief en magisch gebied. Alles van dit leidde tot niets. Vandaag loop ik mank als ik opsta, mank als ik veel loop (wandel), om van sporten of ander intensief gedoe maar niet te spreken. Ik ben nu dus bezig met de 'mind'. Dit is allemaal zeer ontastbaar. Veel gedachten gaan door mijn hoofd. Zo veel en zo snel dat ik denk: die schrijf ik ook maar eens op.

Ik kan het gevoel uit die periode nog zo oproepen. Dit was wel het absolute dieptepunt, ik had al zo lang pijn en ik kon niet meer gewoon lopen. Ik moest proberen mijzelf zo fit mogelijk te houden in een dramatische, fysieke toestand voor een jongen die drie jaar daarvoor de wereld aan zijn voeten had. En nu de dag moest zien door te komen zonder al te veel pijn met een minimaal aantal dingen die hij kon doen, omdat hij fysiek werd geremd. Wat ik wel deed was wat fietsen. Op de hometrainer, maar soms ook buiten.

We kwamen toch al regelmatig voor medische zaken naar Nederland, al woonden we in Italië en later in Monaco. Omdat ik niet kon lopen zonder krukken, fietste ik soms een rondje om Badhoevedorp, vanaf ons huis. Even frisse lucht. Ik was niet vrolijk in die tijd, maar dat gaf even lucht. Even wat energie kwijt.

Toen ik op een keer terugkwam van mijn rondje, kwam onze dochter Angela naar buiten. Ze moet vier, vijf jaar oud geweest zijn. Ze verwelkomde me. Papa is terug. En terwijl ik van de fiets stapte, kwam zij al aanlopen en gaf mij, zodat ik geen pijn zou hebben, zo snel mogelijk die krukken. Het was zo'n moment dat ik nooit meer vergeet, omdat ik nog weet wat ik dacht: zo moet het dus niet zijn. Dat de kinderen voor mij gaan zorgen. Dat gevoel was zo sterk. Dit is echt niet hoe het moet zijn. Het absolute dieptepunt. Want ik moet er voor mijn kinderen zijn. Het is heel lief dat ze dat deed, maar het was bij mij wel zo'n moment dat ik tegen mezelf zei: 'Ja, fuck. Nu kappen met die ellende.'

Ik was toen zo rusteloos. Ik kon mijn energie niet kwijt. Ik kon niet met mijn kinderen spelen. Ik lag vaak maar een beetje tv te kijken. Dat schrijven was toen ergens wel fijn.

Dat weet ik nog wel. Al weet ik bij god niet meer waar het allemaal over ging.

> *Toeval bestaat niet. Het valt je toe. Ik moet terug naar het moment wanneer het gebeurde. Groningen dec 1986. Ik maakte tijdens de wedstrijd Groningen-Ajax een sliding en pats toen zei m'n enkel: Okay, nu is 't genoeg. Ik wilde mezelf zo ontzettend laten gelden (m'n broer zat op de tribune, vanuit Canada gekomen), dat er zoiets gebeurde. Vanaf die datum is het eigenlijk altijd gezeur en gezeik geweest rondom die enkel. Nu, achteraf kijkend, denk ik: ik heb er ook nooit zo naar gekeken. Maar begrijp wel dat ik zeer ongeduldig was, dat ik last had van zeer grote geldingsdrang die ten koste ging van mezelf. Ik luisterde niet. Ik moest en ik zou fit zijn. Ik moest en ik zou voetballen.*
> *Ik ben nog met Cruijff naar prof. Marti gegaan in het amc. Cruijff wilde weten of hij mij mocht opstellen/gebruiken. Marti zei dat het geen kwaad kon. Ik kan nu bij mezelf denken dat Marti een lul is of Cruijff of Martens of Troost of wie dan ook, maar:*
> *1) daar word ik niet wijzer van*
> *2) ik heb mezelf laten gebruiken in al mijn onwetendheid.*
>
> *Ik leefde in een materialistische wereld met tastbare gedachten en tastbare oplossingen.*
> *Ik denk toch dat ik te goeder trouw gehandeld heb. Ik kreeg alleen geen inzicht in de situatie (voor zover ik die dan nu wel heb).*

Dat is best een pittige analyse voor iemand van dertig. En best stellig ook. Het zijn toch wel harde woorden. Ik zoek, zo lijkt het, de schuld voornamelijk bij mezelf. Misschien kwam dat ook door de gesprekken die ik dat voorjaar voerde met die man van Oibibio, Bert van Riel.

Ik had alle fysiek-medische oplossingen geprobeerd en alternatieve methoden ook. En niets had geholpen. Sterker nog, het was alleen maar erger geworden. Op een gegeven moment ben ik het op het mentale vlak gaan zoeken. Ronald Jan Heijn, de oprichter van Oibibio, is een broer van mijn vriend Dennis. En Bert van Riel was weer de inspirator van Ronald Jan. Bert had een praktijk in Rijswijk en daar ben ik een paar keer geweest voor gesprekken. Soms ging Ted ook mee.

Die gesprekken gingen best de diepte in, want ik wilde echt weten of er iets in mijn mindset was dat anders kon. Allemaal gericht op genezing van die enkel. Ik bleef zoeken. Ik kan de sfeer van die gesprekken nog zo oproepen. Ik was heel leergierig. Net zoals ik later dat NLP heb aangepakt, ik duik er dan helemaal in. Dan wil ik het goed doen ook. Ik wilde hun manier van denken begrijpen. En ik hoopte er iets aan te hebben. Als het pure fysieke niet werkte, dan maar het mentale of spirituele. Wie weet had ik er iets aan. Ik was ten einde raad.

Ademhalingsoefeningen naar je buik tegen stress
Je moet uit je hoofd.
Rug liggen – Handen buik – Diep ademhalen – Daarna voeten omhoog
Momenteel kan ik mijn energie niet kwijt zoals ik dat jaren gewend was (voetballen). Ik kon dus vooral ook m'n woede goed kwijt. Deze woede raakte ik kwijt door m'n agressie te botvieren in voetbal/training. Nu lukt dat dus niet.
Gevolg-> malen in bed -> niet goed slapen -> in je hoofd -> wrijving -> warm -> niet slapen.
Mijn emotie-woede koppelde ik vaak aan mijn verstand, vandaar dat ik als ik boos was erg koud, koel, zakelijk en vooral meedogenloos kon zijn.
Ik moet zelf achter het stuur zitten om m'n leven te besturen en ik moet me niet laten rijden door de buitenwereld. Ik

moet niet zo strak, stug, stijf, star of hardnekkig zijn als mijn vader, maar juist flexibel. Geestelijke flexibiliteit is fysieke flexibiliteit. Je lichaam is 'n reflectie van je geest. Het lichaam liegt nooit (boek Ted Troost). Mijn streven was financiële onafhankelijkheid en nu besef ik dat ik naar geestelijke onafhankelijkheid toe moet.

Ik herken dat laatste. Ik wilde altijd al financieel onafhankelijk worden. Als kind al. Gewoon ook door hoe ik ben opgegroeid. En ergens begrijp ik mezelf ook wel, met die notities. Ik was vastgelopen in mijn streven naar rijkdom en roem, met die enkel als obstakel. Ik zocht hier naar meer. Naar het verhaal erachter. Maar ik zie vooral de reflectie van een druk hoofd, dat alles in de ellende probeert te snappen.

Het rare is dat je het idee krijgt dat je een enkelblessure hebt, omdat je mentaal niet flexibel genoeg bent. Dat lijkt onzin, maar je gaat het bijna geloven als je in die toestand zit. 'Je houdt je poot stijf,' was zo'n zinnetje uit die tijd.

Ik denk dat ik last heb van m'n ego. Mijn ego is zeer groot en sterk. Daar heb ik in de afgelopen jaren heel erg hard aan gewerkt. De ego zit zwaar in m'n verstand. Ik wil (ego) alles begrijpen. Alles begrijpen doe je omdat je bang bent om de dingen niet te begrijpen. Niet begrijpen is geen controle. En dat is weer angst voor het onbekende, angst voor teleurstellingen. Mijn gedachten gaan sneller dan m'n pen.
Mijn ego is gewend te vechten, maar op dit moment moet ik op een andere manier vechten. Mijn strijd is om niet te strijden, maar m'n ego is het daar niet mee eens. Hij slaat toe op zwakke momenten; moe, pijn, eenzaam. Dan slaat ie toe en neemt me mee naar m'n verstand. En dan heb ik negatieve gedachten: tweeënhalf jaar geblesseerd, geestelijk geouwehoer, 't moet toch op te lossen zijn, ik moet doorbijten enzovoorts…
Ik moet de rust kunnen opbrengen om mezelf te genezen.

Dat waren die nachten. Met zoveel pijn. Toen ik op de speelkamer sliep. Maandenlang slecht geslapen. Dat was zo'n ongelooflijke klotetijd. En mijn hoofd maar malen.

Ik zie hier de woorden van Bert van Riel in terug. Ik heb veel met hem over mijn ego gesproken. Hij probeerde me bewust te maken van mijn diepere drijfveren en zocht daarin de oorzaak van het feit dat ik 'een vastloper' had. Dat ik niet meer op mijn poten kon staan. Dit is wel pijnlijk. Ik bleef zoeken, analyseren, proberen.

Uiteindelijk is die enkel door de artsen om zeep geholpen, maar ik nam daar duidelijk geen genoegen mee. Ik doe niks half in mijn leven. Ik bleef zoeken naar oplossingen. Ik lees hier woorden van een man, een jongen, een voetballer, die bereid is alles te doen om weer beter te worden. Zelfs heel erg diep in zijn eigen ziel kijken met een spirituele goeroe. Hoe je hier ook naar kijkt, ik ben in ieder geval geen opgever en ik leg de schuld ook niet zomaar bij anderen neer.

Ik ben dus blijven voetballen. Steeds beter en steeds hoger. Mijn ego werd gevoed en ik liet hem voeden. Ik heb altijd veel last van blessures blijven houden gedurende mijn carrière. (Linker enkel, linker knie, rechter enkel.) Maar met name deze drie zware langdurige en moeilijk te ontdekken blessures. Ik denk nu pas, nu ik dit opschrijf, dat ik weet hoe dit alles is ontstaan => ego en flexibiliteit. Nu ik 30 ben, zal dit een zware opgave zijn, want mijn ego is erg groot geworden.
Ik denk dat ik dit alles zelf heb gedaan, dat ik niemand en niets hoef te bedanken voor alles wat ik heb bereikt. Het gevolg is hoogmoed (komt ten val). Ik heb deze dagen leren beseffen dat God bestaat en dat wij dankbaar moeten zijn voor alles wat Hij ons heeft gegeven en zal geven. Ik denk dat ik in mijn leven steeds ondankbaarder werd. Ik denk dat ik in m'n leven steeds minder in God geloofde en ik denk/

dacht dat ik steeds meer alleen mezelf moest bedanken (ik werd een heiden).
Waarschijnlijk klopte God elke dag een keertje aan maar gaf ik elke dag geen gehoor (in mijn hoogmoedswaanzin). Ik had zo'n last van mijn ego, die maar wilde presteren, dat ik niks en niemand mij de weg liet blokkeren.
De baas boven is de dirigent van het verhaal. De muziek die de muzikant speelt is zijn eigen expressie. Alleen de muziek was wel al geschreven. Dus hier zit het verschil tussen leven en geleefd worden (in de zin van dat alles al bepaald is).
Ik heb een fijn lichaam gekregen van God. Lever het ook wel fijn in. Het is te wonderlijk mooi om er roofbouw of afbraak op te plegen.

Ik ben toch verrast dat ik met God op de proppen kom. Ik ben wel katholiek opgevoed, maar religie is eigenlijk totaal niet belangrijk voor mij. Maar als je ongelooflijk diep in de penarie zit, komt blijkbaar weer iets van religieus besef boven. Je zoekt naar antwoorden. Manieren om ermee te leren leven. Kunnen accepteren. Dat alles al van tevoren vaststaat. Dat geloof ik soms ook wel. Maar ik wijs niet alleen naar God. Ook naar mezelf.

Mijn rationele denken is zo sterk en afstraffend naar mijn emotie/gevoel. Ik moet toch via m'n verstand naar m'n emotie. M'n verstand regeert (nog!) over mijn gevoel. Het gods-element en de opvoeding van mijn vader maakt Marco van Basten. Faalangst is of resoluut handelen. Of, als er een moment van denken is, twijfel. Faalangst komt van je superieur. De superieur is je vader.
Als ik mijn vader in 'n aantal woorden zou moeten omschrijven zijn dat: sterk – stug. Als ik naar mezelf kijk dan lijk ik jammerlijk veel op hem. Al met al is dit niet wat

ik wil. Ik zou graag wat flexibeler willen zijn. Een beter mens. Meer algemeen ontwikkeld. Ik moet dit mijn vader niet kwalijk nemen, hij is ook maar met het 'sopje' van zijn ouders overgoten. Ik moet mij gelukkig prijzen dat ik de kracht krijg om dit soort dingen te gaan inzien en er wat aan te gaan doen.
Mijn vader is traumatisch dominant. Hij geeft aan zijn omgeving zijn dominantie. Hij geeft jou 't gevoel: zo vind ik het leuk. Mij ook. Hij zorgt dat iedereen een satelliet is om hem heen. Ik was er ook een en wel de grootste.
Ik had een achterstand in dat gezin. Ik moest bewijzen wie ik was. Maar ik had eigenlijk veel meer behoefte aan een goed gesprek. Dat is er nooit geweest. Dus de factor van het niet begrepen zijn, de behoefte tot bevestiging en daaruit perfectionisme is hieruit ontstaan.

Het aparte is dat mijn vader in de periode van mijn blessure eigenlijk voornamelijk afwezig was, hij had zijn handen vol aan mijn moeder. Het was zelfs meer zo dat het feit dat ik niet meer kon voetballen zijn enige uitje verknalde. Het enige leuke wat hij namelijk nog deed was elke twee weken naar Milaan vliegen om mijn wedstrijd te bezoeken. Voor alle thuiswedstijden had ik vliegtickets en wedstrijdtickets voor hem geregeld. Liesbeth haalde hem dan op van het vliegveld en ik bracht hem na de wedstrijd weer naar Linate. Hij kon dan nog net zo kritisch zijn als toen ik klein was, maar het raakte me niet meer. Verder, naast het voetbal, was er weinig waar we over konden praten. Hij toonde weinig interesse in onze kinderen. Hij was de hele week bezig met mijn moeder, die hij bezocht in de opvanghuizen waar zij zat. Zijn wereldje werd kleiner en kleiner. Helemaal toen ik niet meer voetbalde. Toen was het tripje naar Milaan dus ook voorbij.

Maar toen ik nog klein was, was hij wel heel dominant. Ik denk dat ik daardoor nog perfectionistischer ben geworden.

Maar de drang om te slagen als voetballer kwam toch vooral uit mezelf. Dat denk ik nog steeds.

Mijn vader zie ik als 'n sterke, grote vastberaden man. Maar ook als 'n kettingroker, stugge, starre, weinige emotietonende man. Had 'n slecht huwelijk, mijns inziens.
Mijn vader was altijd met voetballen bezig. Hij trainde altijd en was dus doordeweeks 's avonds meestal weg. Zaterdag keek hij bij mijn elftal en 's zondags had hij competitie met z'n club. Als ie 's avonds dan thuis zat, dan zat ie vaak ook nog voetballectuur te lezen.
Mijn moeder vond dit natuurlijk niet leuk. Mijn moeder hield van winkelen, gezelligheid, kletsen en leuke dingen ondernemen (1 dag tripjes). Deze interesses liepen dus niet echt parallel.
Ik zag, althans ik voelde, geen/weinig warmte tussen m'n vader en moeder. Mijn vader en moeder hadden ook vaak ruzie thuis. M'n moeder zat vol opgekropte emotie die er zo nu en dan uitspoot.
M'n vader daarentegen probeerde altijd maar de vrede en rust te bewaren (katholieke opvoeding, ouderwets, stijf (niet flexibel) en rust + vrede voor de kinderen, denk ik).
Mijn moeder kon haar ei niet kwijt, want ze kreeg geen weerwoord van m'n vader. M'n vader probeerde altijd rustig te blijven, totdat bij hem de bom daadwerkelijk ontplofte en dan was er geen houden meer aan.
Mijn vader is traumatisch dominant. In die val is mijn moeder gelopen. Mijn moeder heeft dat niet kunnen plaatsen. Hierdoor heeft ze veel spanning op d'r lichaam gezet, te veel ergernis -> hart-hersen-probleem.
M'n moeder heeft ook nog 'n keer op 't Herderplein een overdosis pillen geslikt kan ik mij herinneren.

Ik was nog klein. Het was op een doordeweekse avond dat mijn vader en ik gingen eten op het Neude in het centrum van Utrecht. We gingen nooit uit eten dus dat blijft je dan waarschijnlijk bij. Dit was ook geen gewoon restaurant. Het was zo'n plek waar je kunt eten als er thuis niet gekookt kan worden. Een gaarkeuken, zo heette dat.

Ik denk dat ik toen tien jaar was. We woonden nog op het Herderplein. Mijn broer en zus waren er niet bij. Ik was alleen met mijn vader, maar hij zei niet veel. Er was iets gebeurd met mijn moeder, maar daar had hij het niet over. Iets met pillen. Ze was opgenomen, de ambulance was gekomen. Maar ik wist niet wat er precies aan de hand was. Dat krijg je als kind niet echt mee. Je denkt daar dan ook verder niet over na. Het is volgens mij een paar keer gebeurd met mijn moeder.

Later, toen we aan de Wagenaarkade woonden, en mijn broer en zus uit huis waren, in mijn puberteit, heb ik vaak met haar gesproken. Dan was mijn huiswerk af, mijn vader was nog ergens op een voetbalclub, en dan zaten we samen voor de tv. We hebben toen veel gepraat met elkaar. Over alles, behalve voetbal. Over andere dingen in het leven. Over wat verliefdheid is en hoe je het moet doen als je later getrouwd bent. Over dat soort dingen heb ik met mijn vader nooit gesproken. Ik vroeg haar toen ook naar het huwelijk met mijn vader. Maar daar zag ze geen brood meer in. Ze was echt ongelukkig. Het boek was dicht, zei ze vaak. En uiteindelijk, een paar jaar later, was ze ineens weg. Toen was ze haar geheugen kwijt, behalve dat stukje van haar jeugd. Ze wilde gewoon het heden vergeten, uitwissen, denk ik.

Mijn moeder heeft al deze enkelellende niet meegemaakt. Maar ze had gelijk. Ik heb in de jaren na haar hersenbloeding nog heel veel aan haar gedacht. Sterker nog, ik had vorige week ruzie met Rebecca en toen moest ik aan haar denken. Je kunt de lijn van mijn moeder, via mij zo doortrekken naar Rebecca. Fel en emotioneel. Gepassioneerd. We binden ons niet makkelijk. En niet zomaar. Laten ons niet vangen.

Ik weet zeker dat ik in die donkere tijd van mijn enkel veel aan mijn moeder gehad zou hebben. Ik weet zeker dat zij een goede band met mijn kinderen zou hebben gekregen. Dat ze daar haar best voor zou hebben gedaan. Ze vond dat soort dingen belangrijk. Ze is nog naar Canada gegaan, voor haar ongeluk, om Stanley en zijn kinderen te bezoeken. Ik weet bijna zeker dat ze een belangrijke rol in m'n leven was blijven spelen, als ze wél gezond was gebleven.

1 aug 1995
's Ochtends loop ik zwaar mank +/- 2 uur. Ik moet rekoefeningen doen om 't licht te verbeteren. Ik loop nu goed mank (met steeds veel pijn). Als ik voldoende beweging heb gehad (met steeds veel pijn) dan komt er na ongeveer anderhalf uur 'n gewone wandelpas aan zonder pijn.

Rennen is een drama
Tennissen is een drama
Voetbal is een drama
Golf met kar is een drama
Angst dat het niet beter wordt
Agressie dat het niet beter wordt
Ongelooflijke agressie dat t niet beter wordt
Depressie dat t niet beter wordt
Ik raak overspannen door de pijn
Ik heb te veel pijnstillers genomen -> wil ik ook niet meer word ik ook alleen maar nerveus van.
Schroeven in m'n enkel. Kan ik soms daar niet tegen?
Ik voel me zeer slecht, droevig, agressief. Ik heb nu al 'n jaar veel pijn. Hiervoor kon ik niet voetballen, nu kan ik niet gewoon leven. Kan er dan niet één keer gewoon verbetering zijn na 'n operatie aan m'n rechterenkel? Godverdomme. Wat moet ik in hemelsnaam nog doen? Wat kan ik doen?

De een-na-laatste pagina. Tjezus. De wanhoop. Godverdomme. Dat was echt de zwartste tijd. Op de allerlaatste pagina staat:

> ***mardi 6 fevrier '96***
> *Ik heb gisteren gebeld met dr. v. Dijk om een afspraak te maken (+/- half febr) om de enkel toch definitief vast te laten zetten. Vorige week woensdag (31 jan '96) ben ik langs Bert v. Riel gegaan. Hij gaf me de bevestiging van wat ik de laatste tijd al dacht: het vastzetten van het bovenste spronggewricht.*

Ik klap het mapje dicht en leg het terug in de doos, op de bovenste plank. Ik loop de trap af en ben opeens weer blij dat ik geen pijn meer voel.

EPILOOG

Nooit een brief van God

Achteraf besef ik dat het een bizarre tocht is geweest. Nu ik op mijn vijfenvijftigste rustig terugkijk op die enkeltoestanden, komen er andere dingen naar voren. Het contrast tussen het hoge en het lage was enorm. Voor en na 21 december 1992. Dat verschil was zo extreem.

Vanaf de hoogste top in het leven, gevierd worden door de wereld, tot een val diep naar beneden waar je terechtkomt in de modderstromen vol viezigheid. Ik kwam echt in een riool terecht.

Het was een periode van drie jaar waarin ik moeilijk kon genieten. Dat ik echt een groot probleem had, maar niet wist wat ik moest doen. En wat ik deed, was uit de rottige situatie proberen te komen, oplossingen vinden. Continu proberen te begrijpen. Wat moet ik doen? Wie heb ik nodig? Het was een enorme zoektocht.

En dat is niet gelukt. Ja, uiteindelijk is het wel gelukt om weer normaal te leven. Zonder pijn, maar met een offer. En dat offer was groot. Dat ging om een mensenleven. Al ging het dan niet over doodgaan. Het ging wel over doodgaan als voetballer.

Ik was toen ook niet bezig met wie hier schuld aan had. Wie dit op zijn naam heeft staan. Ik was bezig met gezond worden. Pas nu ben ik eigenlijk bezig met de vraag: 'Door wie komt dit allemaal?'

Ik ging door allerlei emoties heen. Ongeloof. Ik had never nooit gedacht dat het mij zou overkomen, dat ik met voetballen zou moeten stoppen. Want ik was daar helemaal niet mee bezig en daar was ik ook te goed voor. Ik zat op een heel ander level. Dat gebeurde mij niet.

Als je het vergelijkt met het verliezen van een grote liefde, dan is dat een understatement. Voetbal was voor mij veel meer dan dat. Vanaf vierjarige leeftijd heb ik met een voetbal geleefd. Altijd met een bal. Op straat, op school, op de voetbalclub, je kon niet bedenken waar. Altijd.

En op een gegeven moment stopt dat. Dan voel je je verschrikkelijk slecht. Het totale ongeloof dat mij zoiets kan overkomen. Maar toen het zover was, dat het over was, was het niet een liefde die ik verloor. Ik was heel mijn leven kwijt. Ik verloor mijn leven. Mijn leven was voetbal.

Uiteindelijk kom je weer boven. Het bombardement is afgelopen en de oorlog is gestopt. En dan kijk je om je heen. Wat is er dan nog over? Wat voor materiaal is er nog? Kan ik nog wat opbouwen? Toen kwam het besef: ik ben toch wel echt de pineut. Ik bedoel, ik was een enkel kwijt.

Voetballen kon niet meer. Dat was de keiharde realiteit. Maar dat deed me op dat moment eigenlijk al niet zo gek veel meer. Ik was blij dat ik eindelijk van de pijn af was. Pas daarna kwam het besef dat ik nu echt moest proberen om nog wat van mijn leven te maken. Misschien ben ik daar veel te egoïstisch mee omgegaan. Dat ik dat voor mezelf heb willen houden.

Het is doodzonde dat ik vanaf mijn achtentwintigste niets meer heb kunnen laten zien en de mensen ook niet meer heb kunnen laten genieten. Want er waren veel mensen die ervan genoten. En ik zelf ook. Het was ook heel erg fijn om te doen.

De vraag waarom je dan geblesseerd raakt, is een vraag waar je geen antwoord op krijgt. Want God heeft mij nooit gezegd waarom. Ik heb nooit een brief van hem gekregen.

Waarom dit met mij is gebeurd, dat weet ik ook niet. Ik

ben wel blij dat ik nu gelukkig ben, want ik bén gelukkig. En de waarom-vraag is ook lastig, want je krijgt toch geen antwoord.

Misschien was ik wel een heel vervelende onuitstaanbare gozer geworden als ik alles maar had gewonnen en overal maar gelijk in had gekregen. Dat weet ik ook niet, maar het zou kunnen. Ik bedoel, je zoekt toch naar antwoorden. Je zoekt naar betekenis.

Nu deelde ik mijn successen met miljoenen mensen en in mijn ellende was ik vaak alleen. Maar dat vond ik niet erg, want ik moet er niet aan denken om dat allemaal met die anderen te delen. Pff, dat is nog erger.

Het was leuk om te geven, het was leuk om het succes te delen met de supporters en het was geweldig om mee te maken. De momenten waarop je op handen wordt gedragen en het gevoel dat dat gaf, dat is zo ontzettend mooi. Bij vlagen waren er zulke enorm mooie momenten. Als ik vroeg in een wedstrijd scoorde en het stadion was in extase. Of dat het al 2-0 of 3-0 staat en je hebt nog een halfuur te gaan. En je weet: de winst is binnen. Dan is het genieten. En we hebben heel veel gewonnen en we hebben mensen echt blij gemaakt.

Maar het was ook ongelooflijk veeleisend en intensief. Het was vaak niet relaxed. En als ik terugkijk, is dat ook wel iets positiefs aan het leven in het heden. Pas nu ik terugkijk en alles tegen het licht kan houden, zie ik dat ook. Dat het toen altijd haastig was, altijd veeleisend, nooit rustig. En hoe mooi het ook was, ik ben ook blij met hoe het nu is.

De vraag die deze dagen, nu we met het boek bezig zijn, steeds bij me opkomt, is of er uiteindelijk balans is. Of de tol die ik betaald heb, opweegt tegen wat ik heb gekregen. Of dat het allemaal waard was. De inzet was hoog. Het offer, mijn enkel, was groot. En was dat offer het waard?

Die vraag is interessant. En ook weer niet. Want had ik een

keuze dan? Het is gegaan zoals het is gegaan en als ik het allemaal had laten zitten, geen voetballer was geworden, zonder de hoogte- en dieptepunten, hoe had mijn leven er dan uitgezien? Maar als ik erover nadenk, dan had ik bij alle beroepen die ik kan verzinnen, nooit zoveel vreugde gekend dan in mijn leven als voetballer.

Het klinkt misschien gek met al die ellende die ik had met mijn enkel, maar ik ben ervan overtuigd dat ik uiteindelijk een goede beslissing heb genomen. Dat het offer het waard was. Dat ik heel veel mooie en heftige jaren heb afgewisseld met veel korte zwarte periodes. Daar ga ik dan toch mee akkoord. Nu achteraf. Met die deal, die balans.

Uiteraard ook omdat ik nu weer normaal kan functioneren als mens. Mijn enkel is een beperking, maar daarna heb ik wel weer normaal kunnen leven. Dat is ontzettend veel waard.

Als je terugkijkt vraag je je ook af waarom het zo is gegaan. En wat je eigen rol was. Ik was altijd een type dat de kortste weg van a naar b nam. De beste en de snelste weg. Ik liet me door niets en niemand tegenhouden. Dat lukte me altijd. Door roeien en ruiten. Dwars erdoorheen. En deze keer kwam er iets groters op mijn pad. Een muur. En ik ging die muur stukmaken, zoals ik gewend was obstakels uit de weg te ruimen. Meedogenloos. Maar die muur stukmaken bleek niet zo verstandig.

Met die enkel heb ik dus niet de sluiproute of omweg om die muur gevonden. Die enkel moest van mij gewoon zo snel mogelijk schoon en goed. Dat is – door omstandigheden, door anderen en door mezelf – niet gelukt. En voetballen zat er dus niet meer in. Maar ik heb mezelf, na een aantal jaren ellende, zodanig veranderd dat ik ook met andere dingen mijn geluk heb gevonden. Ik ben gaan tennissen en golfen en ben nu alweer een paar jaar fanatiek aan het squashen. En ik ben gaan kijken of ik het voetbal ook op een andere manier weer kon benaderen, als trainer.

Misschien heeft het feit dat ik iemand was die altijd tot het uiterste ging om mijn doel te bereiken, me die enkelproblemen wel opgeleverd. Natuurlijk zijn het anderen die uiteindelijk de boel verkloot hebben, maar misschien had ik daar toch anders mee om moeten gaan, door tegen mezelf te zeggen: 'Die last van je enkel, die pijn, die blijf je houden. Ga het nou niet weer schoonmaken.' Dan had ik het misschien niet gedaan.

Dan had ik op dat niveau en met die pijn misschien nog een aantal jaar kunnen doorgaan. Maar je wilt het wel, dat het beter wordt door een ingreep, maar je neemt altijd een risico. Ik heb dus aan den lijve ondervonden dat snijden in een lichaam levensgevaarlijk is en dat had ik, achteraf gezien, veel minder moeten laten gebeuren. Een lichaam is al zo complex. En misschien was het zonder al die dokters allemaal veel beter geweest. Beter naar je lichaam luisteren is een cliché, en voor mij lastig, want ik wilde zo graag.

Dat is misschien mijn eigen aandeel in dit verhaal, waarvan ik zeg: dat had ik anders moeten doen. Het klinkt heel lullig, maar ik had nog veel eigenwijzer moeten zijn. Terwijl ik al zo eigenwijs ben. Het is jammer dat ik die keuze niet gemaakt heb. Spijt heb ik echter niet, want ik heb het allemaal wel bewust gedaan. Maar achteraf kan ik zeggen dat het jammer is dat ik niet vanaf dag één heb gezegd: 'Zolang ik pijn heb, speel ik niet,' want dan had ik toch zeker langer door kunnen spelen zonder al dat gedoe.

Maar ergens weet ik ook dat ik het de volgende keer weer zou doen. Met mijn karakter, de persoon die ik ben, is er toch een grote kans dat ik weer dezelfde fout zou maken.